Finanzhacks für Berufseinsteiger

Was Du unbedingt über Finanzen wissen musst
und Dir niemand in der Schule oder Universität
beibringt!

von Dominik Fecht

Bibliografische Information der Deutschen Nationalbibliothek
Die Deutsche Nationalbibliothek verzeichnet diese Publikation in der Deutschen Nationalbibliografie; detaillierte Daten sind im Internet abrufbar über: > http://dnb.dnb.de <

Für Fragen und Anregungen:
kontakt@finanziell-frei-mit-30.de

Finanzhacks für Berufseinsteiger
1.Auflage, 2019

Rotterdamer Str. 4, 50735 Köln

Imprint:
Independently published

Covergestaltung: Casandra Krammer - www.casandrakrammer.de
Covermotiv: © Shutterstock.com und Depositphotos.com
Buchsatz, Lektorat, und Korrektorat: Dominik Fecht

ISBN-9781798847459:

Weitere Informationen findest Du unter
https://www.amazon.de/Dominik-Fecht/e/B07D5WNVTS (Shop)
Besuche auch gerne meine Webseite unter www.finanziell-frei-mit-30.de

Vorwort

Bist Du der Überzeugung, dass Du in der Schule oder Universität genug über Finanzen gelernt hast?

Wüsstest Du, worauf Du bei der Auswahl einer Versicherung achten müsstest?

Oder wie Du erfolgreich Dein Geld investieren und vermehren kannst?

Vor einigen Jahren hätte ich alle drei Fragen eindeutig mit „Nein" beantworten müssen. Ich möchte Dir eine kleine Geschichte erzählen, wann mir das wirklich bewusst wurde und was sich seitdem geändert hat.

Mit 18 Jahren schloss ich das Gymnasium mit dem Abitur ab und begann mein duales Studium beim Zoll. Dadurch verdiente ich zum ersten Mal mein eigenes Geld und war quasi gezwungen mich mit meinen eigenen Finanzen auseinanderzusetzen. Ich war mit der Situation anfangs vollkommen überfordert und ohne die Unterstützung meiner Mutter hätte ich das Thema wahrscheinlich einfach verdrängt und nicht weiter beachtet.

Wenige Wochen vor Beginn meines Studiums war ich dann doch mit meiner Mutter bei einer Versicherungsmaklerin, um verschiedene notwendige Versicherungen abzuschließen. Eine private Kranken-, eine Unfall- und eine Dienstunfähigkeitsversicherung. Ich hatte keine Ahnung, wofür die Versicherungen im Detail sind und was sie überhaupt absichern. Ich wusste erst recht nicht, ob ich die Versicherungen benötige oder ob es ein passender und guter Tarif für mich ist. In der Situation hätte mir (ohne die Unterstützung durch meine Mutter) jeder Schrott verkauft werden können und ich hätte es nicht mal gemerkt.

Der Höhepunkt war allerdings, als ich bei der Dienstunfähigkeitsversicherung auswählen sollte, in welche Fonds mein Geld investiert werden sollte. Es gab zur Auswahl verschiedene Renten-, Rohstoff-, Aktien- und

Mischfonds mit unglaublich vielen Zahlen, Daten und Fakten.
Letztendlich habe ich dann rein zufällig irgendeinen dieser Fonds ausgewählt. Ich wusste weder genau, was ein Fonds überhaupt ist, noch was die Unterschiede zwischen diesen verschiedenen Fonds sind. Ich war mit der gesamten Situation vollkommen überfordert und wollte es einfach nur hinter mich bringen. Ich wollte mir zu dem Zeitpunkt auch nicht die Blöße geben, dass ich keine Ahnung habe. Deswegen bin ich einfach ruhig geblieben, habe die Versicherungen abgeschlossen und keine Fragen gestellt.

In diesem Moment habe ich mir innerlich allerdings eine einzige Frage gestellt:

Wie kann es sein, dass ich von Finanzthemen überhaupt keine Ahnung habe?

Einige Monate zuvor hatte ich schließlich mit einem guten Abiturdurchschnitt von 1,4 den höchsten deutschen Schulabschluss erworben. Da sollte ich doch wenigstens grundlegend etwas über Finanzen, Versicherungen und Steuern gelernt haben.
Natürlich gibt es viele Menschen, die sich nicht so gerne mit Wirtschaftsthemen befassen und sich daher auch nicht so gut auskennen. Bei mir war allerdings genau das Gegenteil der Fall. Wirtschaftsthemen haben mich in der Schulzeit von Anfang an sehr interessiert, sodass ich bis zum letzten Jahr mit großer Begeisterung Sozialwissenschaften als Fach hatte.

Ein kleiner Hinweis:

An unserer Schule gab es im Gegensatz zu Wirtschaftsschulen keinen reinen Wirtschaftsunterricht. Den hätte ich natürlich sofort statt dem Sozialwissenschaftsunterricht gewählt.

Wie kann es also sein, dass ich trotz meines guten Schulabschlusses und dem großen Interesse für Wirtschaftsthemen nicht mal grundlegendes praktisches Finanzwissen nach der Schulzeit hatte?

Im gleichen Jahr meines Schulabschlusses ging folgender Tweet der 17-jährigen Schulabsolventin Naina viral:

> *„Ich bin fast 18 und hab keine Ahnung von Steuern, Miete oder Versicherungen. Aber ich kann 'ne Gedichtsanalyse schreiben. In 4 Sprachen."*

Der Tweet entfachte eine große Bildungsdebatte darüber, was in der Schule wirklich wichtig ist und was die Schüler lernen sollten. Es ging also nicht nur mir so, dass grundlegendes Finanzwissen fehlt.
Ich kann Nainas Aussage auch nur bekräftigen. Nach meinem Schulabschluss konnte ich chemische Reaktionen erklären, schwierige Formeln in der Atomphysik aufstellen und lösen, den zweiten Weltkrieg mit den Jahreszahlen rauf- und runterbeten, expressionistische Gedichte zumindest in zwei Sprachen analysieren, Differentialgleichungen aufstellen und klassische Musik analysieren. Der Großteil von dem Wissen ist jetzt (wenige Jahre nach der Schulzeit) wieder vergessen, weil ich es später nicht mehr anwenden konnte und musste.

Über Versicherungen, Steuern und Geld habe ich in den zwölf Jahren Schule allerdings gar nichts gehört. Deswegen habe ich für mich in dem Moment beschlossen, mich mit dem Thema Finanzen intensiv auseinanderzusetzen und alles dazu zu lernen.

In den nächsten drei Jahren las ich weit über hundert Bücher und tausende Artikel, schaute mir viele Videos und Dokumentationen zu Finanzthemen an und tauschte mich mit vielen erfolgreichen Investoren aus. Zudem gründete ich 2016 einen eigenen Finanzblog (Finanziell Frei mit 30), um mein Wissen darüber weiterzugeben. Auch durch mein dreijähriges duales Studium beim Zoll (der Bundesfinanzverwaltung) lernte ich viel über die Verknüpfung von Jura, Wirtschaft und im speziellen Steuerrecht.

In den ganzen Jahren habe ich kein einziges Buch entdeckt, dass die wichtigsten Grundlagen zu Geld, Versicherungen, Steuern und anderen wichtigen Finanzthemen kompakt darstellt. Es gibt zwar sehr viele gute Fachbücher zu Finanzthemen, aber die meisten davon beschäftigen sich

ausschließlich mit einem Spezialthema. Häufig wimmelt es dabei auch noch von Fachwörtern, sodass Du es als Einsteiger kaum verstehen kannst.
Deswegen habe ich es mir zum Ziel gesetzt mit diesem Buch die allerwichtigsten Grundlagen zu Finanzthemen verständlich auf den Punkt zu bringen und zu erklären. Du lernst die wichtigsten Faustregeln in Bezug auf Finanzen, sodass Du danach einfach die richtigen Entscheidungen treffen kannst.

In diesem Buch trage ich mein gesamtes Finanzwissen zusammen und es enthält somit alles, was ich mir damals nach der Schule sehnlichst gewünscht und vergeblich gesucht habe. Ich hoffe, dass Du viel Spaß beim Lesen dieses Buches hast und viel lernst.

Noch ein kleiner Tipp:

Nimm einen Textmarker oder einen anderen Stift zur Hand und markiere die (für Dich) wichtigsten Stellen. Ich weiß das erinnert ziemlich stark an die Schule und Du hast darauf wahrscheinlich keine große Lust. Ich habe das damals auch gehasst. Du solltest es allerdings trotzdem machen, weil Du dadurch viel mehr lernst und Dir die Dinge auch besser merken kannst.
Schließlich geht es in diesem Buch um Dich. Nur durch die Anwendung des Wissens wirst Du das meiste aus diesem Buch für Dein Geld herausholen können.

PS: Magst Du Geschenke? Oder willst Du noch besser mit dem Buch arbeiten können?

Auf meinem Blog veröffentliche ich regelmäßig kostenlos gute neue Inhalte. Wenn Du meinen Newsletter abonnierst, erhältst Du einmal im Monat eine Zusammenfassung mit meinen Learnings und den gesammelten Erfahrungen. Du erfährst dort auch als Erster, wenn ein neues Buch von mir herauskommt.

Als Bonus habe ich außerdem noch ein **Worbook mit allen Tabellen aus diesem Buch** erstellt. Wenn Du also nicht gerne in das Taschenbuch reinschreibst oder das Buch als Ebook erworben hast, kannst Du Dir die Tabellen zum Ausfüllen herunterladen und ausdrucken.

Zusätzlich gibt es bei der Anmeldung zu meinem Newsletter kostenlos eine Liste mit allen öffentlichen Finanztreffen in Deutschland, wo Du Dich über das Thema Geld austauschen kannst.

Zum Sichern dieser Geschenke musst Du einfach nur auf meinen Blog www.finanziell-frei-mit-30.de gehen und in der Seitenleiste Deine E-Mail eintragen.

Und jetzt viel Spaß beim Lesen des Buches.

1. Was ist Deine Motivation?

Erwachsene wissen, dass es gut wäre sich mit den eigenen Finanzen auseinanderzusetzen, regelmäßig Sport zu treiben oder sich gesund zu ernähren. Trotzdem kümmern sich die allerwenigsten darum.
Es ist kurzfristig viel angenehmer, unüberlegt das Geld auszugeben oder sich vorm Fernseher mit Chips vollzustopfen. Unser Gehirn stammt noch aus einer Zeit, wo Nahrung und Ressourcen (äquivalent für Geld) Mangelware waren. Es konnte jederzeit passieren, dass es nichts mehr zum Konsumieren gibt und Dein Leben dadurch in Gefahr ist.

Als Überlebensmechanismus hat das Gehirn sich deswegen so entwickelt, dass kurzfristiges Konsumieren mit Glückshormonen belohnt wird. In der Steinzeit hat sich das langfristige Sparen nicht gelohnt, weil es nur darum ging das eigene Überleben in der Gegenwart zu sichern. Die Menschen mussten gerade nicht für ihr Alter vorsorgen, weil sie damals sehr jung gestorben sind. Meistens zu einem Zeitpunkt, wo heute die Menschen in den Industrieländern gerade erst ins Berufsleben einsteigen. In manchen Ländern ist es auch heute noch so, dass Du fürs Alter weder vorsorgen kannst noch musst.

Wenn Du Dir dieses Buch leisten und lesen kannst, gehörst Du bereits zu den reichsten Menschen auf dem Planeten. Essen, Unterkunft und alle anderen Grundbedürfnisse sind abgedeckt und Du brauchst Dir keine Sorgen um Dein Überleben zu machen. Wir sollten uns einfach vor Augen führen, dass das auch in der heutigen Zeit nicht normal ist und viele Menschen noch heute kaum genug zum Überleben haben.

Dein Gehirn funktioniert allerdings auch heute noch im Überlebensmodus aus der Steinzeit. Es belohnt also kurzfristigen Konsum mit Glückshormonen, auch wenn Du dadurch eventuell langfristig in die Armut schlitterst. Es ist nicht dazu gedacht langfristig zu denken. Wir müssen unser Gehirn daher austricksen und uns Motive überlegen unsere Finanzen zu planen. Was wäre eine gute Motivation sich mit Geld zu beschäftigen? Damit befassen wir uns in diesem Kapitel ganz konkret.

1.1 Geld ist nicht wichtig, oder?

Du hast diese Aussage bestimmt auch schon einige Male gehört:

„Geld ist nicht wichtig"

Geld ist über die Jahre in Deutschland zu einem großen Tabu-Thema geworden. Niemand spricht über das eigene Gehalt, Versicherungen, Ausgaben im Allgemeinen oder Investitionen für die Zukunft. Das Thema Geld wird mit der unterschwelligen Botschaft verschwiegen, Geld sei nicht wichtig und es lohne sich daher auch nicht darüber zu reden.

Ich möchte Dir dazu eine kurze Geschichte erzählen:

Du und Dein Lebenspartner waren schon lange nicht mehr gemeinsam in einem außergewöhnlichen Urlaub. Deshalb habt ihr entschieden, mit einem befreundeten Ehepaar (Sebastian und Martina) dieses Jahr einen Abenteuerurlaub zu machen. Kurzerhand reist ihr im Sommer nach Brasilien, um dort die Dschungellandschaft auf eigene Faust zu entdecken. Es wird ein Pick-Up gemietet und mit allen wichtigen Dingen wie Benzin und Reiseproviant für die Reise beladen. Dann macht ihr Euch auf den Weg in eine unbewohnte Gegend, die von der Natur her besonders atemberaubend sein soll. Auf Eurer Reise entdeckt ihr Tiere, die ihr noch nie in Eurem Leben von so nah gesehen habt und seht unglaublich schöne Naturerlebnisse. Der Urlaub hat das Potential die schönste Reise Eures Lebens zu werden.

Plötzlich macht Martina als Beifahrerin eine erschreckende Entdeckung. Durch die holprige Strecke und die vielen Berge habt ihr deutlich mehr Benzin verbraucht, als ihr eigentlich vermutet hattet. Die Tankanzeige ist bereits im roten Bereich. Zum Glück habt ihr vor dem Antritt der Reise noch einen Reservekanister hinten auf der Ladefläche des Pick-Ups verstaut. Als ihr zum Nachfüllen anhaltet, merkt ihr allerdings, dass der Reservekanister nicht mehr da ist. Anscheinend ist er durch die holprige Strecke vom Wagen heruntergefallen. Du merkst, wie Dir der

Stress den Blick für die Natur und die gute Laune in einem einzigen Moment nimmt. Ihr befindet Euch mitten im Nirgendwo und wisst nicht, wann die nächste Tankstelle kommt. Es könnten 20, 30 oder 40 Kilometer zur nächsten Tankstelle sein, doch der Sprit reicht maximal noch für 20 Kilometer...

Ich denke die Geschichte ist eine gute Metapher fürs Leben (Reise) und das Thema Geld (Benzin). Auf der Lebensreise ist Geld nicht wichtig. Zumindest dann, wenn genug davon da ist und Du Dir darum keine Sorgen machst.

Beim Umgang mit Deinen Finanzen sollte daher das Ziel sein, dass Du genug Geld für Deine eigenen Ziele, Träume und Wünsche hast. Gleichzeitig solltest Du niemals in Gefahr laufen durch zu wenig Geld Dir Sorgen und Ängste machen zu müssen. Diese Balance gilt es zu erreichen und aufrechtzuerhalten.

Ich kenne genug Menschen in meinem eigenen Umfeld, die von Gehalt zu Gehalt leben und sich dadurch am Ende des Monats aufs Neue einschränken. Sobald das Gehalt kommt, wird der große Teil davon ausgegeben und bereits Mitte des Monats wird sehnsüchtig aufs nächste Gehalt gewartet. Wenn dann die Waschmaschine kaputt geht oder am Auto eine größere Reparatur ansteht, löst es bei diesen Menschen großen Stress aus. Es ist sowieso fast nie Geld übrig für ihr eigenes Leben und jetzt sollen sie sich noch weiter einschränken?

Was denkst Du, wie viel einfacher das Leben ist, wenn Du Dir keine Sorgen um Dein Geld machst?

Wenn Du Dein Leben nach Deinen eigenen Vorstellungen leben kannst und es nicht ständig vom niedrigen Kontostand diktiert wird?

Wenn Du Deinen Job verlierst und Dir ganz viel Zeit lassen kannst, weil Du genügend Rücklagen für diesen Fall gebildet hast?

Ich stimme der Masse der Menschen also in gewisser Weise zu:

Geld ist nicht wichtig, SOLANGE es Dich nicht einschränkt und Dir keine Sorgen bereitet. Dafür solltest Du Dich allerdings um Dein Geld kümmern und es nicht als komplett unwichtig ansehen.

Arnold Schwarzenegger hat es so schön gesagt:

„Geld ist nicht wichtig. Deswegen ist mir egal ob ich 50 oder 70 Millionen Dollar habe."

1.2 Fehlende Bildung kostet ein Vermögen

Stell Dir mal vor Du bist in der gleichen Situation, wie ich damals beim Versicherungsmakler vor ein paar Jahren. Dein einziges Kriterium für die Auswahl eines Fonds, einer Versicherung oder eines anderen Finanzproduktes ist der reine Zufall.

Meinst Du, dass Du auf diesem Weg das beste Produkt erhältst?

Meinst Du, dass Du das bestmögliche Preis-Leistungs-Verhältnis erhältst?

Wohl kaum. Banken und Versicherungen verdienen ihr Geld an Dir als Kunden und wollen deshalb möglichst hohe Gebühren kassieren. Sie gestalten Produkte deswegen bewusst so unübersichtlich und gespickt mit versteckten Kosten, dass sie Dir Dein ganzes Geld aus der Tasche ziehen. Es geht den Unternehmen also zuallererst darum ihren eigenen Gewinn zu maximieren, anstatt Dir das beste (kostengünstigste) Produkt anzubieten.

Aber keine Angst. Nach diesem Buch weißt Du, worauf Du grundlegend bei der Wahl solcher Produkte achten und welche typischen Fehler Du vermeiden solltest.

Mir ist ganz wichtig Dir vor Augen zu führen, welche Summen durch eine einzige ungünstige Anlageentscheidung verloren gehen können. Stell Dir vor Du möchtest für die Altersvorsorge die nächsten 40 Jahre im Monat 300 € in einen Fonds investieren und nimmst dafür ein klassisches Bankprodukt (1,5 % Ausgabeaufschlag und 1,5 % Verwaltungsgebühren).

In diesem Fall zahlst Du nur durch diese Entscheidung in Deinem Leben **knapp 100.000 € an Gebühren** an die Bank.

Wenn Du stattdessen einen günstigeren und gleich guten Fonds wählst

(0,3 % Verwaltungsgebühren) zahlst Du stattdessen nur 27.000 € an Gebühren.

Du kannst also durch eine einzige kleine Entscheidung und etwas Finanzbildung bereits über 70.000 € an Gebühren einsparen. Wenn Du Dich noch weiter mit Finanzthemen beschäftigst, wirst Du noch viele weitere Kniffe kennenlernen, wie Du mehrere zehntausende Euros zusätzlich einsparen kannst.

Ich bin der festen Überzeugung, dass die meisten Menschen einen Großteil ihres Einkommens an Banken und Versicherungen zahlen, obwohl sie das eigentlich nicht unbedingt müssten. Leider glauben viele Menschen heute noch, dass es bei den Produkten nicht so große Unterschiede gibt und sie sich deshalb nicht intensiver darum kümmern sollten. Oder dass es dabei sowieso nur um kleinere Summen geht.

Ohne Finanzbildung wirst Du in Deinem Leben häufig ein Vielfaches für die gleiche Leistung zahlen oder Finanzprodukte abschließen, die Du eigentlich nicht benötigst.

Ich schätze, dass die meisten Menschen in ihrem Leben **100.000 € zu viel an Gebühren für unnötig überteuerte Finanzprodukte bezahlen** und durch etwas Finanzbildung hätten einsparen können.

Wenn das nicht mal ein guter Anreiz ist sich mit den eigenen Finanzen etwas auseinanderzusetzen und das ein oder andere Buch zu dem Thema zu lesen.

Meine Buchempfehlungen findest Du am Ende dieses Buches. Ansonsten kann ich Dir auch empfehlen bei der Vergleichsseite „Die besten Finanzbücher" mal vorbeizuschauen und Dich inspirieren zu lassen.

Die besten Finanzbücher:

1.3 Altersarmut und Zinseszins-Effekt

Du wirst im Alter nicht genug Rente haben, um davon leben zu können.

Die Politik, der Staat oder die Lehrer in Deiner Schule werden Dir das niemals erzählen, aber es ist die reine Wahrheit. Wenn Du Dich im Alter nicht massiv einschränken willst und Deine Ausgaben stark reduzierst, wird das Geld vorne und hinten nicht reichen.

Du glaubst mir nicht oder denkst, dass das für Dich nicht relevant ist?

Leider ist es selbst für junge Menschen bereits ein wichtiges Thema.

Schon seit vielen Jahren liegt das Rentenniveau in Deutschland bei rund 50 %. Das bedeutet, dass Du mit der Beendigung Deines aktiven Berufslebens und dem Eintritt in die Rente nur noch **halb so viel verdienst wie zuvor**. Das ist aber noch nicht alles. Beim Rentensystem handelt es sich um ein sogenanntes Umlagesystem. Das bedeutet, dass das Geld an die Rentner ausgezahlt wird, dass durch die aktuell arbeitenden Arbeitnehmer eingezahlt wird. Deine gezahlten Rentenversicherungsbeiträge werden also an die aktuellen Rentner ausgezahlt.

Das große Problem ist, dass in den nächsten Jahrzehnten die geburtenstarken Jahrgänge in den Ruhestand gehen und daher deutlich weniger Menschen in den Rententopf einzahlen. Als Folge davon wird in Zukunft das Rentenniveau entweder noch weiter abgesenkt oder Du kannst erst deutlich später in Rente gehen. Manche Experten gehen davon aus, dass das Rentenniveau bis 2030 (ohne Heraufsetzung des Renteneintrittalters) auf 40 % sinken wird. Du würdest also nur noch 40 % Deines vorherigen Einkommens erhalten.

Ich möchte das an einem kleinen Beispiel verdeutlichen. Wir haben einen Arbeitnehmer, der mit 22 Jahren ins Berufsleben gestartet ist und ununterbrochen bis zur Rente mit 67 Jahren gearbeitet hat. Zudem hat er durchgehend das Durchschnittsentgelt (aktuell 3150 € brutto pro

Monat) verdient.

Was würde er aktuell als Rente erhalten?

Rund 1380 €.

Ich finde das ist eine wirklich erschreckende Zahl. Schließlich musst Du die Rente auch noch zum Teil versteuern und Sozialabgaben darauf zahlen. Du hast selbst in diesem recht optimistischen Szenario eine sehr kleine Rente.

Doch was passiert, wenn Du keine 45 Jahre arbeitest, weil Du durch ein Studium erst später als mit 22 Jahren in den Beruf einsteigst?

Oder wenn Du nicht durchgehend mindestens das Durchschnittseinkommen beziehst?

Oder wenn Du mal für längere Zeit (unverschuldet) arbeitslos wirst?

Selbst im besten Fall kannst Du von der Rente alleine kaum gut leben. Deswegen SOLLTEST Du unbedingt fürs Alter vorsorgen und aktiv werden. Wenn Du selbst nicht fürs Alter vorsorgst, wirst Du später nicht gut leben können.
Du fragst Dich wahrscheinlich auch, wieso das für Dich als Berufseinsteiger bereits relevant sein sollte. Schließlich sind es bis dahin noch einige Jahrzehnte. Genau so habe ich vor einigen Jahren auch noch selbst gedacht.

Doch es gibt eine einfache Antwort auf die Frage:

Der Zinseszins-Effekt.

Du hast bestimmt schon häufiger von dem Zinseszins-Effekt in der Schule oder Universität gehört. Er besagt, dass Du auf erhaltene Zinsen weitere Zinsen erhältst und Dein Vermögen dadurch exponentiell wächst.

Ich möchte Dir die Macht des Zinseszins-Effekts an einem einfachen Beispiel verdeutlichen:

Wir stellen uns die Zwillinge Max und Moritz vor:

Sie starten mit 27 Jahren ins Berufsleben, verdienen das gleiche und wollen beide mit 67 Jahren in Rente gehen. Max ist so schlau und beginnt direkt mit dem Berufseinstieg 200 € im Monat in einen ETF (Exchanged Traded Fund, die Erklärung folgt im Investmentteil) zu investieren, der langfristig 7 % an Rendite bringt.

Moritz denkt sich, dass es nicht so wichtig ist fürs Alter vorzusorgen und kümmert sich daher erstmal viele Jahre gar nicht um das Thema. Zehn Jahre später im Alter von 37 Jahren denkt er sich allerdings, dass er doch auch langsam etwas fürs Alter machen sollte. Ohne groß nachzudenken übernimmt er einfach den Plan von seinem Bruder Max. Er investiert ab sofort auch 200 € im Monat in den gleichen ETF.

Max hat also für 40 Jahre 200 € im Monat in einen ETF investiert, während Moritz nur 30 Jahre lang die 200 € pro Monat in den gleichen ETF investiert hat.

Max hat insgesamt 96.000 € (12 Monate * 200 € * 40 Jahre) investiert und kommt am Ende auf ein Vermögen von rund 510.000 €. Das bedeutet, dass über 400.000 € seines Vermögens auf Zinsen zurückzuführen sind. Ich finde das ist schon ein sehr extremes Beispiel für den Zinseszins-Effekt und wieso es sich lohnt früh anzufangen.

Doch wie sieht es bei Moritz aus?

Er hat insgesamt nur 72.000 € (12 Monate * 200 € * 30 Jahre) investiert. Also genau 75 % von dem, was Max investiert hat. Was kommt bei ihm am Ende raus?

Er kommt nur auf ein Endvermögen von rund 240.000 €. Er hat also weit weniger als die Hälfte von Max‘ Vermögen. Und das obwohl er in den gleichen Fonds fast die gleiche Summe investiert hat. Der einzige große Unterschied ist die Zeitspanne.

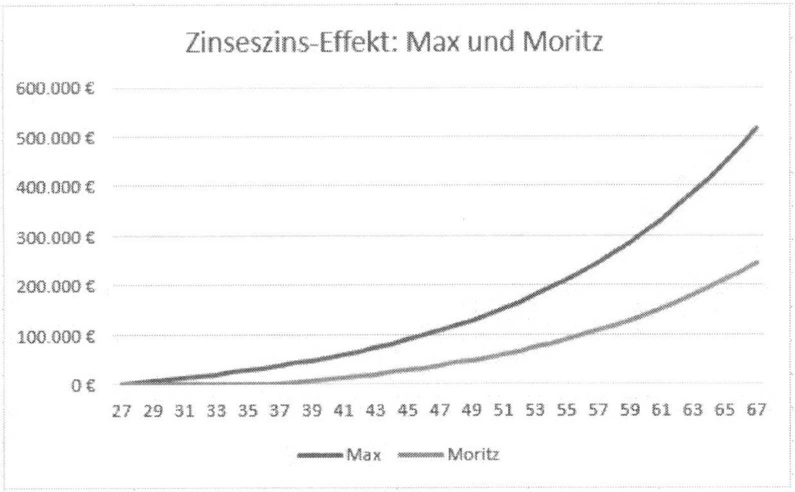

Bild 1: Zinseszins-Effekt

Wie viel Geld müsste Moritz im Monat investieren, wenn er mit 37 Jahren erst startet und trotzdem das gleiche Vermögen wie Max erreichen will?

Die erschreckende Zahl:

422 € im Monat.

Das ist mehr als das Doppelte, was Moritz damit investieren würde. Und das alles nur, weil er sich später um das Thema Altersvorsorge gekümmert hat. Insgesamt würde er knapp 152.000 € (über 50.000 € mehr als Max) für seine Altersvorsorge sparen.

Natürlich kannst Du das Thema auch erstmal verdrängen und Dich nicht darum kümmern. Ich kann es Dir allerdings nur wärmstens ans Herzen legen. Du wirst ein Vielfaches bezahlen, wenn Du erst etwas später mit der Altersvorsorge startest. Du wirst Dich mit sehr großer Wahrscheinlichkeit über Dich selbst ärgern, dass Du es nicht früher angegangen bist.

Je früher Du anfängst Dich mit Deinen Finanzen auseinanderzusetzen, desto stärker ist der Zinseszins-Effekt auf lange Sicht und Du wirst Dir auf ewig dankbar sein.

1.4 Es wird immer schwieriger...

Ich habe in den letzten Jahren durch meinen Blog und viele Veranstaltungen bestimmt mit hunderten Menschen über Finanzthemen und Geld geredet und kein einziger hat sich gewünscht später mit dem Investieren begonnen zu haben. Niemand hat es bereut sich bereits früh mit den eigenen Finanzen auseinandergesetzt zu haben.

Im Gegenteil habe ich sogar andauernd die gleiche Aussage gehört:

„Ich wünschte ich hätte bereits in Deinem Alter damit begonnen mich mit meinen Finanzen auseinanderzusetzen. Dann wäre ich jetzt schon viel weiter und hätte zehntausende Euros an unnötigen Gebühren, Kosten und entgangenen Zinsen vermeiden können. Zudem hätte es mir viele Sorgen und Probleme erspart"

In den letzten Jahren habe ich dabei nicht einen einzigen Menschen getroffen, der es bereut hat sich früh mit den eigenen Zielen und Finanzen auseinandergesetzt zu haben. **Nicht einen einzigen.**

Ganz im Gegenteil:

Jeder bereut es zutiefst nicht bereits früher damit begonnen zu haben.

Das ist meiner Meinung nach das beste Zeichen dafür, wie wichtig es ist sich bereits in jungen Jahren mit Geld und Finanzen auseinanderzusetzen. Auch wenn Du vielleicht jetzt noch denkst, dass es wichtigere Dinge im Leben gibt und Du keine Lust auf Finanzthemen hast. Ich kann Dir aus meinen Erfahrungen mit absoluter Sicherheit sagen, dass Du später unglaublich dankbar dafür sein wirst bereits früh begonnen zu haben.

Vielleicht noch mal in zwei Sätzen alle Vorteile, die Du hast, wenn Du Dich frühzeitig um Deine Finanzen kümmerst:

Du brauchst Dir weniger Sorgen ums Thema Geld machen und kannst viel leichter Deine Ziele verfolgen, ohne vom Geld eingeschränkt zu werden. Du brauchst Dir keine Sorgen um Altersarmut zu machen, sparst durch das richtige Wissen hunderttausende Euro und kannst den Zinseszins-Effekt vollkommen ausnutzen.

Zudem wird es auch schwieriger die verlorene Zeit aufzuholen und das eigene Verhalten zu verändern. Wenn Du vielleicht irgendwann eine eigene Familie, ein großes eigenes Haus und zwei neue Autos hast, wird es deutlich schwieriger zu sparen. Schließlich willst Du keinen (gefühlten) Rückschritt machen und Dich einschränken. Vor allem wirst Du durch den späteren Start auch deutlich mehr Geld sparen, um das gleiche Ziel zu erreichen.

Kurz zusammengefasst:

Je später Du anfängst Dich mit Deinen Finanzen auseinanderzusetzen, desto mehr musst Du im Monat sparen und desto schwieriger ist es die eigenen Kosten zu reduzieren ohne sich einzuschränken.

Es ist dagegen viel leichter, wenn Du direkt mit dem Berufseinstieg anfängst regelmäßig Geld zu sparen. Du bist es wahrscheinlich noch gewohnt von unter 1.000 € im Monat (glücklich) ohne Auto, riesige Wohnung oder andere materielle Dinge zu leben. Du kannst Deinen Lebensstandard zum Berufseinstieg also erhöhen und gleichzeitig auch noch problemlos Geld sparen.

Der Berufseinstieg ist mit großem Abstand der beste Zeitpunkt, um mit dem Sparen und Investieren zu beginnen. In den meisten Fällen wirst Du von einem Monat auf den anderen plötzlich mehr als das doppelte verdienen. Das ist eine einmalige Situation, die Du danach wahrscheinlich nie wieder erleben wirst. Du solltest sie also weise nutzen.

Ein berühmter Golfer hat es in einem Interview so schön auf den Punkt gebracht:

„Ich höre sehr häufig von anderen Menschen, dass kleine Veränderungen

keinen großen Unterschied machen würden. Auf kurze Sicht mag das stimmen. Wenn Du allerdings beim Golfabschlag nur wenige Millimeter verziehst, schlägst Du etliche Meter am Ziel vorbei. Die ersten paar Meter der Flugbahn siehst Du kaum einen Unterschied, bis der Ball am Ende meterweit daneben landet. Das gleiche gilt auch fürs Leben. Kleine Veränderungen in der Gegenwart haben massive Auswirkungen in der Zukunft. Auch wenn es zu Beginn so aussieht, als hätte die Veränderung keine Auswirkung."

Das lässt sich meiner Meinung nach gut auf das Thema Geld und Finanzen übertragen. Du stehst mit Deinem Berufseinstieg quasi am Abschlag und kannst entscheiden, was Du jetzt machst.

Du solltest Dir Deine Handlungen gut überlegen, denn sie können später den Unterschied zwischen einem glücklichen Leben in Freiheit und einem einschränkenden Leben in Altersarmut machen.

Ich hoffe ich konnte Dir mit dem ersten Kapitel vermitteln, wieso das Thema Finanzen so wichtig ist und würde mich freuen, wenn Du bis jetzt auch schon Deine eigene Motivation für das Thema gefunden hast.

Im Folgenden möchte ich ein paar Menschen zu Wort kommen lassen, die sich intensiv mit ihren Finanzen auseinandergesetzt haben. Sie berichten von ihrer eigenen Motivation sich mit dem Thema auseinanderzusetzen und wieso es sich lohnt früh anzufangen.

Dann siehst Du vielleicht, welche weiteren Motive es gibt.

1.5 Alexander sieht die Zukunft entspannt

Bist Du noch nicht so ganz überzeugt, dass es sich lohnt sich mit den eigenen Finanzen auseinanderzusetzen?

Genau aus diesem Grund habe ich ein paar Bekannte interviewt, die sich bereits sehr lange mit ihrem Geld beschäftigen und investieren. Alexander hat zum Beispiel bereits mit 18 Jahren damit begonnen Geld zu investieren und seine ersten Aktien zu kaufen.

Alexander ist mittlerweile 52 Jahre alt und berichtet auf seinem eigenen Blog „Rente mit Dividende" (https://www.rente-mit-dividende.de) über seine Investitionen. Er hat sehr viele Erfahrungen sammeln können und deswegen bin ich besonders dankbar, dass er sich für ein kleines Interview bereiterklärt hat.

Blog - Rente mit Dividende:

Wann hast Du Dich zum ersten Mal intensiver mit Deinen Finanzen und dem Thema Geld auseinandergesetzt?

Geld hat mich schon immer interessiert. Als Jugendliche spielten wir viel Monopoly und bereits mit etwa 16 las ich mein erstes Buch über Aktien, was letztlich darin gipfelte, dass ich 1984, gerade 18 Jahre alt geworden, mein erstes Depot eröffnete und meine ersten Coca-Cola Aktien erwarb. Zu dieser Zeit war das Internet noch nicht erfunden und die einzige Möglichkeit, sich über Kurse zu informieren, war die Kurstafel in der örtlichen Tageszeitung. Literatur über die Börse und Finanzanlagen wie heute gab es in Deutschland praktisch nicht. Es war auch sehr schwer, Aktien zu kaufen. Deutsche Titel hatten damals noch einen Nennwert von 50 DM oder 100 DM. Für deutsche Aktien musste man teilweise mehrere hundert DM bezahlen, was mehr als ein Monatsgehalt war.

Wünschst Du Dir früher begonnen zu haben und welche Nachteile/Kosten wären Dir dadurch erspart geblieben?

Noch früher hätte ich fast gar nicht anfangen können. Allerdings hätte ich mir gewünscht, einen Mentor an meiner Seite zu haben. Aktien waren nur etwas für Reiche und demgemäß gab es in meinem Umfeld niemand, der mir etwas hätte lernen können. Mir wären dadurch viele Fehler und viele Verluste erspart geblieben.

Was würdest Du anders machen, wenn Du nochmal neu beginnen würdest?

Um etwas anders zu machen, setzt natürlich voraus, dass man ein gewisses Grundwissen über Aktien und Geldanlage hat. Mit der Erfahrung von heute, hätte ich zunächst einen anderen Lebensstil gewählt. Als Kind und junger Erwachsener hat man natürlich viele Wünsche und ich habe wie alle anderen mein Geld für sinnlose Sachen ausgegeben. Ich hatte nach meiner Lehre sogar Konsumschulden. Ich würde heute auf alle Fälle meine Ausgaben kontrollieren und eine feste Sparquote einrichten. Ich habe neben meinem Beruf schon immer nebenbei gearbeitet. Dieses Geld würde ich heute investieren und nicht für den Konsum ausgeben. Weiterhin hätte ich mein Immobilienengagement deutlich ausgebaut, um über den *Leverage-Effekt*[1] mehr passives Einkommen aufzubauen.

---

[1] *Der Leverage-Effekt (auf Deutsch Hebel-Effekt) kommt zum Tragen, wenn Du Dir für eine Investition Geld leihst. Du könntest durch die Aufnahme eines Kredites mehr Immobilien kaufen, als Du es mit Deinem angesparten Geld aktuell könntest. Statt eine kleine Wohnung für* ***50.000 €,***

Bei der Aktienanlage habe ich so ziemlich alle Fehler gemacht, die man machen kann. Ich würde heute zwei Depots einrichten. In einem hätte ich große Weltfirmen, die regelmäßig Dividenden ausschütten und klassisches *Buy & Hold*[2] betrieben.

In einem zweiten Depot kämen junge wachstumsstarke Firmen, um an neuen Entwicklungen teil zu haben. Mit der Erfahrung von heute, wäre es problemlos möglich gewesen, ein stattliches Vermögen aufzubauen und die finanzielle Freiheit zu genießen.

Welche Vorteile hast Du dadurch, dass Du Dich mit Deinem Geld beschäftigst?

Letztlich habe ich viele Vorteile. Mir kann eigentlich keiner mehr etwas aufdrängen, seien es Versicherungen, seltsame Sparanlagen oder Beteiligungen in jeglicher Form. In der Regel verdient immer nur der Verkäufer und der Anleger ist der Dumme. Durch die Beschäftigung mit meinem Geld weiß ich, wie ich finanziell dastehe. Ich kenne meine Einnahmen und meine Ausgaben. Durch meine Kapitalerträge müsste ich nicht mehr arbeiten, was mir Sicherheit und Gelassenheit gibt. Macht mir mein Job keinen Spaß mehr, weil sich die Rahmenbedingungen ändern, kann ich jederzeit etwas anderes machen.

Ich habe keine Angst vor der Zukunft, da meine Altersvorsoge gesichert ist. Mir stehen sehr viele Möglichkeiten offen und ich kann mein Leben

---

*könntest Du jetzt zum Beispiel zwei Wohnungen im Wert von **100.000 €** kaufen. Wenn jetzt Deine Wohnungen um 10 % im Wert steigen, hast Du ohne Finanzierung Dein Vermögen um 5.000 und mit Finanzierung um 10.000 € gesteigert. Du kannst also durch den Leverage-Effekt Deinen Vermögensaufbau beschleunigen. Der Effekt wirkt allerdings auch in die andere Richtung und kann die Vermögensvernichtung beschleunigen. Du solltest also nur Kredite für Investitionen aufnehmen, wenn Du Dich mit dem Thema vorher auseinandergesetzt hast.*

[2] *Buy & Hold beschreibt eine Investitionsphilosophie, wonach Aktien einmalig gekauft und dann möglichst ewig gehalten werden. Die Aktien sollen also nicht verkauft werden.)*

weitestgehend so gestalten, wie ich es möchte. Schulden und eine ungewisse finanzielle Zukunft können sehr belastend sein. Mit der richtigen Beschäftigung mit Geld, kann sehr viel Lebensqualität gewonnen werden. Da ich mich intensiv mit meinem Geld beschäftige, kann ich anderen helfen, ihre Finanzen zu ordnen und die Betätigung als Mentor bereitet mir viel Freude.

Mein Kommentar:

Alexander ist für mich ein gutes Beispiel dafür, was sich die meisten Menschen wünschen würden. Entspannt der Rente entgegen sehen zu können, ohne sich wegen irgendetwas zu sorgen.

Du siehst allerdings auch, dass er heute nur so entspannt sein kann, weil er sich bereits in frühen Jahren mit dem Thema beschäftigt hat. Und das obwohl er selbst auch viele Fehler gemacht hat und es früher sehr viel schwieriger war gutes Finanzwissen zu finden.

Damals gab es schließlich weder das Internet mit den vielen guten Finanzblogs, noch eine so große Vielfalt an guten Finanzbüchern.

1.6 Vincent (42) könnte in Rente gehen

Mit Mut und Fleiß zur ersten Million

Ich finde die Geschichte und Lebensleistung von Vincent persönlich immer wieder aufs Neue beeindruckend. Oder wie viele Menschen kennst Du in Deinem Bekannten- oder Verwandtenkreis, die mit Anfang 40 nicht mehr arbeiten müssten? Und das wohlgemerkt ohne Erbschaft oder Lottogewinn.

Mit 40 Jahren erreichte er (trotz einem großen Verlust von 200.000 €) ein Nettovermögen von 1.000.000 €. Vincents Blog und seine Geschichte wurden unter anderem durch den Finanzrocker-Podcast (erfolgreichste Folge 2018) und Publikationen in der Tageszeitung "Die Welt" bekannt.

Er hat sein Vermögen durch das intelligente managen seiner Finanzen, regelmäßiges Investieren und viel Durchhaltevermögen aufgebaut. An seiner Geschichte zeigt sich meiner Meinung nach ganz besonders, warum es sich lohnt, sich bereits in jungen Jahren mit seinen Finanzen auseinanderzusetzen.

Wann hast Du Dich zum ersten Mal intensiver mit Deinen Finanzen und dem Thema Geld auseinandergesetzt? Wie kam es dazu?

Das Thema Geld und speziell auch meine Finanzen haben mich zum Glück bereits als Heranwachsender interessiert. Auch wenn es damals zunächst um das Geld meiner Eltern ging, habe ich schon immer darauf geachtet, dass möglichst nichts unnötig ausgegeben wird.
Ich kann mich auch erinnern, dass ich ein Sparbuch hatte. Ein paar Mal im Jahr nahm mein Vater mich mit in die Bank und die aufgelaufenen Zinsen wurden im Sparbuch nachgetragen. Damals gab es auf ganz normale Sparbuchguthaben zeitweise ca. 8% Zinsen. Es machte mir Freude zu sehen, wie meine paar Mark auf dem Sparkonto quasi von alleine

mehr wurden.

Recht bald interessierte ich mich auch für die Aktienkurse in unserer Tageszeitung. Ich wollte verstehen, wie diese Kurse zustande kommen und warum sie sich jeden Tag verändern. Eine Zeit lang habe ich die Kurse einiger Aktien jeden Tag auf Millimeterpapier festgehalten und hatte somit einen „Chart". Zum besseren Verständnis sei erwähnt, dass es zu der Zeit noch kein Internet gab!

Es fiel mir auch schwer, meine Eltern nach Geld zu fragen und wollte lieber auf selbstverdientes Geld zurückgreifen können. Ich trug Zeitungen und Werbeprospekte aus und suchte mir Ferienjobs.
Interesse am Thema Geld, Sparsamkeit, sowie Fleiß und der Wille, etwas für mein Einkommen zu tun, waren die Grundlagen für eine erfolgreiche finanzielle Karriere und eben frühzeitig irgendwie in mir drin, ohne dass jemand aus meiner Familie oder aus dem weiteren Umfeld darauf aktiv Einfluss genommen hätte.

Von ganz allein hatte ich schon während meiner Ausbildung den Plan, „früh in Rente zu gehen", wie ich es damals nannte. Den Begriff „Finanzielle Freiheit" kannte ich Mitte der 90er Jahre noch nicht – war er doch auch erst frisch in den USA entstanden (FIRE – Financial Independence Retirement Extreme aus dem Buch „Your Money or your Life" von Vicki Robin und Joe Dominguez, 1992).

Buch – Your Money or your Life:

Aber ich strebte etwas in der Richtung an. Wenn ich in jungen Jahren genug arbeiten, sparen und investieren würde, müsste ich nicht bis ins hohe Alter buckeln, sondern würde viel früher die Möglichkeit haben, mein Leben anders zu gestalten, als der übliche Berufstätigen-Alltag es vorsieht.

Als ich nach meiner Ausbildung meine ersten Aktien kaufte, war ich damit auch der Exot in der Familie. Ein Wertpapierdepot hatten meine Eltern nicht. Kurze Zeit später kaufte ich meine erste Wohnung als Kapitalanlage. Das allerdings mit Unterstützung aus der Familie. Mein Onkel, über den ich an das Objekt kam, erklärte mir das Wichtigste im Zusammenhang mit Immobilien und half mir, in der Anfangszeit Dinge zu regeln. Zwei Jahre später folgte meine zweite Wohnung und ich musste ihn immer seltener um Rat fragen. Dieser Tage bin ich dabei, meine neunte Wohnung zu kaufen. Wohnen tue ich selber übrigens seit jeher zur Miete – nicht im Eigenheim. Und das Volumen meines Wertpapierdepots ist durch stetige Käufe und Kursentwicklungen inzwischen auf über eine halbe Million Euro angewachsen.

Was waren finanziell gesehen Deine teuersten Fehler?

Die verschiedenen einzelnen geschlossenen Beteiligungen, in die ich investiert habe, ergaben bei mir zusammengenommen den einen ganz großen Fehler, neben dem alle anderen recht klein erscheinen. **Mein größter finanzieller Fehler war eben das Investieren in geschlossene Beteiligungen!**

Vor und am Anfang der Finanzmarktkrise (2007/2008) war ich der Meinung, ich müsste weniger in (zunächst noch recht hoch bewertete und später stark fallende) Aktien und dafür mehr in andere Anlageklassen investieren. Da kamen mir die Angebote mit zweistelligen Renditeversprechen und kurzen Laufzeiten verschiedener geschlossener Beteiligungen gerade recht. „Gier frisst Hirn", und so habe ich nach und nach über 200.000 € in diesen Murks gesteckt und bis heute fast alles davon verloren.

Zu meiner Verteidigung muss ich sagen, dass z. B. Schifffonds bis dahin jahrzehntelang funktioniert hatten und quasi etabliert waren. Mit der großen Rezession und Weltwirtschaftskrise kam aber leider auch die gewaltige Krise in der Containerschifffahrt. Die Charterraten brachen dramatisch ein und haben sich entgegen anfänglicher Prognosen bis heute nicht wieder erholt.

Neben den außerdem immens hohen Emissionskosten, die es solchen geschlossenen Fonds von Anfang an schwer machen, sich auch für den Anleger rentabel zu entwickeln, gibt es ein anderes großes Problem am sogenannten „grauen Kapitalmarkt", was ich vorher nicht für möglich gehalten habe: Das ist tatsächlich Betrug! Wir leben in einem Land, in dem bis zur Schriftgröße eines Fondsprospektes alles bürokratisch und gesetzlich geregelt ist, aber Fondsinitiatoren können das eingesammelte Geld einfach so verprassen und es dauert Jahre, bis es überhaupt jemand merkt und die Betrüger schließlich vor Gericht gestellt werden. Und das eingesetzte Kapital bekommt man auch nicht wieder, wenn die Schuldigen irgendwann wirklich verurteilt sind.

Hätte ich damals weiter konsequent Aktien gekauft, wäre ich trotz oder gerade wegen der Finanzkrise deutlich besser gefahren. Statt das Geld zu verlieren hätte ich es vervielfacht. Langfristig sollten Aktienanlagen steigen, auch wenn man immer wieder denkt, die Luft wird dünn. Rücksetzer, Krisen und Crashs gehören dazu und irgendwann geht es wieder aufwärts zu neuen Höchstständen.

Die gesamte Geschichte, was genau geschlossene Beteiligungen sind und welche Erfahrungen Vincent gemacht hat, findest Du auf seinem Blog „freaky finance".

Die Scheiße mit geschlossenen Beteiligungen:

Was würdest Du anders machen, wenn Du heute nochmal neu beginnen würdest?

Im Großen und Ganzen bin ich zufrieden wie alles gelaufen ist. Natürlich würde ich mir wünschen, den Fehler mit den geschlossenen Beteiligungen nicht gemacht zu haben. Auf diese Erfahrung, die mir jahrelang – nicht durchgängig, aber immer wieder – Kopfzerbrechen bereitet hat, hätte ich liebend gerne verzichten können.

Grundsätzlich war und bin ich aber eben recht experimentierfreudig, was Geldanlagemöglichkeiten angeht. Dass da auch mal der eine oder andere Griff ins Klo dabei ist, liegt in der Natur der Sache.
Ohne den nötigen Mut und die vorhandene Neugier hätte ich kaum als unter 20jähriger angefangen, in Aktien zu investieren und kurze Zeit später die erste Wohnung zu kaufen. Dann stünde ich heute finanziell nicht so gut da! Nur durch einen ETF-Sparplan wird man leider nicht reich! Es ist zwar eine solide und sinnvolle Art der Geldanlage für den langfristigen Vermögensaufbau, aber für den ganz großen Wurf braucht es ein wenig mehr (Mut).

Die meisten finanziell erfolgreichen Menschen haben sogar mindestens einmal ihr komplettes Vermögen verloren und danach ein noch größeres aufgebaut. So betrachtet waren die 200.000 € gar nicht viel, weil nicht mein ganzes Vermögen. Trotzdem hat mich der Verlust so angestachelt, dass ich noch härter und fokussierter an meinen finanziellen Zielen gearbeitet habe. Inzwischen habe ich den Verlust mehr als ausgeglichen!

Vielleicht hätte ich noch früher anfangen können in Wertpapiere zu investieren. Ich lese heute von jungen Leuten, die längst noch nicht volljährig sind, aber die Eröffnung eines eigenen Wertpapierdepots bei ihren Eltern durchsetzen. Das finde ich genial! Der Faktor Zeit ist beim Vermögensaufbau doch eine der wichtigsten Komponenten – Stichwort: Zinseszinseffekt.

Ich habe wohl auch eine Weile zu lang zu sparsam gelebt, was der Sparquote sicher gut tat, aber sozial auch ein Stück weit isolierte. Wirklich nötig war es in der Intensität und Dauer im Nachhinein betrachtet nicht. Ich war schon ein ganz schöner Geizhals!

Die finanzielle Karriere ist, genau wie das Leben an sich, ein nicht endender Lernprozess. Da muss man halt irgendwie durch. Es gibt aber auch Abkürzungen, mit denen man schneller ein hohes Niveau an finanzieller Bildung erreichen kann. Eine davon hältst du mit diesem Buch gerade in deiner Hand. Das gleiche gilt für kostenlose Möglichkeiten wie Blogs, Foren und YouTube-Videos. Die Zeit, die man dank der möglichen Abkürzungen sparen kann, ist wieder bares Geld wert. Ich erinnere erneut an den unfassbaren Effekt des Zinseszinses. Jedes Jahr, in dem das Kapital länger Zeit hat sich zu verzinsen, hat nach hintenraus wahnsinnige Auswirkungen!
Ein gewisses Maß an Gelassenheit ist ebenfalls hilfreich, doch auch das kommt im Normalfall erst mit der Zeit.

Welche Vorteile hast Du heute dadurch, dass Du Dich bereits früh mit Deinem Geld beschäftigt hast?

Sicherheit und Entspanntheit. Das, was ich mir über die Zeit aufgebaut habe, bringt mir schon heute jeden Monat über 5.000 € ein (nach Kosten, vor Steuern). Wohlgemerkt ohne das Gehalt aus meinem Angestelltenverhältnis.

Ich kann mir Auszeiten vom Job und längere Urlaube gönnen. Ich habe 2

Jahre lang nur 3 Tage in der Woche (27 Stunden) gearbeitet und aktuell sind es 28 Stunden an 4 Tagen in der Woche. Eine Reduzierung auf 15 Wochenarbeitsstunden ist bereits geplant. Theoretisch würde ich bei meinem Lebensstil auch ganz ohne meinen Angestelltenjob locker über die Runden kommen.

Noch habe ich es aber nicht eilig, ganz zu kündigen. So wird mir die Hälfte der Krankenkassenbeiträge vom Arbeitgeber gezahlt und ich sammle weiter ein paar Rentenpunkte. Ich bin mit 42 in einem Alter, bei dem noch eine Chance besteht, etwas staatliche Rente zu beziehen, bevor das System kollabiert. Auch unsere relativ gute Betriebsrente wird weiter gestopft, so lange ich ins Büro gehe.

Käme ein lukratives Abfindungsangebot, würde ich an einen unausstehlichen Chef geraten oder die Kollegen gingen mir übelst auf den Geist – könnte ich dem Job von heute auf morgen „Auf Nimmerwiedersehen!" sagen.

Ich bin mit bester Gesundheit gesegnet und fast nie krank. Dafür bin ich sehr dankbar und ich weiß, dass sich das schlagartig ändern kann! Mein finanzielles Polster würde mir dann aber teure Spezialbehandlungen oder ggf. behindertengerechte Umbauten ermöglichen, ohne dass ich mit einer Krankenkasse oder sonst einer anderen Instanz diskutieren müsste. In einem seiner Vorträge hat Dirk Kreuter das Thema „WARUM wir reich werden sollten" besprochen. Er nannte unter anderem auch diesen Grund:

„Ich will nicht von einem Sachbearbeiter abhängig sein, wenn es um die Gesundheit oder gar das Leben meiner geliebten Frau, den eigenen Kindern oder mir selbst geht!"

Das ist ein wirklich wichtiger Punkt, der bei mir hängen geblieben ist. Alles in allem reden wir hier über das berühmte „Fuck You Money".

Filmszene zum „Fuck You Money":

(Quelle: John Goodman im Film „The Gambler"; Ausschnitt auf YouTube: https://www.youtube.com/watch?v=xdfeXqHFmPI)

Wenn der Haufen deines angesparten Geldes groß genug ist, kann dir einiges egal sein. Je größer der Haufen, umso mehr Dinge können dir egal sein!

Bei mir ist der Haufen schon ziemlich groß und einige Sorgen verschwinden ganz, andere werden kleiner – aber natürlich kann man nicht alles mit Geld regeln. Es beruhigt jedoch ungemein, wenn man genug davon hat.

Um die Sicherheit noch etwas zu vergrößern, setze ich auf eine breite Diversifikation meiner Anlagen. Daher habe ich meine Investitionen über viele verschiedene Assetklassen gestreut, die unterschiedlich miteinander korrelieren. Das hat den Effekt, dass das Gesamtvermögen über die Zeit weniger stark schwankt, als wenn mein Vermögen beispielsweise zu 100% in Aktien stecken würde.

Neben meinen beiden größten Anlagenklassen (Wertpapiere und Immobilien) habe ich mein Vermögen u.a. in P2P-Kredite, Genossenschaftsanteile, Edelmetalle, Nachrangdarlehen im Bereich Immobilien-Crowdinvesting, Riester-Rente, alte Bausparverträge, Kryptowährungen sowie Tages- und Festgeld aufgeteilt. Mit dieser breiten Streuung fühle ich mich einfach wohler und habe nicht alles auf eine Karte gesetzt. Wenn die Börse crasht muss der Immobilienmarkt nicht zwangsläufig gleichzeitig auch einbrechen und umgekehrt. Und wenn doch, habe ich noch P2P-Kredite, Gold und Kryptos ...

Mein Kommentar:

Wie würden Dein Leben und Deine Zukunft aussehen, wenn Du Dir wie Vincent keine großen Gedanken oder Sorgen mehr übers Geld machen müsstest?

Das ist aus meiner Sicht eine sehr spannende Frage, die sich jeder mal stellen sollte. Je nachdem, wie Du die Frage für Dich beantwortest, könntest Du in einigen Jahren finanziell so weit wie Vincent sein. Vor allem, weil es heute viel bessere Möglichkeiten zur Weiterbildung gibt und Du den Fehler mit den geschlossenen Beteiligungen nicht mehr wiederholen musst.

Wenn Du mehr zu Vincent oder seiner Geschichte erfahren möchtest, dann schau unbedingt auf seinem Blog „freaky finance" vorbei (www.freakyfinance.net)

Blog – freaky finance:

2. Hasst Du Geld und reiche Menschen?

Einen der größten Mythen in Bezug auf Geld haben wir bereits im ersten Kapitel entkräftigt. Geld ist nämlich durchaus wichtig, wenn Du Dein Leben nach Deinen eigenen Vorstellungen gestalten willst und später nicht in der Altersarmut landen willst.

Da gibt es allerdings noch viel mehr schlechte Einstellungen in Bezug zu Geld und reichen Menschen.

Zum Beispiel:

- Geld verdirbt doch nur den Charakter, zerstört Familien und Freundschaften und ist die Wurzel allen Übels.
- Über Geld redet man nicht.
- Sparen bedeutet Verzicht.
- Um reich zu werden, musst Du andere Menschen ausbeuten.
- Reiche Menschen sind doch nur Betrüger.
- Wenn Du mehr Geld verdienen willst, wirst Du es anderen Menschen wegnehmen.
- Eher geht ein Kamel durch ein Nadelöhr, als dass ein Reicher in den Himmel kommt.

Du wirst viele dieser Aussagen bestimmt schon einmal gehört haben. Geld und Reichtum sind in Deutschland sehr große Tabuthemen, über die nur sehr wenig gesprochen wird. Und wenn Geld zum Thema wird, dann meistens nur negativ. Es wird auf die Reichen geschimpft, die Großkonzerne werden verdammt und dem Geld werden viele negativen Eigenschaften angedichtet.

Wahrscheinlich stellst Du Dir gerade die Frage, was das mit Dir zu tun hat oder wieso Dich das kümmern sollte.

Die Antwort darauf ist sehr einfach:

Solange Du (zumindest unbewusst) eine negative Einstellung zu Geld oder dem Thema Reichtum hast, wirst Du finanziell nie wirklich vorankommen. Du wirst Dich damit selbst blockieren und verhindern, dass Du Deine finanziellen Ziele erreichst.

Die Verhaltensforschung hat eindeutig bewiesen, dass der Großteil unserer Entscheidungen von unserem Unterbewusstsein getroffen wird und wir darauf keinen großen Einfluss haben. Wir glauben zwar oft, dass wir uns im Supermarkt bewusst für bestimmte Produkte entscheiden, aber in Wirklichkeit ist das nicht der Fall.

Es werden im Jahr Milliarden-Budgets für Markenwerbung ausgegeben, weil dadurch die unbewussten Entscheidungen beeinflusst werden können. Wenn wir eine bestimmte Marke vorher schon einmal gehört haben und unbewusst bestimmte Gefühle und Werte damit verbinden, greifen wir im Supermarkt viel schneller zu dem Produkt. Selbst wenn direkt daneben ein günstigeres und genauso gutes No-Name-Produkt steht. Rein rational betrachtet wäre das No-Name-Produkt die bessere Wahl. Die Kaufentscheidung für das Markenprodukt ist allerdings schon lange gefallen, bevor bewusst über die Wahl nachgedacht werden konnte.

Männer kaufen zum Beispiel ein Motorrad von Harley Davidson und behaupten im Nachhinein, dass es das beste Motorrad auf der ganzen Welt sei. In den meisten Fällen wird das unbewusste Kaufmotiv (Harley Davidson bedeutet Freiheit) allerdings viel eher den Ausschlag gegeben haben und nicht die konkreten technischen Merkmale des Produkts.

Oder nehmen wir das neuste iPhone für rund 1.300 € als Beispiel. Niemand braucht unbedingt das neuste Smartphone aus dem Hause Apple. Das iPhone kann meistens nicht viel mehr als das Vorgängermodell. Trotzdem können Millionen Menschen den Start des neusten iPhones kaum abwarten und sind bereit dafür astronomische Preise und lange Wartezeiten in Kauf zu nehmen. Wenn wir nur die Produktmerkmale betrachten, wäre es deutlich sinnvoller entweder ein älteres iPhone-Modell oder ein Handy eines anderen Herstellers zu kaufen. Du kannst locker die gleiche Leistung für die Hälfte des Preises haben. Auch hier sind die unbewussten Kaufmotive die entscheidenden. Das neuste iPhone zu besitzen bedeutet nämlich (gerade unter Jugendlichen) Status und Anerkennung von Kollegen und Freunden zu erhalten.

Das gleiche lässt sich auf das Thema Geld und Reichtum übertragen. Solange Du unbewusst der Überzeugung bist, dass Du ein schlechter Mensch bist, wenn Du mehr Geld besitzt oder reich wirst, wird Dich das ausbremsen und von den „richtigen" Entscheidungen abbringen. Oder wenn Du denkst, dass Du andere über den Tisch ziehen musst, um mehr Geld zu verdienen, wirst Du kaum Dein Einkommen steigern können. Solche negativen Überzeugungen sind (bildlich gesprochen) wie eine angezogene Handbremse im Auto. Sie verhindern Deinen Fortschritt.

Mir liegt das so sehr am Herzen, dass ich mein erstes Buch („Die glückliche Reise zum Reichtum") nur diesem Thema gewidmet habe. In einer schönen Geschichte beschreibe ich, wie Dich negative Überzeugungen zu Geld und reichen Menschen ausbremsen und welche Sichtweise Dir dabei hilft ein glücklicheres und finanziell erfolgreicheres Leben zu führen. Gerade wegen der lockeren Geschichtenform habe ich viel positives Feedback zu meinem Buch erhalten.

Im schlimmsten Fall hast Du so viele negative Überzeugungen, dass das ganze wertvolle Wissen aus diesem Buch alleine nichts nützt. Du triffst den Großteil Deiner Finanzentscheidungen schließlich unbewusst, sodass Du das hier erworbene Wissen bei zu vielen negativen Überzeugungen nicht anwenden könntest.

Ich lade Dich dazu ein Dir das Buch einfach mal auf Amazon anzuschauen.

Die glückliche Reise zum Reichtum:

3. Lebensziele – Was willst Du erreichen?

„Wer den Hafen nicht kennt, in den er segeln will, für den ist kein Wind der richtige."
Zitat von Seneca

Würdest Du in ein Taxi einsteigen und sagen:

„Ach fahren Sie einfach irgendwo hin. Ist mir eigentlich ganz egal, wohin es geht."

Oder würdest Du erst einen Tag vor Antritt Deines Jahresurlaubs anfangen Dir Gedanken darüber zu machen, wohin Du eigentlich reisen willst, ob Du dort eine Unterkunft benötigst und ob Dein Reisepass überhaupt noch gültig ist?

Natürlich würdest Du beides nicht machen. Wie willst Du denn auch ein Ziel (wie z.B. den Ankunftsort oder einen perfekten Urlaub) erreichen, wenn Du Dein Ziel nicht mal kennst? Wenn Du Dein Leben dem Zufall überlässt, brauchst Du Dich nicht darüber zu wundern, dass Du Deine Ziele nicht erreichst und unglücklich wirst.

„Die meisten Menschen schließen Kranken-, Unfall- und Dienstunfähigkeitsversicherungen ab, aber versichern sich niemals, ob sie wirklich glücklich sind."
Autor unbekannt

In den letzten Jahren habe ich immer wieder mit Verwunderung festgestellt, wie wenig Zeit die meisten Menschen in die Planung ihres eigenen Lebens und damit auch in die Planung Ihrer Finanzen stecken. Es werden wochenlang Vergleichsangebote von verschiedenen Hotels herausgesucht, um ein paar Euro zu sparen. Jeder kostbare Urlaubstag wird im Detail von morgens bis abends durchgeplant und mit Aktivitäten belegt. Gleichzeitig werden bei sehr vielen Menschen allerdings tausende oder sogar zehntausende Euros mit sinnlosen Versicherungen oder durch falsche Anlageentscheidungen vernichtet, weil sie sich damit nicht beschäftigen wollen.

Im ersten Kapitel haben wir uns bereits gemeinsam damit auseinandergesetzt, wieso Du Dich um Deine Finanzen kümmern solltest. In diesem Kapitel soll es jetzt intensiver darum gehen, welche Ziele Du im Leben hast und welche Auswirkungen diese auf die eigenen Finanzen haben. Um bei dem Bild aus dem vorherigen Kapitel zu bleiben:

Wenn Du eine Reise machen willst, solltest Du vorher genau planen, wie viel Benzin Du für die ausgewählte Strecke benötigen wirst.

Oder in Bezug aufs Geld:

Du solltest herausfinden, wie viel Geld Du insgesamt für Deine Wünsche und Ziele brauchst. Dabei macht es bei der Finanzplanung einen großen Unterschied, ob Du 2.000 oder 4.000 € im Monat benötigst oder ob Du in der nächsten Zeit planst ein Haus zu kaufen. Viele Aspekte fließen in die Finanzplanung ein und im Laufe Deines Lebens werden sich Deine Ziele bestimmt auch regelmäßig verändern. Trotzdem solltest Du Dir auch jetzt schon als Berufseinsteiger darüber Gedanken machen, was Du erreichen willst und was Deine Ziele sind.

Dabei würde ich zwischen lang-, mittel- und kurzfristigen Zielen unterscheiden:

Deine langfristigen (großen) Ziele:

Starten wir mit dem schwierigsten zuallererst, den langfristigen Zielen. Damit meine ich, was Du in 10 Jahren oder später erreichen willst. Mir ist natürlich bewusst, dass es sehr schwer ist bereits jetzt zu wissen, wie das eigene Leben in 10, 20 oder 30 Jahren aussehen soll. Bei großen Zielen ist es umso wichtiger sich jetzt schon Gedanken zu machen, weil Du sie sonst nur sehr schwer erreichen kannst.

Willst Du zum Beispiel später irgendwann mal ein eigenes Haus besitzen?

Oder willst Du später Kinder haben und in deren ersten Lebensjahren Deine Arbeitszeit reduzieren können?

Oder willst Du früher in den Ruhestand gehen, ohne Dich auf die Rente verlassen zu müssen?

Das sind natürlich alles nur Beispiele und ich kann Dir nicht sagen, was Deine Ziele sein sollten. Es ist schließlich Dein eigenes Leben, das Du nach Deinen eigenen Werten und Vorstellungen leben kannst. Meiner Meinung nach ist es sehr wichtig sich bereits früh Gedanken zur eigenen Zukunft zu machen, denn nur dann kannst Du bewusst darauf hinarbeiten.

Ein langfristiges Ziel dürften allerdings die meisten Mensch haben:

Später im Alter genug Geld zu haben, um das eigene Leben ohne Einschränkungen und in Würde weiterleben zu können. Insbesondere willst Du später bestimmt nicht in der Altersarmut landen, auf Hartz IV-Niveau leben oder nochmal mit Anfang 70 einen neuen Job beginnen müssen. Leider wird es für viele Rentner Realität, dass sie sich nach Jahrzehnten des Arbeitens keinen Urlaub mehr leisten können und jeden Euro mehrere Male umdrehen müssen.

Das wird auch Dich treffen. Zumindest wenn Du nicht frühzeitig etwas dagegen unternimmst.

Im Abschnitt Altersarmut und Zinseszins-Effekt haben wir ja bereits ausführlich besprochen, weswegen das der Fall ist. Nimm Dir mal ein paar Minuten Zeit und schreib Dir Deine wichtigsten langfristigen Ziele auf. Was willst Du erreichen?

Es macht einen riesigen Unterschied, ob Du nur über Deine Ziele nachdenkst oder ob Du diese auch wirklich ausformulierst und aufschreibst. Du machst Dir nämlich noch intensiver Gedanken darüber, was Du wirklich erreichen willst und kannst es später nochmal lesen.

Deine mittelfristigen Ziele:

Unter mittelfristigen Zielen verstehe ich alles in einem Zeitraum zwischen drei bis zehn Jahren.

Hast Du zum Beispiel vor in den nächsten Jahren ein neues Auto zu kaufen?

Oder willst Du Dir in ein paar Jahren mal wieder eine neue Küche anschaffen?

Möchtest Du vielleicht in den nächsten Jahren Deinen Beruf wechseln oder nochmal ein Studium absolvieren, wodurch Dein Einkommen sinken würde?

Nimm Dir auch hier nochmal ein paar Minuten Zeit und denk über Deine mittelfristigen Ziele nach.

Deine kurzfristigen Ziele:

Kurzfristig ist alles, was Du innerhalb eines Jahres erreichen willst.

Das kann zum Beispiel ein Urlaub, der Kauf eines Sofas, ein neues Handy oder der Besuch eines Musicals sein.

Bei den kurzfristigen Zielen dürfte es Dir mit Abstand am einfachsten fallen Dir zu überlegen, was Du erreichen willst. Der Zeitraum von einem Jahr ist viel leichter zu überschauen und unbewusst denken wir schon häufig über die kurzfristigen Ziele nach. Über langfristige Ziele nachzudenken und zu überlegen, was ich in 10, 20 oder 30 Jahren erreichen will, ist da schon deutlich schwieriger.

Ich kann Dir nur dringend dazu raten Dir für diese Übung mal etwas Zeit zu nehmen und Dir Deine Ziele bewusst zu machen. Je klarer Du weißt, was Deine Ziele sind und was Du in Deinem Leben erreichen willst, desto leichter wird es dafür zu planen und Deine Ziele später auch zu erreichen.

Natürlich werden sich Deine Ziele im Laufe Deines Lebens auch noch sehr oft verändern und mit ziemlicher Sicherheit nicht gleichbleiben. Vielleicht gründest Du irgendwann eine Familie und Dir wird es dann wichtig Deine Arbeitszeit reduzieren zu können.

Oder Du merkst nach einigen Jahren des Ansparens für ein Auto, dass Du jetzt doch gar kein Auto mehr kaufen willst. Deine Prioritäten und Ziele haben sich verändert.

Es ist allerdings besser Geld für Ziele zu sparen, die sich eventuell verändern können und dann nicht mehr bestehen, anstatt sich mit den eigenen Zielen gar nicht auseinanderzusetzen und sie deshalb zu verfehlen.

Im „schlimmsten" Fall hast Du 10.000 € für ein Auto angespart, die Du jetzt lieber für einen großartigen Urlaub ausgibst.

Wenn Du Dich bewusst mit Deinen Zielen und Deinen Finanzen auseinandersetzt, schaffst Du Dir die Freiräume, um Dein Leben leichter nach den eigenen Vorstellungen zu gestalten.

4. Dein persönlicher Finanzplan

„Ein Finanzplan? Das hört sich doch irgendwie langweilig an.“

Das war mein erster Gedanke, als ich zum ersten Mal den Ratschlag erhielt einen eigenen Finanzplan aufzustellen. Ich dachte mir, dass ich es auch ohne einen Finanzplan hinbekommen würde und ich bisher ja auch ganz gut mit meinem Geld ausgekommen bin. Wieso sollte ich mir also diese zusätzliche Mühe machen?

Als Jugendlicher ist es in der Tat nicht so wichtig seine Finanzen zu planen oder Gelder zurückzulegen. Du brauchst Dir als Jugendlicher keine Gedanken um Miete, Versicherungen, kaputte Geräte oder größere Anschaffungen machen. Alles Geld, was Du als Taschengeld oder durch Nebenjobs einnimmst, kannst Du ohne größeres Nachdenken für Deine Freizeit ausgeben. Wenn Du als Jugendlicher kein Geld mehr hast, dann ist das keine große Katastrophe. Deine Eltern bezahlen schließlich weiterhin die Miete, Strom, Versicherungen und Lebensmittel.

Das alles ändert sich allerdings, wenn Du finanziell auf eigenen Beinen stehst und Dich um alles selbst kümmern solltest. Wenn Du jetzt kein Geld mehr zur Verfügung hast und pleite bist, ist das eine große Katastrophe. Fixkosten wie Miete, Versicherungen und Strom laufen nämlich ungeachtet dessen weiter und reißen ein großes Loch in Deine Finanzen. Im schlimmsten Fall musst Du sogar Schulden aufnehmen, um weiter über die Runden zu kommen. Jetzt wird es in der Zukunft noch schwerer mit dem eigenen Einkommen klarzukommen, weil Du davon ja auch noch Deine Schulden zurückzahlen willst.

Im vorherigen Kapitel haben wir uns näher angeschaut, was Deine persönlichen kurz-, mittel- und langfristigen Ziele sind. Damit bist Du den meisten Menschen schon einen großen Schritt voraus.

Ziele allein sind allerdings wertlos, wenn Du nicht die nötigen finanziellen Mittel für die Umsetzung hast.

In den letzten Jahren habe ich schon hunderte Male von anderen Menschen gehört, dass sie kein Geld für ihre langfristigen Ziele (wie z.B. die Altersvorsorge) übrig haben und daher auch gar kein Geld sparen können. Das ist allerdings nur eine weit verbreitete Ausrede.

Meiner Meinung nach kann jeder in Deutschland nebenher etwas für seine Altersvorsorge tun, wenn er seine Finanzen vernünftig plant und dadurch im Griff hat. Selbst wenn es zu Beginn nur 25 oder 50 € im Monat sind.
Die meisten haben das Problem, dass sie ihr gesamtes Einkommen für ihre kurzfristigen Ziele ausgeben und daher kein Geld mehr für die mittel- und langfristigen Ziele übrig haben. Das Geld kommt am Anfang des Monats aufs Konto und wird dann schnell durch Restaurantbesuche, Kreditkartenzahlungen und einen hohen Fixkostenblock aufgebraucht. Am Ende des Monats ist kein Geld mehr da oder das Konto wurde sogar noch überzogen. Du hast also keine Möglichkeit mehr Geld für Deine mittel- und langfristigen Ziele zurückzulegen.

Ohne eine vernünftige Finanzplanung wirst Du Deine mittel- und langfristigen Ziele entweder gar nicht oder nur deutlich schwerer und später erreichen können.

Deswegen ist dieses Kapitel auch mit Abstand das wichtigste im ganzen Buch. Wenn Du aus allen guten Ratschlägen und Tipps aus diesem Buch alleine die Finanzplanung umsetzt, wird Dir das viel Ärger, Stress und Geld ersparen und Dir dabei helfen alle Deine Ziele zu erreichen.

In den nächsten Unterkapiteln zeige ich Dir jetzt im Detail, wie Du Deine Finanzen am besten planst und worauf Du achten solltest.

<u>Keine Angst:</u>

Du kannst Deine Finanzplanung mit sehr wenig Zeit umsetzen und es ist auch wirklich sehr einfach.

4.1 Ausgangssituation analysieren

Der erste und wichtigste Schritt ist sich bewusst damit auseinanderzusetzen, wo Du aktuell stehst. Du kannst schließlich Deine Finanzen nur vernünftig planen, wenn Du weißt, wie viel Vermögen Du hast und wie Deine üblichen Einnahmen und Ausgaben aussehen.

Dein Nettovermögen

Das eigene Nettovermögen mal konkret auszurechnen, kann bereits ein großer Augenöffner sein. Besonders wenn Du bereits länger arbeitest und kein Vermögen hast.

Doch was genau ist eigentlich Dein Nettovermögen?

Am besten lässt sich das ganze an einem Beispiel erklären:

Paul ist ein Berufseinsteiger, der sein gesamtes Geld zusammengekratzt hat, um sich damit eine Wohnung zu kaufen. Die Wohnung hat insgesamt einen Wert von 100.000 €. Für den Wohnungskauf bräuchte er allerdings auch einen Bankkredit über 90.000 €.

Würdest Du sagen, dass Paul in diesem Fall ein Vermögen von 100.000 € hat? Das wäre etwas abstrus, denn er kann schließlich nicht über das gesamte Geld verfügen. Sein „echtes“ Vermögen sind wohl eher seine 10.000 €. Also das, was nach Abzug seiner Schulden noch übrigbleibt. Das ist auch das sogenannte Nettovermögen.

Formel:	**Beispiel Paul:**	**Berechnung:**
Vermögenswerte	100.000 €	
- Schulden	- 90.000 €	
= Nettovermögen	= 10.000 €	

Tabelle 1: Berechnung Nettovermögen

Das Nettovermögen kannst Du also berechnen, indem Du alle Deine Vermögenswerte zusammenrechnest und die Schulden davon abziehst. Genauso wie in der Tabelle 1 auf der letzten Seite. Eigentlich ganz einfach. In der rechten Spalte hast Du noch Platz für Deine eigene Berechnung.

Mach Dir doch mal eine Liste mit allen Vermögenswerten, die Du besitzt. Wie viel Geld hast Du zum Beispiel auf Deinen Konten oder als Bargeld? Besitzt Du vielleicht bereits eine Immobilie, Wertpapiere oder ähnliches? Welchen Wert haben aktuell Deine Lebensversicherungen, Bausparverträge oder ähnliches?

Möbel, Ausstattungen, technische Geräte wie Fernseher, Handys oder Computer oder ein Auto zählen wir übrigens nicht dazu. Diese Dinge haben zwar einen Wert, aber solange Du diese Dinge weiter besitzen willst, verlieren sie an Wert und Du kannst Sie nicht verkaufen. Schließlich wird Dein Auto noch benötigt und Du kannst es nicht so einfach verkaufen. Banken sehen solche Gebrauchsgegenstände ebenfalls nicht als Teil Deines Vermögens an, weil sie eine realistische und solide Ausgangsbasis haben wollen. Genau darauf kommt es auch bei unserer Finanzplanung an. Im schlimmsten Fall rechnest Du mit einem etwas niedrigeren Vermögen und hast deshalb etwas „zu viel" vorgesorgt. Besser als später zu wenig Geld zu haben.

Als nächstes kannst Du von Deinem Vermögen noch die Schulden abziehen. Hast Du zum Beispiel einen Immobilien- oder Autokredit? Oder hast Du noch einen Studienkredit? Gibt es vielleicht sonst noch irgendwelche Schulden?

Was jetzt als Ergebnis herauskommt, ist Dein Nettovermögen. Bist Du mit dem Ergebnis zufrieden? Hast Du ein positives oder negatives Nettovermögen?

Wenn Du auf ein negatives Nettovermögen kommst, hast Du in Deinem Leben bisher mehr Schulden gemacht als Vermögen aufgebaut. Ein neugeborenes Kind ist also reicher als Du, weil es ein Nettovermögen von 0

€ hat. Vielleicht ist das für Dich ja noch ein weiterer Ansporn Dich mit Deinen Finanzen auseinanderzusetzen. Ich weiß natürlich auch, dass es im Studium meistens auch nicht möglich ist großartig Geld zu verdienen und zu sparen. Schließlich wird der größte Teil der Zeit für das Studium benötigt. Trotzdem ist es wichtig sich das mal vor Augen zu führen.

Wenn Du ein positives Nettovermögen hast, konntest Du bereits etwas Vermögen aufbauen. Dazu schon einmal meinen Glückwunsch. Im nächsten Schritt solltest Du Dein Nettovermögen mit Deinem gesamten Einkommen vergleichen.

Wie viel Geld hast Du in Deinem gesamten Leben bisher durch Taschengeld, Geschenke oder Deine eigene Arbeitskraft eingenommen und in welchem Verhältnis steht es zu Deinem Vermögen?

Wenn Du zum Beispiel als Fußballer in Deinem Leben bereits 20 Millionen Euro verdient und „nur" ein Nettovermögen von 500.000 € hast, ist das finanziell nicht besonders gut. Er hat schließlich nur 2,5 % seines Einkommens sparen können.

Wenn Du hingegen als Student bisher erst 25.000 € insgesamt verdient hast und Dein Nettovermögen 10.000 € beträgt, ist das finanziell sehr gut. Du konntest also bisher 40 % Deines Einkommens sparen. Das ist die sogenannte Sparquote.

	Fußballer:	**Student:**	**Berechnung:**
Gesamteinkommen	20.000.000 €	25.000 €	
Nettovermögen	500.000 €	10.000 €	
Sparquote	2,5 %	40 %	

Tabelle 2: Nettovermögen und Gesamteinkommen im Vergleich

Deine Einnahmen und Ausgaben

Als nächstes sollten wir uns Deine Einnahmen- und Ausgabensituation näher anschauen, um uns ein vollständiges Bild von Deiner finanziellen Situation machen zu können.

Auf der Einnahmenseite hast Du wahrscheinlich schon eine ziemlich gute Übersicht, weil Du nur einen einzigen oder ganz wenige Einkommensströme hast. Trotzdem würde ich Dich auch hier bitten kurz darüber nachzudenken, wie hoch Dein monatliches Nettoeinkommen (also nach Abzug von Sozialabgaben und Steuern) ist.

Neben Deinem Hauptjob kannst Du zum Beispiel noch Kindergeld, Unterstützungszahlungen von Verwandten, Sonderzahlungen wie Weihnachtsgeld und Zinsen oder andere Kapitalerträge erhalten.

Jetzt weißt Du schon einmal, wie viel Geld Du im Monat einnimmst und damit zum Ausgeben zur Verfügung hast.

Deine Fixkosten

Als nächstes wollen wir einen Blick auf Deine Ausgabenseite werfen. Das wichtigste ist hierbei, sich die wiederkehrenden monatlichen Fixkosten anzuschauen. Dies sind nämlich die festen Kosten, an denen Du so schnell nichts verändern kannst. Du musst Deine Fixkosten wie Miete, Versicherungen und Abonnements bei einem Jobverlust weiterhin zahlen und kannst diese nicht einfach von einem auf den anderen Monat reduzieren. Zudem fallen die Kosten auch unabhängig von der Nutzung an. Wenn Du zum Beispiel ein Jahresabo für eine Zeitschrift hast, die Du eigentlich gar nicht liest, bist Du weiterhin gezwungen diese zu bezahlen.

Bei den meisten Menschen ist es so, dass sie so viele Schulden, Ratenzahlungen und monatliche Fixkosten haben, dass der Großteil des Einkommens am Anfang des Monats direkt abgebucht wird und sie kaum noch über ihr Geld frei entscheiden können. In diesem Fall ist es natürlich auch sehr schwer Geld zu sparen oder bei ungeplanten Ausgaben spontan reagieren zu können.

Das Ziel ist es daher, dass die Fixkosten einen möglichst geringen Anteil ausmachen und Du noch über möglichst viel Geld frei entscheiden kannst. Allein zu wissen, wie hoch die eigenen Fixkosten sind, ist schon sehr viel wert.

Nimm Dir am besten dazu die Kontoauszüge der letzten Monate zur Hand und fülle die Tabelle 3 (auf der nächsten Seite) in Ruhe aus. Gemeint sind hierbei die monatlich anfallenden Fixkosten.

Ich habe zum Beispiel eine Haftpflichtversicherung, die ich nur einmal im Jahr bezahle. Trotzdem gehört das auch zu meinen Fixkosten, weil ich diese nicht einfach kündigen oder reduzieren kann. Wenn ich also einmal im Jahr 60 € zahle, würde ich in die Tabelle für den Monat 5 € an Kosten eintragen.

Ich habe Dir am Beispiel von Berufseinsteiger A mal eine Auflistung von typischen Fixkosten gegeben. Auch wenn der Großteil aus kleinen monatlichen Beträgen besteht, kommt am Ende ganz schön viel dabei herum. So hat Berufseinsteiger A im Monat Fixkosten von 1.200 €. Er bezahlt also am Anfang jeden Monats 1.200 € und hat dann noch nicht getankt, etwas gegessen oder ist in den Urlaub gefahren.

Wenn Du keinen Überblick über Deine Finanzen hast und daher auch nicht bewusst auf die Höhe Deiner Fixkosten achtest, kann sich das ganz schnell rächen und Dir das Genick brechen. Dann wirst Du nämlich mehr Fixkosten aufnehmen, als Du Dir eigentlich leisten kannst. Spätestens wenn die Waschmaschine kaputt geht, höhere Arztrechnungen auf Dich zukommen oder das Auto in die Inspektion sollte.

Art der Fixkosten	Berufseinsteiger A	Berechnung
Wohnen		
Miete	600 €	
Strom	40 €	
Gas	20 €	
Internet	10 €	
Telefon	10 €	
Rundfunkbeitrag („GEZ“)	17,50 €	
Kredite		
Immobilienkredit	-	
Autokredit	150 €	
Ratenzahlung für X	-	
Versicherungen		
Haftpflicht-	5 €	
Unfall-	17,50 €	
Auto-	50 €	
Berufsunfähigkeits-	100 €	
sonstige Versich.	50 €	
Transport		
Kfz-Steuer	10 €	
Monatsticket	-	
Freizeit		
Mitgliedschaften	50 €	
Abos (Netflix etc.)	40 €	
Handyvertrag	30 €	
Summe	1.200 €	

Tabelle 3: Fixkostenaufstellung Haushalt

Und wie sieht es bei Dir aus?

	Berufseinsteiger A	Berechnung
Nettoeinkommen	1.600 €	
Fixkosten	1.200 €	
„freies" Einkommen	400 €	
Fixkostenquote	75 %	

Tabelle 4: Fixkostenquote

Die Fixkostenquote zeigt Dir an, welcher Anteil Deines Einkommens durch Fixkosten bereits gebunden ist. Je höher die Fixkostenquote ist, desto weniger Freiraum hast Du, um auf unvorhergesehene Ereignisse zu reagieren.
Im Idealfall sollte die Fixkostenquote unter 50 % liegen. Dann ist genau die Hälfte Deines Einkommens bereits fest gebunden und über die andere Hälfte kannst Du noch frei entscheiden. Mir ist natürlich bewusst, dass das sehr schwer sein kann. Gerade als Geringverdiener in teuren Metropolen wie München oder Hamburg, wird es wegen den Mieten fast unmöglich.

Trotzdem solltest Du darauf achten, dass ein gesundes Verhältnis zwischen den Fixkosten und Deinem Nettoeinkommen besteht.

Deine variablen Kosten

Nachdem Deine Fixkosten am Anfang des Monats abgebucht wurden, hast Du noch einen Teil Deines Einkommens zur freien Verfügung um sonstige Kosten (wie einen Kinobesuch oder den Einkauf von Lebensmitteln) zu begleichen. Dies sind Deine variablen Kosten.

Könntest Du hier auf Anhieb sagen, wie viel Geld Du davon im Monat für Lebensmittel, Restaurantbesuche, Benzin oder Shopping ausgibst?

Wahrscheinlich geht es Dir da genauso wie mir vor einigen Jahren. Auf diese Frage hin konnte ich nur ahnungslos mit den Schultern zucken.

Vorher hatte ich mir niemals darüber Gedanken gemacht, wohin mein Geld eigentlich jeden Monat so wandert. Ich wusste nur, dass am Ende des Monats kein Geld mehr da ist. Damals entschloss ich mich für einige Monate (daraus wurden letzten Endes über 2 Jahre) meine Ausgaben und Einnahmen detailliert aufzuschreiben. Also ein klassisches Haushaltsbuch zu führen.

Wahrscheinlich hast Du den Tipp bereits mehrere Male von Verwandten, Deinen Eltern oder im Fernsehen gehört. Mir ging es damals genauso. Ich hatte aber keine Lust darauf.

Ich dachte ein Haushaltsbuch wäre viel zu viel Arbeit und würde letzten Endes gar nichts bringen. Vor allem aber dachte ich, dass der Sinn eines Haushaltsbuches wäre, jegliche nicht unbedingt nötige Ausgabe zu streichen. Mich also in meinen Ausgaben selbst zu beschränken und kein Geld mehr für spaßige Dinge wie Restaurant- oder Kinobesuche auszugeben.

In Wirklichkeit ist der Sinn eines Haushaltsbuches lediglich ein Bewusstsein für die eigenen Ausgaben zu schaffen, sodass Du weißt, wofür Du Dein Geld ausgibst. Es kann also gut sein, dass Du für eine gewisse Zeit ein Haushaltsbuch führst und feststellst, dass Du Dein Geld genauso ausgibst, wie Du es gerne möchtest.

Bei den allermeisten Menschen, die zum ersten Mal ein Haushaltsbuch führen und ein Bewusstsein für die eigenen Ausgaben entwickeln, ist genau das Gegenteil der Fall. Sie bemerken zum Beispiel, dass Sie ganz schön viel Geld jeden Morgen beim Bäcker ausgeben. Oder sie merken, dass Sie sich viel zu schnell durch die Werbung und Angebote dazu verleiten lassen Dinge zu kaufen, die sie eigentlich nicht wirklich brauchen.

Bei mir war es zum Beispiel so, dass ich früher sehr viele Serien und Filme gesehen und DVDs gesammelt habe. Mit 18 Jahren habe ich trotz relativ niedrigem Einkommen bereits über 600 DVDs besessen. Durch das Haushaltsbuch ist mir erst richtig bewusst geworden, dass ich bei fast jedem Saturn-Besuch durch die „DVD-Sonderangebote" mehr DVDs gekauft habe, als ich eigentlich kaufen wollte.

Das Haushaltsbuch hat die Auswirkung, dass Du Dir Deine Prioritäten bewusst machst und Dein Geld auch bewusst ausgibst.

Dazu solltest Du für mindestens drei Monate (besser wären noch sechs) **jede Einnahme und Ausgabe** detailliert aufschreiben. Dazu gehört auch das Brötchen für 50 Cent beim Bäcker oder das Parkticket in der Stadt. Nur wenn Du wirklich penibel Deine Ausgaben aufschreibst, hast Du ein realistisches Bild von Deiner Finanzsituation. Am Ende des Monats kannst Du dann eine Übersicht erstellen und für Dich persönlich auswerten.

Wie hoch waren meine Einnahmen?
Wie hoch waren meine variablen und fixen Kosten?
Wie viel Geld habe ich insgesamt in verschiedenen Bereichen (Lebensmittel, Tanken, Restaurants, Shopping etc.) ausgegeben?

Und die mit Abstand wichtigste Frage für die einzelne Ausgabe:

War es mir das Geld wert?

Ich bin mir absolut sicher, dass das Führen eines Haushaltsbuches in Kombination mit dieser einen Frage Deinen Umgang mit Geld für immer verändern wird.

Bis heute kenne ich keine einzige Person, die diese Übung ernsthaft für ein paar Monate gemacht hat und danach nichts an ihrem Umgang mit Geld verändert hat. Danach sind eigentlich alle davon begeistert, wie viel ihnen diese eine Übung gebracht hat.

Und schon sind wir am Ende dieses wichtigen Kapitels.

Eine umfangreiche Finanzanalyse ist der erste und wichtigste Schritt,

um mit Deinem Geld gut umzugehen und das Beste herausholen zu können.
Wenn Du bis jetzt nur gelesen und noch nichts aufgeschrieben hast, dann würde ich Dir dringend empfehlen die Übungen in diesem Kapitel zu machen und die einzelnen Tabellen mit den eigenen Zahlen zu füllen. Die weiteren Kapitel bauen auf diesen Zahlen auf und Du wirst es viel besser verstehen, wenn Du Deine eigenen Zahlen bereits im Kopf hast und die Tipps auch umsetzt.

Meine Finanzen im Überblick	
Nettovermögen:	
Nettoeinkommen:	
Fixkosten:	
Fixkostenquote:	

Tabelle 5: Finanzen im Überblick

Bonustipp:

In den ersten Monaten empfehle ich Dir dringend auch die kleinsten Ausgaben aufzuschreiben und nichts unter den Tisch fallen zu lassen. Wenn Du danach weiterhin Deine Finanzen im Blick behalten willst und es nicht mehr auf jeden Euro ankommt, kann ich Dir den Online Dienst Rentablo sehr empfehlen.

Du brauchst Dich bei Rentablo nur einmal anmelden und kannst dem Programm erlauben auf die Daten Deines Bankkontos bzw. Deiner Bankkonten zuzugreifen. Rentablo stellt dann alle Daten zusammen und bietet Dir einen Überblick über Dein Vermögen, Versicherungen und Ausgaben. Der große Vorteil ist hierbei, dass Du alle Konten, Depots und Vermögensgegenstände auf einen Blick hast und Dich nicht in verschiedene Konten und Depots einloggen musst.

Zudem kategorisiert Rentablo automatisch die Einnahmen und Ausgaben auf Deinem Konto. So kannst Du Dir am Ende des Monats anschauen, wie viel Geld Du insgesamt ausgegeben hast und vor allem wofür. Ich denke das ist die einfachste Möglichkeit mit wenig Aufwand die Finanzen im Blick zu behalten. Am besten funktioniert das natürlich, wenn Du möglichst viel mit der Karte bezahlst.

Der einzige Nachteil bei diesem Dienst ist, dass Du dort die Login-Daten zu Deinen Konten hinterlegen musst. Natürlich geben sich die Entwickler von Rentablo größte Mühe, dass die Daten gut verschlüsselt werden und keiner an Deine Daten herankommt. Es kann allerdings nie zu 100 % ausgeschlossen werden, dass die Daten gehackt oder geklaut werden könnten. Ich halte das allerdings für recht unwahrscheinlich und nutze den Service daher sehr gerne.

Rentablo:

4.2 Notgroschen für schlechte Zeiten

Was machst Du, wenn Dein Auto oder Deine Waschmaschine kaputtgeht und Du dringend Ersatz benötigst?

Oder was machst Du in dem Fall, wenn Du Deinen aktuellen Job verlierst und nicht sofort eine neue Beschäftigung findest?

Ich habe alle diese Situationen in den letzten Jahren in meinem Umfeld ein paar Mal miterlebt.

Ein Kollege hatte zum Beispiel kurz vor den anstehenden schriftlichen Prüfungen einen Autounfall. Er ist bei dem Unfall zwar nicht verletzt worden, aber sein Auto hatte einen Totalschaden. Zudem war nach dem Unfall auch noch nicht ganz klar, ob die Versicherung den Schaden ersetzen würde. Er hatte während der Prüfungsphase wochen- und monatelang großen Stress, weil er auf das Geld der Versicherung wartete und keine größeren Rücklagen hatte.

Viel schlimmer hat es allerdings eine Bekannte meiner Eltern getroffen. Ihr Arbeitgeber meldet im Dezember unverhofft Insolvenz an und schmeißt die eigenen Arbeitnehmer ohne Zahlung des Dezemberlohns wenige Tage vor Weihnachten raus. Dazu kommt noch, dass sie eigentlich nur noch zwei Jahre bis zur Rente gehabt hätte. Sie musste deshalb gleichzeitig ihren alten Arbeitgeber verklagen und so schnell wie möglich einen neuen Job mit 63 Jahren finden. Größere Rücklagen waren nämlich nicht vorhanden und sie war dringend auf das Arbeitseinkommen angewiesen. Sie konnte es sich nicht leisten vorzeitig in Rente zu gehen.

Das sind nur zwei von dutzenden Geschichten, die ich in den letzten Jahren persönlich erlebt habe. Ich könnte mit solchen unerwarteten Problemen und Schicksalsschlägen ein eigenes Buch füllen.

Ich will Dir mit den Geschichten nur eine Sache verdeutlichen:

Es wird schlechte Zeiten geben!

Vielleicht hast Du das Glück, dass Du in Deinem Leben von großen Schicksalsschlägen verschont bleibst.
Ich hoffe für Dich inständig, dass Du niemals gefeuert wirst, eine schwere Krankheit erleidest, ein nahes Familienmitglied verlierst oder eine ätzende Scheidung durchmachen musst. Trotzdem kann ich Dir jetzt schon garantieren, dass auf Dich irgendwann mal ungeplante Ausgaben zukommen werden.

Du kaufst Dir ein Auto und benötigst teure Reparaturen, es kommen Arztrechnungen auf Dich zu, die die Krankenkasse nicht übernimmt, Dein Handy geht von einem Tag auf den anderen kaputt oder Deine Küche wird unter Wasser gesetzt. Irgendetwas unvorhergesehenes wird geschehen und dich finanziell belasten.

Stell Dir einfach für einen Moment vor, dass es Dir wochen- oder monatelang gesundheitlich richtig schlecht geht und Du absolut keine Energie hast Dich um irgendetwas zu kümmern. Dir geht es so schlecht, dass Du morgens kaum aus dem Bett kommst und deswegen auch nicht arbeiten gehen kannst.

Wie schlimm ist es in dem Augenblick auch noch zusätzlich Geldsorgen zu haben?

Die finanzielle Situation der meisten Menschen ist so stark angespannt, dass sie die ganze Zeit Zukunftsängste haben. Sie fürchten einen Jobverlust oder höhere unerwartete Ausgaben, die auf sie zukommen könnten. Den Großteil dieser Sorgen kannst Du eliminieren, wenn Du frühzeitig vorsorgst und einen Notgroschen aufbaust.

Ein Notgroschen ist eine bestimmte Summe, die Du auf ein separates Konto zur Seite legst. Das Geld ist für Notfälle wie einen Jobverlust, Krankheiten oder unerwartet hohe Ausgaben gedacht und sollte auch nur in diesen Fällen angerührt werden. Schließlich weißt Du vorher nicht, wann ein solches unerwartetes Ereignis eintritt und wann Du das

Geld dafür dringend benötigen wirst.

Der Notgroschen sollte ausreichen um idealerweise einen Verdienstausfall von drei bis zwölf Monaten auszugleichen. Du bist durch Deinen Notgroschen also in der Lage für drei bis zwölf Monate alle Ausgaben zu bestreiten. Das Geld sollte zudem nicht investiert sein, sondern sofort zur Verfügung stehen. Ein Unglück kündigt sich schließlich nicht vorher an.

Ich hoffe ich konnte Dir verdeutlichen, wieso Rücklagen so unglaublich wichtig sind.

Doch wie groß sollte jetzt Dein persönlicher Notgroschen sein?

Du solltest Dir zu Deinem Notgroschen zwei zentrale Fragen stellen:

Was kann alles schief gehen?

Als Alleinverdiener einer Familie, die zwei Autos, ein Eigenheim und viele technische Geräte besitzt, sollten Deine Rücklagen ziemlich hoch sein. Schließlich ist die Familie von diesem einen Einkommen vollkommen abhängig und es können zusätzlich noch viele andere Sachen passieren. Hier wären wahrscheinlich Rücklagen für zwölf Monate sehr sinnvoll.

Wenn Du stattdessen kaum etwas besitzt, einen sicheren Job als Beamter hast und Deine Ausgaben auch noch leicht reduzieren kannst, brauchst Du weniger Rücklagen. Dann dürften Rücklagen für drei Monate vollkommen ausreichen.

Es spielen wirklich sehr viele Aspekte bei diesen Fragen mit hinein und es ist sehr schwer eine pauschale und allgemeingültige Antwort zu geben. Letzten Endes ist eine kleine Rücklage besser als gar kein Geld auf der hohen Kante.

Als zweites solltest Du Dir die Frage stellen:

Womit fühle ich mich persönlich wohl?

Ich kenne auch manche Menschen, die einen Notgroschen für zwei Jahre haben, weil Sie sich damit sicherer fühlen. Es kommt am Ende nur darauf an, was Dir persönlich Sicherheit bietet und womit Du Dich gut fühlst. Das ist schließlich der Sinn und Zweck eines Notgroschens.

Wie hoch sollte Dein Notgroschen sein?

4.3 Ausgaben und Investitionen planen

Du hast Dir in den letzten beiden Kapiteln einen Überblick über Deine finanzielle Situation geschaffen und weißt, wofür Du einen Notgroschen benötigst. Jetzt geht es darum Dir Gedanken zu machen, wie Du am besten Deine Finanzen für Deine Zukunft planen kannst.

Das Ganze ist natürlich ein sehr individueller Prozess und hängt von Deinen persönlichen kurz-, mittel- und langfristigen Zielen ab. Ich kann Dir nicht sagen, wie Du mit Deinem Geld umzugehen hast oder wofür Du Dein Geld ausgeben sollst. Dafür kenne ich Deine Ausgangssituation und Deine Ziele zu wenig.

Ich kann Dir in diesem Kapitel allerdings vielleicht den einen oder anderen Tipp geben, wie Du am besten Deine Finanzen planen kannst und welche Schritte sich in der Praxis bei tausenden Menschen bewährt haben.

Schritt 1: Schulden abbauen

Bei vielen Menschen ist es so, dass ein Großteil des Einkommens dafür verwendet wird Schulden abzubezahlen und sie daher über ihr Geld nicht frei verfügen können. Ein erster wichtiger Schritt ist es daher seine Schulden abzubauen und die Entscheidungsfreiheit über das eigene Geld zurückzuerlangen.

Schritt 2: Notgroschen aufbauen

Der Notgroschen verhindert, dass Du wieder Schulden aufnehmen musst und dass Dich unerwartete Ausgaben aus der Bahn reißen können. Du kannst mit dem Aufbau eines Notgroschens auch bereits während des Schuldenabbaus beginnen. Es ist schön zu wissen, dass Du noch Geld auf der hohen Kante hast. Besonders wenn Du in der Vergangenheit Dein gesamtes Geld ausgegeben oder sogar regelmäßig Dein Konto überzogen hast.

Schritt 3: Vermögensaufbau

Die ersten beiden Schritte sind mit Abstand die wichtigsten bei der Finanzplanung. Wenn Du keine Schulden besitzt und einen Puffer für Notfälle auf dem Konto hast, stehst Du bereits deutlich besser da als 80 % der Bevölkerung. Jetzt hast Du eigentlich erst die Möglichkeit Deine Finanzen wirklich zu planen, weil Dich eine kaputte Waschmaschine oder eine Autoreparatur nicht mehr aus dem Konzept bringt und Deinen Finanzplan zerstört.

Das allerwichtigste Ziel ist es, dass Du später im Alter selbstbestimmt leben kannst und nicht in die Altersarmut rutschst. Dafür ist es essentiell, dass Du neben der Rente noch weitere Einkommensströme hast. Ich habe zuvor ja bereits erklärt, weshalb die Rente nicht ausreicht und Du daher fürs Alter vorsorgen solltest.

Ich bin der festen Überzeugung, dass Du in Deutschland mit einem Angestelltenjob genug Geld übrig hast, um zumindest mit der Altersvorsorge beginnen zu können. Du kannst nämlich bereits ab 25 € im Monat anfangen Wertpapiere zu besparen und damit ein eigenes Vermögen aufzubauen. Wenn es Dir wirklich wichtig ist, dann wirst Du einen Weg finden 25 € im Monat einzusparen oder zusätzlich zu verdienen. Besonders wenn Du zuvor als Student deutlich weniger Geld zur Verfügung hattest und jetzt zum ersten Mal Vollzeit arbeitest.

Das wichtigste ist schon früh die Gewohnheit zu etablieren jeden Monat etwas Geld für den Ruhestand zu investieren. Deswegen lohnt es sich auch bereits mit 25 € im Monat zu beginnen und den Sparplan dann nach und nach weiter zu erhöhen. Du könntest Dir zum Beispiel angewöhnen bei einer Gehaltserhöhung die Hälfte davon zum Vermögensaufbau zu nutzen. Wenn Du zum Beispiel befördert wirst und nur 50 € im Monat zusätzlich verdienst, kannst Du ohne Probleme zusätzliche 25 € im Monat für den Vermögensaufbau verwenden. Dann wärst Du bereits bei einer monatlichen Sparrate von 50 €.

Wenn Du nur diese beiden Sachen zum Berufseinstieg umsetzt (mit 25

€ im Monat anfängst und die Hälfte der nächsten Gehaltserhöhungen zur Aufstockung Deines Wertpapiersparplans nutzt), wirst Du Dir keine Sorgen mehr um Deine Finanzen im Alter machen.

Du kannst selbstverständlich auch direkt mit größeren monatlichen Sparraten beginnen. Wichtig ist nur, dass Du damit bereits jetzt beginnst und es nicht vor Dir herschiebst. Je früher Du damit beginnst, desto leichter ist es Deine Ziele zu erreichen und desto weniger Geld benötigst Du zum Erreichen Deines Ziels.

Schritt 4: Rücklagen für mittelfristige Ziele

Für größere Ausgaben und Anschaffungen solltest Du regelmäßig Rücklagen bilden, damit Du dafür keine Schulden aufnehmen brauchst. Wenn Du zum Beispiel weißt, dass Du in spätestens fünf Jahren ein neues Auto für 10.000 € kaufen willst, dann solltest Du bereits jetzt beginnen monatlich einen kleinen Betrag zur Seite zu legen. Du kannst ja einfach abschätzen, wie viel Geld Du dann für Dein altes Auto noch bekommen wirst und welche Differenz Du ansparen musst.

Wenn Du davon ausgehst, dass Du in fünf Jahren noch 4.000 € für Deinen alten Wagen bekommst, brauchst Du insgesamt 6.000 €. Das wären pro Monat dann 100 € an Rücklagen.

Auf diese Art und Weise kannst Du alle Deine mittelfristigen Ziele durchgehen und überlegen, was Du im Monat dafür zurücklegen solltest und was realistisch zu erreichen ist.

Dieser Punkt ist auch der eigentliche Kern der Finanzplanung. Du überlegst, ob Du in den nächsten Jahren eine größere Ausgabe zum Beispiel für einen großen Urlaub oder die neue Küche tätigen willst und planst dann die Realisierung. Wenn Du einmal Deine Schulden getilgt, den Notgroschen aufgebaut und den Wertpapiersparplan für das Alter aufgesetzt hast, brauchst Du Dich eigentlich nur noch um die mittelfristige Finanzplanung kümmern. Deine Finanzen sind zum Großteil auf Autopilot und steuern Dich automatisch zu Deinen langfristigen Zielen.

Finanzplanung als Lebensaufgabe

Die meisten Menschen kommen leider nie an den Punkt ihre Finanzen zu planen, weil ihr gesamtes Geld bereits für kurzfristige Ziele oder Schulden ausgegeben wird. Sie können nur reagieren und niemals ihre eigenen Ziele aktiv angehen.

Diese Form der Finanzplanung ist also quasi die Königsdisziplin und nur sehr schwer zu meistern und umzusetzen. Dass Du Dich mit einem solch schwierigen und auch etwas trockenen Thema auseinandersetzt, finde ich daher großartig.

Wenn Du Dich regelmäßig mit Deinen Zielen und Finanzen beschäftigst, wirst Du zwangsläufig mit der Zeit darin besser werden. Du wirst mit der Zeit lernen, wie Du deutlich einfacher mit Deinem Geld umgehen kannst und welche Ziele Dir wirklich wichtig sind. Vor allem wirst Du mit der Zeit Deinen eigenen Weg finden Deine Finanzen zu planen und Deine Ziele dadurch auch deutlich schneller erreichen.

Das Thema Finanzplanung wird Dich allerdings ein Leben lang begleiten. Mit der Zeit werden sich definitiv Deine Ziele und Wünsche verändern. Aus diesem Grund ist es wichtig sich regelmäßig mit der eigenen Finanzplanung auseinanderzusetzen.

Will ich wirklich noch das Auto haben, was ich mir vor einigen Jahren noch gewünscht habe?

Ist es mir aktuell vielleicht wichtiger weniger zu arbeiten statt mein Geld für eine teure Küche anzusparen?

Durch das Ansparen und die Rücklagen hast Du zumindest dann die Wahlmöglichkeit entscheiden zu können, ob Du eventuell weniger arbeiten willst oder die Küche anschaffen willst.

5. Schulden als Dein Gefängnis

„Schulden: ein genialer Ersatz für die Kette und Peitsche des Sklaventreibers."

Zitat von Ambrose Gwinnett Bierce

Heutzutage fängt es bereits als Jugendlicher mit dem Kauf eines Smartphones oder Computers an. Anstatt das Geld für den Kauf eines solchen Gerätes anzusparen, wird das Gerät im Laden „gekauft" und dann über mehrere Jahre abgezahlt. Als Erwachsener wird das Verhalten dann beim Kauf des ersten eigenen Fernsehers, dem ersten Auto, der Ausstattung für die erste Wohnung und zum Teil sogar für die eigene Hochzeit und Urlaube fortgesetzt.

Wieso solltest Du den umständlichen Weg gehen und das ganze Geld vor dem Kauf ansparen, wenn Du zum Beispiel einen Fernseher auch in Raten abzahlen kannst?

Oder was ist schon dabei, wenn Du das Konto regelmäßig um ein paar hundert Euro überziehst?

Was sollte an Schulden schon falsch sein? Alle haben doch welche.

In unserer Gesellschaft ist diese Sichtweise zu Schulden weit verbreitet und die meisten halten es nicht für besonders gefährlich.

Schulden verhalten sich allerdings wie Alkohol. In kleinen und gesunden Dosen können Schulden hilfreich sein. Viele Schulden führen dagegen zu beruflichem und privatem Stress, Gesundheitsschäden und gescheiterten Beziehungen.

Es wird ja oft behauptet, dass Geld Beziehungen zerstört und bei Geld die Freundschaft aufhöre. Viel eher sollte es heißen, dass Schulden Beziehungen und Freundschaften zerstören.

Es gibt so viele negative Konsequenzen bei der Aufnahme von Schulden, dass ich die freiwillige Aufnahme von Schulden gar nicht verstehen kann. Um Dir einen kurzen Einblick zu geben, möchte ich Dir die wichtigsten Konsequenzen kurz vorstellen.

Problem Nr. 1: Du zahlst Zinsen

Es sollte eigentlich nicht besonders verwunderlich sein, aber kein Unternehmen auf der ganzen Welt verschenkt einfach so Geld an seine Kunden. Wenn Du Dir von irgendjemanden Geld leihst oder das Unternehmen eine Ratenzahlung anbietet, wirst Du Zinsen dafür zahlen. Selbst wenn es eine sogenannte 0 %-Finanzierung ist. Die Unternehmen wollen auch Gewinne erzielen und berechnen die Zinsen deswegen direkt in den Endkundenpreis mit hinein.

Wenn Du also etwas auf Kredit kaufst, zahlst Du durch die Zinsen insgesamt noch mehr Geld, als Du eigentlich bezahlen müsstest.

Welche Kosten können denn in einem 45-jährigen Berufsleben durch Schulden auf Dich zukommen?

Lass uns doch mal ein paar Beispiele durchrechnen, was ein kleiner Kredit an Kosten für Dich bedeuten kann.

Nehmen wir einfach nur mal an, dass Du Dein Konto die Hälfte des Jahres um 1000 € überzogen hast und den Dispo (Dispositionskredit) dafür in Anspruch nimmst. Viele Menschen überziehen regelmäßig ihr Konto, weil sie keinen Notgroschen haben und das normale Einkommen bei überraschenden Ausgaben zur Deckung der Kosten nicht reicht.

Der Dispositionskredit ist mit Abstand das teuerste, was Du finanziell machen kannst. Selbst in der aktuellen Niedrigzinsphase wirst Du bei den meisten Banken noch weit über 10 % an Zinsen im Jahr zahlen. Es ist also durchaus üblich, dass Du für den Dispo 12 % an Zinsen im Jahr zahlst.

Allein dieses Verhalten sorgt dafür, dass Du 60 € im Jahr an Zinsen für diesen Kredit bezahlst. Über ein ganzes Berufsleben von 45 Jahren wären es sogar 2.700 €, die Du insgesamt an Zinsen zahlst. Und das nur für einen kleinen zwischenzeitlichen Kredit von 1.000 €!

Nur durch einen kleinen finanziellen Puffer auf dem Konto, der Dich vor dem Abrutschen in den Minusbereich schützt, kannst Du bereits mehrere tausend Euros im Laufe Deines Lebens sparen.

Oder kommen wir zum Liebling des Deutschen: Das Auto.

Die allermeisten Deutschen kaufen sich regelmäßig ein neues Auto auf Kredit, weil sie nicht genügend Rücklagen hätten ein Auto komplett selbst zu bezahlen. Ich nehme für meine Berechnung einfach mal an, dass alle fünf Jahre ein neues Auto gekauft und dafür ein Kredit in Höhe von 10.000 € aufgenommen wird. Die meisten kaufen deutlich teurere Autos oder halten ihr Fahrzeug gar nicht mal so „lange". Das sind also noch eher konservative Annahmen.

Wenn Du für den Autokauf ein Annuitätendarlehen[3] mit 5 % Zinsen aufnimmst, wirst Du in den fünf Jahren insgesamt rund 11.300 € zurückzahlen. Das bedeutet, dass Du in den fünf Jahren für den Autokredit 1.300 € an Zinsen zahlst. Auf Dein gesamtes Berufsleben hochgerechnet sind das unfassbare 11.700 €, die nur für Zinsen draufgehen.

Wenn wir das ganze jetzt noch für Deine elektrischen Geräte, Deine Küche, Möbel etc. durchrechnen würden, kämen wir schnell auf 25.000 € an Zinsen. Je nach Lebenssituation und Kredithöhe können es sogar über 50.000 € an Zinskosten werden.

Sich Geld für Konsum zu leihen ist unverschämt teuer und wird Dich in

[3] Ein Annuitätendarlehen ist ein Darlehen mit konstanten Rückzahlungsraten. Du zahlst also über die gesamte Kreditlaufzeit einen gleichbleibenden monatlichen Betrag.

Deinem Leben enorm einschränken. Wenn Du in Deinem Leben auf Kredite verzichtest, wirst Du eine Unmenge an Zinsen und Geld sparen.

Stell Dir doch nur mal vor, wie viele Urlaube, neue Küchen oder freie Monate Du Dir dadurch alles ermöglichen könntest, weil Du einen Notgroschen hast und keine Kredite aufnimmst.

Es gibt auf definitiv deutlich bessere Verwendung für das eigene Geld, als es für Zinsen zu verpulvern.

Problem Nr. 2: Du verpflichtest Dich zukünftig zu arbeiten

Wenn Du Schulden für irgendwelchen Konsum aufnimmst, gibst Du letzten Endes Geld aus, das Du (noch) nicht besitzt. Das große Problem hieran ist, dass Du neben den Zinsen auch die Schulden in der Zukunft zurückzahlen solltest. Du verpflichtest Dich also durch die Aufnahme von Schulden zum Teil für etliche Jahre noch Geld zurückzuzahlen. Richtig perfide ist es, wenn Du einen Urlaub mit Schulden finanzierst. Du musst also noch lange nach dem Urlaub arbeiten gehen, um die Schulden und Zinsen für den Urlaub zurückzuzahlen.

In der Regel wird es auch kein großes Problem sein, wenn Du jetzt schon das Geld ausgibst, was Du im nächsten Jahr erst verdienen wirst. Die große Katastrophe tritt ein, wenn Du jetzt Deinen Job verlierst und nicht schnell genug einen neuen gleichwertig bezahlten Job findest. Bei den meisten Menschen ist es so, dass fast ihr gesamtes Einkommen durch Kreditzahlungen gebunden ist und sie dadurch bei einem Jobverlust kurz vor der Pleite stehen.

Auf die meisten trifft die Aussage zu, dass Sie nur drei Gehälter von einer Pleite entfernt sind. Das heißt, wenn sie drei Monate lang kein Geld einnehmen und keine weiteren Kredite aufnehmen können, müssten sie Privatinsolvenz anmelden.

Statt durch die Aufnahme von Krediten Dir die Wahlmöglichkeiten für die nächsten Jahre vollkommen zu nehmen, ist es empfehlenswert auf Schulden zu verzichten.

Ein kleines Beispiel:

	Anna	**Paul**
Notgroschen	6.000 €	0 €
Weitere Rücklagen	2.000 €	0 €
Nettoeinkommen	2.000 €	2.000 €
Fixkosten	800 €	800 €
Fixkosten für Kredite	0 €	800 €
Freies Einkommen	1.200 €	400 €

Tabelle 6: Schulden und Jobverlust

Stell dir vor Anna und Paul sind zwei Kollegen von dir. Sie bekleiden beide eine ähnliche Stelle im gleichen Unternehmen. Anna hat ihre finanziellen Hausaufgaben gemacht. Sie hat einen Notgroschen aufgebaut und keinen vorzeitigen Konsum durch Kredite betrieben. Früher hatte sie auch viele Konsumkredite. Die hat Sie zum Glück allerdings abbezahlt und schlau wie sie war keine neuen aufgenommen.

Paul hingegen wollte unbedingt die neue Konsole haben. Auch den neuen Fernseher. Das Auto mit der Sonderausstattung sollte nicht unerwähnt bleiben. Er mochte die kurze Anerkennung seiner Freunde.

Seit einiger Zeit ist die Stimmung im Unternehmen angespannt. Der Hauptkunde ist ausgefallen. Die Konjunktur schwächt sich weiter ab. Hans Hofmeister, ihr Chef, der sich immer für sie eingesetzt hatte, kam ins Büro.

„Anna, Paul. Ich muss mit euch reden. Ich hatte alles versucht. Unser Unternehmen ist in einer sehr schwierigen Phase. Wir müssen euch deshalb leider kündigen."

In diesen Monat gingen bei Paul die Alarmglocken los:

„Wie bezahle ich die ganzen Kredite? Wie bekomme ich das Geld fürs Essen? Das ist doch ein Witz!?!"

Doch es war kein Witz.
Anna war natürlich auch sehr überrascht und geschockt, dass sie ihren Job verlieren würde. Sie wusste allerdings, dass Herr Hofmeister alles in seiner Macht Stehende versucht hatte Sie zu behalten. Er war ein ehrenwerter Geschäftsmann und Vorgesetzter. Durch ihre Rücklagen schaut Anna trotz Jobverlust recht entspannt in die Zukunft:

„Ohne mich groß einzuschränken, könnte ich das nächste halbe Jahr meine Ausgaben begleichen. In der Zeit werde ich schon einen schönen neuen Job finden."

Paul hingegen konnte nicht mehr schlafen. Ihm lief in den Nächten der kalte Schweiß den verängstigten Körper runter:

„Ich brauch einen Job. Ganz dringend. Wie soll ich denn sonst meine Kosten bezahlen?"

Es gab bei der Konkurrenzfirma noch ein Angebot. Er würde dort deutlich weniger Geld verdienen und er hatte auch bereits von Bekannten gehört, dass dort die Arbeitsbedingungen und die Arbeitskultur sehr schlecht sind. Zudem müsste er jeden Tag auch viel länger zur Arbeit pendeln und noch früher aufstehen. Er wollte den Job auf gar keinen Fall annehmen. Er sah allerdings keine Alternative.

Die Schulden zwangen ihn dazu den Job anzunehmen.

Mit Deinen heutigen Entscheidungen kannst Du bestimmen, in welcher finanziellen Situation Du Dich in der Zukunft befinden wirst. Anna und Paul haben den gleichen Job und die gleiche Ausgangslage gehabt. Allein die Entscheidung für oder gegen Kredite macht diesen riesigen

Unterschied aus.

Problem Nr. 3: Verschleierung der wahren Kosten

Dein altes Auto ist kaputt gegangen und Du möchtest Dir ein neues Auto anschaffen. Du hast fünf Jahre lang 300 € monatlich zur Seite gelegt. Du hast also insgesamt 18.000 € angespart. Würdest Du jetzt zum nächstbesten Autohändler gehen und einfach irgendein Auto kaufen?

Natürlich nicht. Nach den vielen Jahren des Sparens und des Verzichts wirst Du sehr lange darüber nachdenken, was für ein Auto Du wirklich brauchst und ob Du die 18.000 € komplett für ein Auto ausgeben möchtest. Schließlich sind 18.000 € sehr viel Geld.

Und jetzt stell Dir mal vor, dass Du kein Geld angespart hast und wieder ein Auto anschaffen willst. Du gehst zu Deinem Autohändler und findest sofort ein Auto, das Dir gefällt. Er bietet Dir eine 7-Jahresfinanzierung an. Das heißt, Du kannst das Auto sofort mitnehmen und musst für die nächsten sieben Jahre jeden Monat „nur" 255 € zahlen. Du denkst Dir dann wahrscheinlich, dass Du die 255 € im Monat locker bezahlen kannst und der Kauf nicht so teuer sei.

Dass Du für das gleiche Auto statt den normalen 18.000 € (inklusive Zinsen) 21.400 € zahlst, ist Dir im Moment der Kaufentscheidung nicht wirklich bewusst. Du kaufst Dir aus Deiner Sicht ein Auto für 255 € im Monat.

Kredite verschleiern durch die monatliche Zahlweise die wirklichen Kosten einer Anschaffung. Vor einem größeren Kauf solltest Du Dir daher vor Augen führen, wie lange Du für den Kauf arbeiten gehst. Selbst wenn Du Deine Arbeit liebst und sehr gerne machst, wird Dir das dabei helfen die Tragweite der Entscheidung zu verstehen,

Nehmen wir Paul wieder als Beispiel. Er verdient 2.000 € Netto und arbeitet 40 Stunden in der Woche. Für eine korrekte Betrachtung sollten wir allerdings die Pausen- und Anfahrtszeiten auch noch in die Berechnung miteinbeziehen, weil er über die Zeit schließlich nicht frei verfügen kann. Wenn er täglich 45 Minuten pro Weg benötigt und 30 Minuten Mittagspause hat, dauert sein Arbeitstag insgesamt rund zehn Stunden.

Er arbeitet also 200 Stunden im Monat und erhält einen Nettolohn von 2.000 €. Damit hat er einen Stundenlohn von 10 €. Für den Kauf des Autos auf Kredit wird er also insgesamt 2.140 Stunden arbeiten. Das sind rund 43 Arbeitswochen oder anders ausgedrückt würde er von Januar bis Mitte November **ausschließlich für die Finanzierung des Autos arbeiten**. Dabei sind die ganzen Nebenkosten noch gar nicht berücksichtigt.

Der Kauf des Autos kostet ihn also fast ein Jahr seiner Lebenszeit und nicht nur 255 € im Monat.

Das meine ich mit der Verschleierung der wahren Kosten eines Kredits.

Problem Nr. 4: Teufelskreis der Schulden

Neben den vorgenannten Problemen ist das schlimmste an Schulden, dass Deine finanzielle Situation dadurch immer schwieriger und aussichtsloser wird. Wenn Du nur ein oder zwei kleine Kredite hast und die Raten locker bezahlen kannst, schränken Dich die Schulden nicht besonders ein.

Je größer Dein Schuldenberg allerdings wird, desto schwieriger wird es für Dich da wieder rauszukommen. Der Großteil Deines Einkommens wird durch Zinsen und Kredite aufgefressen. Du hast kaum die Möglichkeit über Dein eigenes Einkommen zu verfügen oder Geld für das Zurückzahlen Deiner Schulden zu sparen. Wenn Dich dann ein Schicksalsschlag trifft oder unvorhergesehene Ausgaben auf Dich zukommen, wirst Du noch mehr Schulden aufnehmen und Deine Situation wird noch aussichtsloser. Wenn Du jetzt ein paar der Schulden nicht mehr pünktlich zahlen kannst, wirst Du weitere Strafzinsen, Mahngebühren oder

Vollstreckungskosten darauf zahlen und Dein Schuldenberg wird immer größer, bis er Dich zerdrückt.
In meiner Arbeit beim Zoll habe ich unter anderem in der Vollstreckung gearbeitet und war häufig geschockt. Zum Teil stehen Menschen mit Anfang 20 bereits kurz vor der Insolvenz, weil sie so viele Schulden für das neuste Handy, das erste Auto oder andere Dinge ausgegeben haben.

So oft habe ich gehört, dass es eigentlich ganz harmlos war und mit ein paar kleineren Krediten angefangen hat. Dann kamen mit der Zeit ein paar weitere Kredite dazu. Irgendwann steckten sie so tief in dem Teufelskreis fest, dass sie aus eigener Kraft fast nicht mehr herauskommen können und ihr Leben nur noch von den Schulden bestimmt wird.

Schulden oder Freiheit?

Die meisten Menschen sind ihr ganzes Leben lang damit beschäftigt Schulden abzubezahlen und schaffen es daher niemals nennenswert Vermögen aufzubauen. Wenn Du noch jung bist, kannst Du für Dich eine sehr wichtige Entscheidung treffen:

Bin ich dazu bereit Schulden aufzunehmen, unnötige Zinsen zu zahlen, mich in meiner Zukunft einzuschränken und die Gefahr des Ruins auf mich zu nehmen?

Oder will ich lieber frei über mein Geld entscheiden können und mich ein für alle Mal gegen Schulden entscheiden?

„Wir kaufen Dinge, die wir nicht brauchen, von Geld, das wir nicht haben, um Menschen zu beeindrucken, die wir nicht mögen."
Zitat aus Fight Club (empfehlenswerter Film)

Das Zitat bringt es meiner Meinung nach sehr gut auf den Punkt. Auf Schulden zu verzichten und sich nur die Dinge zu kaufen, die Du komplett bezahlen und Dir damit auch wirklich leisten kannst, ist unglaublich befreiend.

Ich weiß natürlich, dass es als Berufseinsteiger sehr verlockend ist sich wie die anderen Arbeitskollegen das neuste Auto auf Pump zu kaufen und die Wohnung mit den teuersten und neusten Möbeln einzurichten. Es ist sehr verlockend sich mit Krediten die Wünsche zu erfüllen, die Du eventuell bereits seit vielen Jahren hegst.

Spätestens in einigen Jahren wirst Du es allerdings zutiefst bereuen, wenn Du durch Deine Schulden gefesselt bist und keine freie Entscheidung mehr treffen kannst. Wenn Du die oben beschriebenen Nachteile erträgst und vielleicht nicht mehr aus den Schulden herauskommst.

Vielleicht macht Dir nach einem Jahrzehnt Dein Job nicht mehr so viel Spaß und Du würdest ihn liebend gerne tauschen. Du hast vielleicht auch schon einen anderen Job im Kopf, der Dir deutlich mehr Spaß machen würde, aber schlechter bezahlt wird.

Wie fühlt es sich wohl an, andauernd die Stunden bis zum Feierabend und die Tage zum langersehnten Wochenende zu zählen und sich morgens aus dem Bett quälen zu müssen? Wenn Du dann wegen den Schuldenzahlungen für den Kauf des Autos, der Möbel und des sonstigen Zeugs in Deinem verhassten Job bleiben musst, wirst Du die Entscheidung wahrscheinlich bitter bereuen.

Woher ich das so genau weiß?

Ich habe es bei etlichen Kollegen bereits beobachten können, die sich durch Schulden ihre Flexibilität geraubt haben. Jetzt sind sie im verhassten Job und können nicht weg.

Wähle also weise.

Schulden oder Freiheit?

6. Tipps zum Geldsparen

Am Anfang eines neuen Jahres nehmen sich die meisten Menschen vor mehr Sport zu treiben, sich gesünder zu ernähren oder endlich mit dem Rauchen aufzuhören. Wahrscheinlich genauso oft wird das Ziel gesetzt etwas Geld zu sparen beziehungsweise mehr Geld fürs Alter zurückzulegen.

Alle diese Ziele haben allerdings eine Sache gemeinsam:

Meistens bleiben sie Neujahresvorsätze und werden niemals in die Tat umgesetzt. Es hört sich ziemlich anstrengend an sich mit den eigenen Finanzen auseinanderzusetzen, Sport zu treiben oder irgendetwas am eigenen Verhalten zu verändern. Die Veränderung und die guten Vorsätze werden deshalb so lange aufgeschoben, bis sie wieder vergessen werden. Leider kommen die meisten Menschen daher im Finanzbereich niemals vom Planen und Wünschen in die tatsächliche Umsetzung.

Sparen, Geld zurücklegen oder für das Alter vorsorgen klingt einfach uncool und motiviert nicht gerade zum Handeln.

Dabei ist es gerade beim Thema Geldsparen gar nicht so schwer das Ganze in die Realität umzusetzen, wenn Du ein paar gute Tricks und Kniffe kennst. Diese möchte ich Dir in diesem Kapitel liefern und auch zeigen, wieso es sich lohnt zu sparen.

6.1 Mit Spaß Geld sparen

Es ist draußen noch stockduster, als mein Wecker an einem Samstagmorgen um 6 Uhr klingelt. Ich werde an diesem Samstag weder arbeiten, noch zwingt mich irgendjemand zu dieser frühen Zeit am Wochenende aufzustehen. Ich habe freiwillig den Wecker auf 6 Uhr gestellt.
Die meisten Menschen werden mich für völlig verrückt halten.

Wieso sollte irgendjemand schon freiwillig zu dieser Zeit aufstehen wollen, wenn er auch ausschlafen könnte? Das frühe Aufstehen ist schließlich deutlich unangenehmer als auszuschlafen.

Und hier kommt das große „Geheimnis", wie Du kurzfristig eher unangenehme Dinge umsetzt:

Dir sollte zu 100 % klar sein, wieso Du die kurzfristigen Anstrengungen auf Dich nimmst und welche Ziele Du dadurch langfristig erreichen willst.

Genau aus diesem Grund erarbeiten wir gemeinsam am Anfang des Buches auch so ausführlich, wieso Du Dich mit Deinen Finanzen auseinandersetzen solltest. Erst wenn Du für Dich einen oder mehrere gute Gründe gefunden hast, wieso es für Dich sinnvoll ist sich mit den eigenen Finanzen zu beschäftigen und regelmäßig Geld zu sparen, wirst Du auch tatsächlich in die Umsetzung kommen. Wenn Du den Teil zu Deinen Zielen übersprungen oder nicht so ausführlich bearbeitet hast, rate ich Dir dringend dazu nochmal zurückzugehen und dies nachzuholen. Deine Ziele sind das Fundament und der Antrieb, dass Du tatsächlich in die Umsetzung kommst. Ohne Deine Motivation zu kennen, wirst Du nicht in die Umsetzung kommen.

Ich möchte Dir schildern, was meine Motivation ist früh aufzustehen und was Du daraus für Dich mitnehmen kannst.
Ich stehe freiwillig zu dieser frühen Zeit auf, weil ich mich am Morgen besonders gut beim Schreiben konzentrieren kann und so das meiste

schaffe. Mir ist es nämlich wichtig mit dem Buch schnell fertig zu werden, damit ich schlecht informierten Berufseinsteigern so schnell wie möglich helfen kann das Beste aus ihrem Geld und ihrem Leben zu machen. Ich möchte erreichen, dass andere Menschen nach der Schul- beziehungsweise Studienzeit nicht mit der gleichen Ahnungslosigkeit wichtige Finanzentscheidungen für ihre Zukunft treffen. Nebenbei möchte ich mit dem Buch natürlich auch später Geld verdienen und dadurch schneller die Finanzielle Freiheit erreichen.

Was können wir aus diesem Beispiel lernen?

Es ist wichtig zu wissen, wofür Du etwas tust und was Dein Antrieb ist. Dabei ist es vor allem wichtig zu wissen, was die tieferliegende Motivation ist und was Dich wirklich antreibt etwas zu tun. Ich würde zum Beispiel kaum am Samstag so früh aufstehen, wenn ich nur als Motivation hätte mich besser konzentrieren zu können oder mehr Geld zu verdienen. Das sind eher oberflächliche und „schwache" Motivationen, die mich kaum in die Umsetzung bringen würden.

Was mich wirklich antreibt mein Buchprojekt voranzutreiben, ist das Leben anderer Menschen zu verbessern und die Finanzielle Freiheit früher zu erreichen. Das sind schon deutlich tiefere und stärkere Motivationen, die mich antreiben früh aufzustehen und an meinem Buch weiterzuarbeiten. Daneben habe ich noch weitere und tiefergehende Motivationen, aber das würde an dieser Stelle jetzt auch zu weit führen.

Das wichtige ist zu verstehen, dass Du Deine Motivation ganz genau kennen solltest.

Erst wenn Du ganz genau weißt, wieso Du Geld sparen willst und was Deine tiefergehende Motivation ist, wirst Du es leicht haben ins Handeln zu kommen.

7 x Wieso-Technik:

Im ersten Schritt wollen wir uns deswegen damit auseinandersetzen, was Deine Motivation zum Geldsparen ist. Wahrscheinlich hast Du Dir bereits im Kapitel 3 dazu Gedanken gemacht. Jetzt wollen wir die bewährte 7 x Wieso-Technik nutzen, um Deine tieferliegenden Motivationen herauszufinden.

An einem Beispiel lässt sich am einfachsten erklären, wie die 7 x Wieso-Technik funktioniert.

Beispiel:

Wieso will ich sparen?

Antwort 1: Um mir ein Auto mit Cash kaufen zu können.

Wieso?

Antwort 2: Ich möchte keine Schulden aufnehmen.

Wieso?

Antwort 3: Ich möchte mir die Zinsen für die Schulden sparen.

Wieso?

Antwort 4: Wenn ich Schulden aufnehme, ist ein Großteil meines Einkommens bereits durch Rückzahlungen und die Zinsen geblockt, sodass ich über mein Geld nicht mehr frei entscheiden kann. Das möchte ich verhindern.

Wieso möchtest Du über Dein Geld frei entscheiden können?

Antwort 5: Ich möchte bei einer Kündigung oder anderen schweren

Situationen die Flexibilität und Freiheit haben längere Zeit überleben zu können.

Wieso?

Antwort 6: Ich möchte in schweren Zeiten nicht auch noch zusätzlich Geld- und Existenzsorgen durchmachen, sondern meinen Fokus vollkommen auf die anderen Lebensbereiche richten können. Es ist schon schwer genug nach der Kündigung einen neuen Job zu finden. Da sollte es nicht noch schwerer werden.

Macht es einen Unterschied, ob Du nur Geld für ein Auto sparst oder Schulden vermeiden willst, damit Du in schweren Zeiten keine Geldsorgen hast?

Ich denke der Unterschied ist klargeworden und Du verstehst den Sinn hinter dieser Übung. Das Ziel ist es die dahinterliegenden Motivationen herauszufinden, wobei Du nicht jedes Mal genau siebenmal „Wieso?" fragen brauchst. Vielleicht brauchst Du ein paar „Wiesos" mehr oder weniger, um Deine tieferliegenden Motivationen zu entdecken.

Wenn Du diese Übung gewissenhaft mit allen Deinen Zielen machst, wirst Du hinterher eine ungeahnte Kraft hinter Deinen verschiedenen Motivationen entdecken und Dir wird es sehr leicht fallen Geld zu sparen.

Im Gegenteil wird es Dir sogar Spaß machen und Du kannst wahrscheinlich nicht verstehen, wieso Du bisher kein Geld sparen wolltest.

Was sind Deine stärksten Motivationen zum Geldsparen?

Hinweis: Du brauchst nicht immer exakt sieben „Wiesos", um Deine grundlegende Motivation herauszufinden. Es können auch vier oder zwölf sein.

6.2 Automatisch Geld sparen

Du bist vielleicht jetzt motiviert und willst regelmäßig etwas Geld zur Seite legen, doch wie setzt Du das am besten um?

Solltest Du vielleicht ein Sparschwein anschaffen und dort regelmäßig etwas Geld reinpacken oder gibt es vielleicht noch einen besseren Weg?

Ich habe bereits hunderte Male gehört, dass die Menschen konsequent das Geld sparen wollen, was am Ende des Monats noch auf dem Konto ist. Oder sie sagen, dass sie etwas Geld zur Seite legen wollen, wenn mal etwas Geld übrig sein sollte. Diese Methode ist allerdings von vornherein zum Scheitern verurteilt, weil Du Dich wieder selbst darum kümmern und eine aktive Entscheidung treffen musst. Was passiert, wenn plötzlich das neue Handy herauskommt und daher am Ende des Monats kein Geld zum Sparen mehr übrig ist? Oder was ist, wenn Du gerade im Urlaub bist oder aus anderen Gründen nicht daran denkst etwas Geld zur Seite zu packen? Auf diesem Weg wirst Du wahrscheinlich niemals dazu kommen wirklich Geld zu sparen.

Wieso das so ist, möchte ich an einem Beispiel zum Thema Organspenden erklären. In Deutschland sind unter 5 % aller Menschen Organspender, während es in anderen Ländern zum Teil weit über 90 % sind. Wie lässt sich dieser Unterschied erklären? In Deutschland gilt beim Thema Organspenden die Entscheidungslösung. Das bedeutet, dass Du Dich bewusst dazu entscheiden und einen Organspendeausweis ausfüllen musst.

In anderen Ländern ist es so, dass Du als Bürger Organspender bist, wenn Du dem ganzen nicht ausdrücklich widersprichst und Dich zum Beispiel in ein „Widerspruchsverzeichnis" eintragen lässt.

Es liegt in der menschlichen Natur, dass wir faul sind und gerne den Weg mit dem geringsten Widerstand und der wenigsten Arbeit wählen. Wir wollen uns nicht gerne mit solchen Themen befassen, weswegen die

Masse auch keine aktive Entscheidung treffen wird.

Was können wir daraus lernen?

Wenn Du etwas erreichen willst, sollte es soweit automatisiert sein, dass Du nicht regelmäßig aktive Entscheidungen treffen musst. Im Gegenteil sollte es sogar aufwendiger sein das Sparen zu unterbrechen, anstatt es weiterlaufen zu lassen.

Direkt nach Eingang Deines Gehaltes bezahlst Du sofort Deinen Vermieter, den Stromanbieter oder Steuern an den Staat. Du hast quasi keine Wahl, weil das Geld direkt automatisch vom Konto abgebucht wird, sodass Du es nicht vergisst und noch genügend Geld auf dem Konto ist. Genau die gleiche Vorgehensweise empfiehlt sich auch fürs Sparen.

Durch die Finanzplanung hast Du darüber nachgedacht, wie viel Geld Du im Monat investieren oder einfach nur sparen willst. Nehmen wir jetzt einfach mal an, dass Du regelmäßig 200 € pro Monat sparen willst.

Der beste Weg ist es ein weiteres Konto bei einer anderen Bank aufzumachen und direkt nach Gehaltseingang die 200 € per Dauerauftrag dorthin zu überweisen. Den Dauerauftrag brauchst Du nur ein einziges Mal einrichten und dann wird jeden Monat automatisch der Sparbetrag von Deinem normalen Konto abgebucht und zur Seite gelegt. Wenn es einmal eingerichtet ist, arbeiten die Zeit und Deine eigene Faulheit für Dich. Du müsstest Dich jetzt bewusst hinsetzen und den Dauerauftrag löschen oder pausieren, um kein Geld mehr zu sparen.

Wichtig ist auch, dass das Geld wirklich auf ein anderes Konto bei einer anderen Bank abgebucht wird, damit Du das Geld nicht zu Gesicht bekommst und nicht so leicht in Versuchung gerätst das Geld auszugeben. Wenn Du das Geld weiterhin auf Deinem normalen Konto belässt und dort sparst, wirst Du viel leichter dazu kommen das Geld auszugeben. Du wirst beim Blick auf Dein Konto dann wahrscheinlich (unbewusst) denken, dass ja noch Geld da ist und Du ohne große Probleme etwas mehr Geld ausgeben kannst.

Vor knapp einem Jahr habe ich einem Bekannten auch den Tipp mit diesem Sparsystem gegeben. Er hat es vorher bereits etliche Male versucht Geld zu sparen und etwas zur Seite zu legen, aber er ist immer wieder an seinen Notgroschen gegangen und hat ihn geplündert. Bis dahin hatte er das Geld nämlich noch auf seinem normalen Ausgabenkonto und hat es irgendwann wieder ausgegeben. Nachdem er das ganze System mit einem zweiten Konto bei einer Online Bank eingerichtet hat, ist er sogar so weit gegangen, dass er die Zugangsdaten für das Konto geschreddert hat. Er müsste also extra bei der Bank neue Daten anfordern, um an sein Geld wieder heranzukommen. Durch dieses System hat er geschafft, dass er nie wieder an sein Geld rangegangen ist und ohne Probleme Geld spart.

Das ist jetzt natürlich ein Extrembeispiel. Du kannst auch Geld sparen, ohne die Zugangsdaten zu vernichten. Ich hoffe nur, dass Dir das System klargeworden ist.

Du solltest möglichst automatisiert Dein Geld sparen können, sodass es mit einer gewissen Anstrengung verbunden ist mit dem Sparen aufzuhören. Wenn Du diese beiden Sachen beachtest, wirst Du mit Leichtigkeit Geld sparen können.

Das spannendste ist, dass Du nach einigen Monaten gar nicht mehr merken wirst, dass Du Geld sparst, weil es ja direkt zu Beginn des Monats abgebucht wird.

6.3 Immer 30 % Rabatt beim Einkaufen

Neben den Techniken, um regelmäßig etwas Geld zurücklegen zu können, möchte ich Dir noch einen wichtigen Tipp geben, wie Du beim Einkauf mehr für Dein Geld erhältst.

Stell Dir vor Du hättest einen Gutschein, mit dem Du bei jedem Einkauf 30 % Rabatt bekommen würdest. Würdest Du ihn nutzen?

Du wirst Dir jetzt wahrscheinlich denken, was das für eine bescheuerte Frage ist. Natürlich würdest Du ihn verwenden, wenn es so etwas geben würde. Die Realität sieht allerdings völlig anders aus. Die meisten könnten bei Ihren Einkäufen locker 30 % sparen, wenn Sie nur eine einzige Sache machen würden:

Gebraucht kaufen!

Wenn ein Fernseher, Computer oder Auto einmal verkauft oder aus seiner Originalverpackung herausgenommen wurde, verliert es direkt 20 bis 30 % seines Wertes. Selbst wenn das Gerät niemals eingeschaltet wurde, verliert es allein durch den Gebraucht-Status massiv an Wert. Du wirst in Deinem Leben Unmengen an Geld sparen können, wenn Du Dich darauf fokussierst gute gebrauchte Artikel statt Neuwaren zu kaufen. Doch wieso machen das nur so wenige Menschen, wenn das doch so lukrativ ist gebraucht zu kaufen?

Ich glaube die meisten Menschen haben durch die Medien, die Werbung und Horrorgeschichten aus ihrem Umfeld große Ängste davor, dass sie einen großen Fehler machen und dadurch nur Schrott kaufen könnten. Denn tatsächlich spricht nicht wirklich etwas dagegen für fast die gleiche Ware deutlich weniger Geld zu bezahlen. Lass uns daher die größten Mythen mal gemeinsam durchgehen.

Mythos Nr.1: Neu ist immer besser

Ich habe bereits etliche Male von anderen Menschen gehört, dass Du beim Einzug in Deine erste eigene Wohnung drei bis sechs Monatsgehälter ausgeben musst, um Dich komplett einrichten zu können. Alles wäre so teuer von den Möbeln, über die Teller und das Besteck für die Küche bis hin zu Handtüchern und ähnlichen Sachen. Aus meiner Sicht stimmt das nicht wirklich.

Das liegt meiner Meinung nach aber nur daran, dass die Leute alles neu kaufen wollen und alte Dinge viel zu schnell wegwerfen. Sie haben die Meinung der Werbung übernommen, dass Du neue Waren kaufen solltest und nur diese wirklich gut sind. Du solltest Dir einfach mal vor Augen halten, dass es KEINE Werbung für gebrauchte Waren gibt. Die Konzerne möchten ihre neu produzierten Waren verkaufen und wünschen sich eigentlich, dass der Konsument die gebrauchten Waren möglichst schnell gegen neue Waren eintauscht. Genau das machen Millionen Menschen. Sie werfen Waren weg, die eigentlich noch genutzt werden können.

Nehmen wir einfach nur mal als Beispiel Besteck. Ich werde wahrscheinlich einfach das zweite „Besteckset" meiner Eltern nutzen. Meine Mutter hatte es damals vor über 30 Jahren in ihren Studienzeiten geschenkt bekommen und verwendet. Seitdem hat das Besteck eigentlich nur im Keller gelegen und ist noch sehr gut erhalten. Selbst nach über 30 Jahren ist es eigentlich fast noch so gut wie neues Besteck. Das ist so ein Extrembeispiel, dass sich viele Waren über die Jahre eigentlich gar nicht abnutzen und noch gut sind. Trotzdem greifen die meisten zu neuen teuren Waren, obwohl diese nicht wirklich besser sind. In diesem Fall würde neues Besteck wahrscheinlich mehr als das drei- oder vierfache kosten, obwohl es nicht wirklich besser ist.

Bedenke also beim Einkauf, dass die meisten Waren sich nicht wirklich großartig abnutzen und trotzdem nach kürzester Zeit bereits deutlich günstiger sind.

Neu ist nicht zwingend besser, aber dafür immer sehr viel teurer.

Mythos Nr. 2: Neue Markenartikel machen glücklich

„Wir kaufen Dinge, die wir nicht brauchen, von Geld, das wir nicht haben, um damit Menschen zu beeindrucken, die wir nicht mögen."
Zitat aus dem Film Fight Club

Ich denke dieses Zitat fasst so unglaublich gut zusammen, wieso die meisten Menschen pleite und unglücklich sind. Deswegen musste ich es unbedingt noch ein zweites Mal nennen.

Die meisten Menschen versuchen das neuste Handy, den teuersten Sportwagen, die luxuriösesten Urlaube zu haben und besser als das eigene Umfeld dazustehen. Das große Problem hierbei ist, dass Du immer jemanden in Deinem Umfeld haben wirst, der ein neueres Auto oder ein aktuelleres Handy besitzt. Du wirst versuchen besser als Dein Umfeld dazustehen, aber Du kannst dieses Wettrennen niemals gewinnen.

Gerade dann, wenn sich alle in Deinem Umfeld für Ihre Anschaffungen bis zum Hals verschulden, kaum noch über das eigene Einkommen frei entscheiden können und dadurch eventuell sogar an Ihren unglücklich machenden Job gebunden sind. Du kannst nur die Fassade sehen und niemals beobachten, was finanziell für Anstrengungen und Katastrophen dahinterstecken.

Etliche Studien von Glücksforschern haben auch schon bestätigt, dass Dich Kaufen nicht glücklich macht. Nach dem Kauf eines neuen Produkts bist Du für wenige Stunden bis maximal wenige Monate glücklicher. Danach geht Dein Glücksempfinden wieder auf Dein altes Glücksniveau vor dem Kauf zurück. Die Glücksforschung hat herausgefunden, dass Dich der Kauf von etwas nur langanhaltend glücklicher macht, wenn es ein Erlebnis ist, dass Du mit anderen Menschen teilen kannst. Zum Beispiel ein Kinobesuch oder ein Konzert.

Die Werbung täuscht uns vor:

„Kaufe jetzt den neusten BMW und Deine Kollegen werden ganz neidisch sein."

„Kaufe jetzt das neuste Macbook oder iPhone und gehöre damit zu den Coolen."

„Trage den teuren Maßanzug von Armani und Du wirst respektiert. Kauf das neue Parfüm und die Frauen oder Männer werden Dir hinterherlaufen."

„Buche die überteuerte Allinclusive-Kreuzfahrttour und Du wirst den besten Urlaub Deines Lebens haben und glücklich sein."

Große Unternehmen und deren Marketingexperten sind unglaublich gut darin ihre eigenen Produkte zu hohen Preisen zu verkaufen, weil Du durch die Werbung unbewusst bestimmte Emotionen mit dem Produkt verbindest.

Wie sonst könnte Apple ihr neustes iPhone für rund 1.400 € verkaufen, wenn es andere Handys mit vergleichbaren Leistungen bereits für die Hälfte des Preises gibt?

Du solltest Dir daher vor einem Kauf vor Augen führen, dass Dich kein Produkt der Welt wirklich glücklich machen wird. Deswegen ist es sinnvoller das beste Preis-Leistungs-Verhältnis anzustreben und nicht auf die falschen Versprechungen der Werbung hereinzufallen.

Mythos Nr. 3: Großes Risiko

Aber wenn ich gebraucht kaufe, dann gibt es doch auch ein viel größeres Risiko. Lohnt es sich dann wirklich etwas günstiger gebraucht zu kaufen?

Das ist auch so ein großer Irrtum, den ich sehr häufig höre. Natürlich sind Gebrauchtwaren nicht mehr neu und werden daher wahrscheinlich früher kaputt sein. Du kannst allerdings beim Kauf von gebrauchten Dingen auf ein paar Kriterien achten, sodass Du ein echtes Schnäppchen erzielst.

Du solltest Dir zuerst die Frage stellen, ob die Ware überhaupt nennenswert kaputtgehen kann. Bei einem Messer ist es zum Beispiel relativ egal, wie alt das Messer ist oder wie damit umgegangen wurde. Schließlich kann es kaum kaputt gehen. Hier kannst Du problemlos gebraucht kaufen. Bei technischen Geräten ist der Gebrauchtkauf zum Beispiel schon etwas kritischer.

Am besten kaufst Du teurere technische Geräte oder Wagen nur bei gewerblichen und anerkannten Fachhändlern. Das große Problem beim Kauf von Privatpersonen ist nämlich, dass es normalerweise keine Gewährleistung und Haftung für später eingetretene Schäden gibt. Zudem haben Privatpersonen häufiger auch nicht unbedingt das Fachwissen, ob ihre Ware wirklich in einem guten Zustand ist. Indem Du bei Experten kaufst, kannst Du das Risiko beim Gebrauchtkauf schon deutlich reduzieren.

Dir sollte klar sein, dass ein kleines Restrisiko noch bestehen bleibt und niemals komplett ausgeschlossen werden kann. Trotzdem lohnt sich der zusätzliche Aufwand beim Gebrauchtkauf auf lange Sicht. Gerade beim Autokauf.

Ich habe in den letzten Jahren bereits etliche Male gehört, dass sich viele Menschen hinterher über sich selbst aufregen. Sie haben ein oder mehrere Male einen Neuwagen gekauft und es hinterher zutiefst bereut. Gerade bei Autos ist der Wertverlust wirklich enorm. Selbst bei einem „relativ günstigen" Auto für 15.000 € hast Du in den ersten Tagen bereits einen Wertverlust von mehreren tausend Euros. Alleine wenn Du das erste Mal den Schlüssel in Deinem neuen Auto umdrehst, ist es nicht mehr neu und daher bereits einige tausend Euros weniger wert. In den folgenden ein bis zwei Jahren ist der Wertverlust mit Abstand am größten. Das 15.000 €-Auto kann durchaus 7.000 € in den ersten beiden Jahren nach dem Kauf verlieren.

Dieses Geld kannst Du Dir relativ leicht sparen, wenn Du gleich ein zwei bis drei Jahre altes Auto kaufst und den größten Wertverlust dadurch vermeidest. Bei durchschnittlich sechs Autokäufen im Leben eines Deutschen, kannst Du schnell 50.000 € beim Autokauf sparen.

Und wenn wir mal ehrlich sind, ist ein zwei Jahre altes Auto eigentlich fast noch so gut wie neu. Da lohnt sich der Gebrauchtwagenkauf wirklich. Nur durch die Investition dieser Differenz könntest Du insgesamt ein Vermögen von über 400.000 € aufbauen.

Neu ist nicht immer besser als gebraucht, der Kauf von neuen Markenprodukten macht nicht glücklich und eigentlich besteht kein besonders großes Risiko beim Kauf von Gebrauchtwaren, wenn Du auf ein paar Dinge achtest. Ich hoffe ich konnte Dir vermitteln, wieso es sich nicht nur finanziell lohnt, schon vor dem Kauf nachzudenken und das Geld bestmöglich einzusetzen.

7. Vorsicht vor falschen Beratern

Bevor wir uns dem wichtigen Fachwissen zu Steuern, Versicherungen und der Geldanlage widmen, möchte ich noch eine wichtige Warnung loswerden. All das Wissen nützt Dir nichts, wenn Du auf falsche Berater hereinfällst und unvorteilhafte und schlechte Produkte abschließt.

Dazu möchte ich Dir eine kleine Geschichte erzählen:

Auf dem Weg zur Arbeit komme ich an einem kleinen Laden vorbei, der Alarmanlagen und andere Sicherheitssysteme für Privatpersonen verkauft.

Im Schaufenster steht in großen und fetten Buchstaben:

Kostenlose Einbruchsschutz-Beratung

Was würdest Du Dir denken, wenn Du Dich dort beraten lassen würdest?

Da werde ich im Laden aber besonders vorsichtig sein, dass er mir nicht irgendwelche Videokameras und High-Tech-Schlösser aufschwatzt, die ich eigentlich nicht benötige.

Auf den ersten Blick ist direkt klar, dass der Ladeninhaber einem Interessenskonflikt unterliegt. Er kann dem Kunden keine optimale und unabhängige Beratung bieten, wenn er sein Einkommen erhöhen will. Schließlich verdient der Laden sein Geld mit dem Verkauf von Sicherheitssystemen und nicht mit der Beratung von Kunden.

Versetz Dich doch nur mal kurz in die Lage des Ladenbesitzers:

Es kommt ein Kunde in den Laden, der in einer sehr sicheren Nachbarschaft wohnt und daher nicht wirklich Sicherheitssysteme benötigt. Das ist Dir als Experte auf dem Gebiet auch vollkommen bewusst. Im

Moment hast Du allerdings das Problem, dass Dir das Internet große Konkurrenz macht und Dein Laden sehr schlecht läuft. Deswegen sitzen Dir die Bank, das Finanzamt und andere Gläubiger bereits im Nacken und verlangen von Dir die Zahlung Deiner offenen Schulden. Du weißt noch nicht, wie Du den Monat finanziell überstehen sollst und wovon Du am Ende des Monats die Rechnungen bezahlen sollst. Du bist einfach nur vollkommen verzweifelt.

Würdest Du jetzt dem Kunden von dem Kauf Deiner Produkte abraten, obwohl sich dadurch Deine finanzielle Situation deutlich entspannen würde?

Ich glaube nur die wenigsten können in diesem Moment ehrlich sein und den Druck aushalten. Der Anreiz das falsche Produkt zu verkaufen, ist sehr groß.

Solche Menschen, die Anreize haben das nachteiligere Produkt für den Kunden zu verkaufen und daher einem Interessenskonflikt unterliegen, nenne ich **falsche Berater**.

Nach außen hin treten sie zwar als Berater auf, aber in Wirklichkeit sind sie Verkäufer, die auch ein Interesse daran haben das Produkt mit den höchsten Provisionen zu verkaufen.

Doch was hat das mit dem Finanzbereich zu tun?

Im Finanzbereich wimmelt es nur so an **falschen Beratern** und das gemeine ist, dass sie deutlich schwerer zu erkennen sind.

Würdest Du Deinen Metzger fragen, ob Du weniger Fleisch essen oder sogar Vegetarier werden solltest?
Würdest Du einen Elektronikhändler fragen, ob Du wirklich einen Fernseher benötigst?
Oder würdest Du beim Friseur fragen, ob Du eine neue Frisur brauchst?

Die Fragen sind absichtlich so absurd gewählt, dass Du vehement mit dem Kopf schüttelst und Dir denkst, dass ich doch nicht mehr richtig ticke. Natürlich würdest Du an keinen dieser Personen eine solche Frage stellen.

Und jetzt kommt das völlig absurde:

Wenn es um die eigene finanzielle Zukunft, das hart verdiente Geld und die Absicherung von großen Lebensrisiken wie der Berufsunfähigkeit geht, machen die meisten Menschen genau das.

Sie informieren sich nicht richtig und lassen sich dann von falschen Beratern schlechte Produkte aufschwatzen. Ich kenne in meinem persönlichen Umfeld dutzende Menschen, die durch falsche Berater **fünf- bis sechsstellige Beträge verloren haben**. Einfach nur dadurch, dass sie sich vorher nicht intensiv informiert haben, nicht wussten, dass ihnen ein falscher Berater gegenübersitzt und dem Berater dann auch noch blindlings vertraut haben.

Es ist deswegen immens wichtig sich die nötigen Grundkenntnisse im Bereich Finanzen anzueignen (was Du mit diesem Buch bereits tust) um falsche Berater erkennen zu können. Anhand zwei einfacher Fragen kannst Du bereits herausfinden, ob es sich um einen falschen Berater handelt.

Frage Nr. 1: Für wen arbeitet der Berater?

Du solltest Dir zu Beginn die Frage stellen, für wen der Berater eigentlich tätig ist. Ist er bei einer bestimmten Bank oder Versicherung angestellt oder ist er selbstständig tätig?

Das große Problem bei angestellten Beratern ist nämlich, dass sie zuallererst mal für ihren Arbeitgeber arbeiten und damit auch seine Interessen im Fokus haben. Du bist als Berater durch die Anstellung bei einer Bank auch dazu gezwungen die eigenen Produkte zu verkaufen. Du kannst Dich also nicht frei auf dem Markt bewegen und das bestmögliche Produkt für den Kunden auswählen.

Wenn Du zum Beispiel bei der Sparkasse arbeiten würdest, dürftest Du nur die eigenen aktiven Fonds verkaufen. Selbst wenn andere Produkte von anderen Banken oder Investmentgesellschaften eindeutig besser wären.

Du solltest bei der Wahl eines Beraters daher darauf achten, dass er auf ein möglichst breites Produktspektrum zurückgreifen kann und nicht durch eine Anstellung oder andere Restriktionen in der Produktauswahl stark beschränkt ist.

Frage Nr. 2: Wie verdient der Berater sein Geld?

Im Finanzbereich gibt es grundsätzliche zwei Formen, wie Berater ihr Geld verdienen. Sie werden entweder auf Honorar- oder auf Provisionsbasis bezahlt. Die provisionsbasierte Beratung ist dabei die bekanntere und deutlich weiter verbreitete Form.

Die Beratung bei Deinem Bankberater oder Versicherungsmakler ist grundsätzlich für Dich „kostenlos". Du brauchst für die Beratung selbst also kein Geld zu bezahlen. Nur bei Abschluss eines bestimmten Produktes (wie zum Beispiel einer Versicherung) erhält der Berater von dem Versicherungsunternehmen eine Provision.

Die andere Variante ist es einen Honorarberater zu engagieren. Dieser wird auf Stundenbasis für die Beratung selbst bezahlt. Er erhält also keine Provisionen von Banken oder Versicherungskonzernen. Dadurch wird gewährleistet, dass der Berater wirklich unabhängig ist und ausschließlich im Sinne des Kunden berät. Der Nachteil ist, dass Du hier für die Beratung selbst schnell einige hundert Euro ausgibst. Langfristig wird sich das allerdings definitiv rechnen, wenn Du dadurch nur ein etwas besseres Produkt erhältst oder Dir unnütze und teure Produkte erspart bleiben.

Wer sollte Dich beraten?

Jetzt hast Du zwei sehr einfache Kriterien, anhand derer Du Berater einordnen kannst. Doch auf wen davon solltest Du hören?

Angestellte Berater

Meiner Meinung nach solltest Du nach Möglichkeit angestellte Bankberater meiden oder nur mit größter Vorsicht einer Beratung einwilligen. Bankberater sind an die Produkte ihrer Bank gebunden und können Dich dadurch niemals wirklich unabhängig beraten. Im Bereich der Geldanlage bieten die allermeisten Banken zum Beispiel ETFs (eine der günstigsten und besten Anlagevehikel) nicht oder nur extrem verteuert an. Auch wenn die Beratung zuerst kostenlos erscheint, bezahlst Du sie letzten Endes mit überhöhten Gebühren. Das können im Laufe Deines Lebens locker zehntausende Euros sein, die Dich die „kostenlose Beratung“ kostet.

Auch im Bereich der Versicherungen solltest Du Dich möglichst nicht von einem angestellten Berater eines Versicherungsunternehmens beraten lassen. Er ist genauso an das Unternehmen und deren Produkte gebunden. Dir sollte klar sein, dass kein Versicherungsunternehmen auf der Welt in allen Sparten die besten Versicherungen anbietet. Das eine Unternehmen ist zum Beispiel mehr auf Unfall- und das andere eher auf Krankenversicherungen spezialisiert. Wenn Du also bei dem Berater eines Unternehmens alle Deine Versicherungen abschließt, zahlst Du mit großer Wahrscheinlichkeit zu viel.

Selbstständige Berater

Mein Rat ist, dass Du Dich bei selbstständigen Beratern informierst und Finanzprodukte abschließt. Du bist ihr Kunde und daher ist es in ihrem Interesse, dass Du am Ende zufrieden bist und sie weiterempfiehlst. Schließlich würde es sie ruinieren, wenn sie Dir nur Schrott andrehen.

Meiner Meinung nach hat sowohl die Provisions- als auch die Honorarberatung seine Vor- und Nachteile und beides kann deshalb sinnvoll sein.

Bei einem Honorarberater gehst Du in Vorleistung und bezahlst für die Beratung erstmal einen bestimmten Betrag. Dafür hast Du dann allerdings auch eine zu 100 % unabhängige Beratung. Wenn Du Dich nicht näher mit der Investition Deines Geldes beschäftigen möchtest, würde ich Dir eine Honorarberatung für die Altersvorsorge empfehlen. Hier können Fehler und falsche Entscheidungen schnell zu großen Kosten führen. Deswegen lohnt sich die Beratung auf lange Sicht in der Regel.

Im Versicherungsbereich würde ich Dir empfehlen zu einem professionellen und unabhängigen Versicherungsmakler zu gehen. Am besten hörst Du Dich mal in Deinem Bekanntenkreis um, ob dort jemand einen guten Versicherungsmakler kennt. Am besten fragst Du dazu auch jemanden, der sich im Finanzbereich gut auskennt und einen vernünftigen Ratschlag geben kann. Es bringt ja nichts, wenn Du einen Tipp von einem Bekannten erhältst, der die Tipps des Versicherungsmaklers nicht mal einschätzen kann.

Du kennst niemanden, der sich gut mit Finanzen auskennt und Dir einen fundierten Ratschlag geben kann?

In den letzten drei Jahren habe ich weit über hundert Bücher und tausende Artikel gelesen, mir viele Videos und Dokumentationen zu Finanzthemen angeschaut und mich mit vielen erfolgreichen Investoren ausgetauscht.

Deswegen habe ich für Dich auch gute Empfehlungen für zwei deutschlandweit tätige Versicherungs- und Honorarberater, die sich in ihrem Bereich sehr gut auskennen und echte Vorreiter für die Branche sind.

Dies ist zum einen Bastian Kunkel für den Bereich Versicherungen. Er hat einen coolen YouTube-Kanal (Versicherungen mit Kopf), wo Du Dir das wichtigste Wissen zum Bereich Versicherungen eigenverantwortlich aneignen kannst. Zudem bietet er mit seinem Team zusammen auch über Skype persönliche Online-Beratungen an.

Versicherungen mit Kopf:

Meine zweite Empfehlung ist Christopher Geiler vom Blog Finanzküche. Er ist Honorarberater und kennt sich sehr gut im Bereich der Altersvorsorge und dem Investieren aus. Wenn Du Dich hierzu beraten lassen willst, ist Christoph für Dich absolut der richtige Ansprechpartner. Er bietet auch Online-Beratungen über Videochat an.

Honorarberatung Christoph Geiler:

Wichtig: Ich erhalte keinerlei Provision von den beiden für die Empfehlung. Meiner Meinung nach machen beiden einen sehr guten Job und bieten auch online kostenlos viele wertvolle und hilfreiche Informationen.

Mein wichtigster Ratschlag an Dich:

Zum Abschluss dieses Kapitels habe ich noch einen letzten Ratschlag an Dich.

Es gibt überall gute, aber auch schlechte Berater.
Deswegen sollte Dir letzten Endes eines bewusst sein:

Es wird auf der ganzen Welt keinen Menschen geben, der sich mit dem gleichen Enthusiasmus und Interesse für Dich und Dein Geld einsetzen wird, wie Du selbst.
Sei deswegen kritisch und hinterfrage die Ratschläge Deines Beraters. Beschäftige Dich vorher ein paar Stunden mit dem Thema und hol Dir die wichtigsten Informationen durch unabhängige Quellen (wie zum Beispiel finanztip.de). Erst wenn Du wirklich zu 100 % das Produkt verstehst, solltest Du irgendetwas unterschreiben.

Wenn Du die Finanzprodukte nicht verstehst oder etwas ohne großes Nachdenken abschließt, kann sich das enorm rächen. Häufig ist es bei Finanzprodukten nämlich so, dass Du für viele Jahre an das Produkt gebunden bist und nicht einfach so wechseln kannst.

Auch wenn Du Dich von einem Experten beraten lässt, solltest Du Deinen gesunden Menschenverstand einschalten, denn am Ende ist eines klar:

Es geht hier um Dein Geld und Dein Leben!

8. Grundlagen: Steuern und Abgaben

Steuern? Echt jetzt? Warum sollte mich das denn interessieren?

Ich glaube, dass die meisten Menschen genauso über das Thema Steuern und Abgaben denken. Sie wollen sich mit dem Thema nicht beschäftigen. Mir ging es vor meinem Studium und meinem ersten Gehalt auch ganz ähnlich. In der Schule wurde es nie thematisiert und danach gab es keinen Grund mich damit näher auseinanderzusetzen.

Eine Sache solltest Du Dir allerdings vor Augen führen:

Einen Großteil Deiner Arbeitszeit wirst Du dafür einsetzen, um damit Abgaben und Steuern zu bezahlen. Da wäre es doch vielleicht sinnvoll zu verstehen, was es überhaupt für Abgaben gibt und welche Steuern Du zahlen musst.

Ohne grundlegendes Wissen in diesem Bereich kannst Du nämlich auch keine legalen Schlupflöcher nutzen und Abgaben einsparen.

Daher wollen wir uns in diesem Kapitel näher damit auseinandersetzen, welche Abgaben es in Deutschland gibt, was Du bezahlen musst und wie Du Steuern sparen kannst.

8.1 Welche Steuern und Abgaben gibt es?

Mein Steuerrechtsdozent würde jetzt einen stundenlangen Vortrag darüber halten, was der große Unterschied zwischen Abgaben und Steuern ist und welche Besonderheiten es dabei alles gibt. Das erspare ich Dir jetzt. Schließlich soll Dich dieses Buch nicht zum Steuerexperten ausbilden. Mir ist viel wichtiger, dass Du ein Bewusstsein für diese Themen entwickelst und dann Geld einsparen kannst.

Lass uns zuerst die Basics klären:

Vereinfacht gesagt bedeutet der Begriff Abgabe, dass Du durch ein Gesetz dazu verpflichtet wirst einen bestimmten Geldbetrag an den Staat oder eine andere öffentliche Einrichtung zu zahlen. Steuern, Sozialversicherungsabgaben und Gebühren sind dabei eine besondere Art von Abgaben. Abgaben ist also der Oberbegriff.

Durch die Abgaben finanziert der Staat dann das Schulwesen, den Ausbau der Infrastruktur oder soziale Absicherungen wie Hartz IV.

Das bekannteste Beispiel dürfte wohl die Einkommensteuer sein. Wenn Du in Deutschland mehr als rund 9.168 € (Stand 2019) verdienst, bist Du verpflichtet Einkommensteuer zu zahlen. Doch welche Abgaben gibt es sonst noch?

Ich gehe in diesem Buch davon aus, dass Du als Angestellter arbeitest und dementsprechend auch besteuert wirst. Das dürfte für die allermeisten direkt nach dem Studium oder der Ausbildung zutreffen. Für Selbstständige und Unternehmer mit Kapitalgesellschaften gibt es noch viele Besonderheiten im Steuerrecht, die ich nicht behandeln werde. Doch auch für diese Menschen ist es wichtig die Grundsätze im deutschen Steuer- und Sozialversicherungsrecht zu verstehen.

Auf der folgenden Seite findest Du eine Übersicht zu den wichtigsten Abgaben, die ein Angestellter in Deutschland zu leisten hat. Ich weiß, dass das auf den ersten Blick sehr verwirrend und umfangreich aussieht.

Keine Sorge. Ich werde danach die einzelnen Steuern und Abgaben noch kurz beschreiben und erklären.

Abgabenart	Was wird besteuert?	Wer zahlt es?
Einkommensteuer	**Einkommen**	**Arbeitnehmer**
Kirchensteuer		
Solidaritätszuschlag		
Rentenversicherung	**Einkommen**	**AN zu 50 % AG zu 50 %**
Arbeitslosenversicherung		
Krankenversicherung		
Pflegeversicherung		
Abgeltungssteuer	**Kapitalerträge wie Zinsen**	**Anleger**
Umsatzsteuer bzw. Mehrwertsteuer	**Konsum / Verbrauch von bestimmten Waren**	**Produzent der Ware oder Händler (indirekt der Konsument)**
Energiesteuer		
Tabaksteuer		
Alkoholsteuer		
Kaffeesteuer		
Rundfunkbeitrag (GEZ)	**Mögliche Nutzung des öffentlichen Rundfunks**	**Jeder Haushalt**

Tabelle 7: Abgaben in Deutschland

Wahrscheinlich wirst Du (ähnlich wie ich) ziemlich überrascht sein, wie viele Steuern und Abgaben es in Deutschland gibt. Das sind zwar noch nicht alle Abgaben, aber die größten und relevantesten 90 % sind dabei.

Im Folgenden möchte ich die einzelnen Blöcke kurz durchgehen und noch ein paar Dinge ergänzen und erklären.

Einkommensteuer & Co.

Die Einkommensteuer ist wie gesagt einer der bekanntesten Steuern in Deutschland. Als Angestellter oder Selbstständiger mit einem

Jahresbruttoeinkommen von mehr als etwa 9.168 € (Stand 2019) ist diese zu zahlen. Wenn Du Vollzeit arbeitest, kommst Du also um die Einkommensteuer nicht herum.

Die Einkommensteuer ist zudem progressiv. Das bedeutet, dass die Einkommensteuer von unter 20 % (bei einem Einkommen unter 10.000 €) bis zum Spitzensteuersatz von 45 % ansteigt. Der Sinn dahinter ist, dass sich Menschen mit einem höheren Einkommen auch stärker an der Finanzierung des Staates beteiligen sollen.

Obendrauf wirst Du eventuell noch den Solidaritätszuschlag und die Kirchensteuer bezahlen müssen. Das hängt allerdings von Deinem Einkommen und Deiner Religionszugehörigkeit ab.

Wichtig ist außerdem noch den Unterschied zwischen der Lohn- und Einkommensteuer zu verstehen. Die Einkommensteuer ist für das Einkommen eines ganzen Kalenderjahrs zu zahlen. Du zahlst also im Jahr 2018 die Einkommensteuer für das Jahr 2017. Irgendwann hat der Staat allerdings gemerkt, dass viele Leute ihre Finanzen nicht so gut im Griff haben und sie deshalb ein Jahr später die Einkommensteuer nicht mehr bezahlen können. Deswegen wurde die Lohnsteuer eingeführt. Durch die Lohnsteuer wird jeden Monat ein gleichhoher Betrag vom Bruttolohn durch den Arbeitgeber einbehalten und an das Finanzamt abgeführt.

Die Lohnsteuer ist also quasi ein Abschlag auf die Einkommensteuer. Hierbei gibt es auch mehrere (Lohn-) Steuerklassen, aus denen Du unter gewissen Bedingungen wählen kannst. Dadurch wird dann ein etwas höherer oder niedriger Betrag von Deinem Bruttoeinkommen einbehalten. Hierbei bringt es allerdings wenig, wenn Du etwas Lohnsteuer einsparen kannst. Das führt nur dazu, dass Du etwas später die (noch nicht gezahlte) Einkommensteuer nachzahlen musst.

Sozialversicherungsabgaben

Kommen wir zum nächsten großen Block: Den Sozialabgaben.

Als Angestellter bist Du sozialversicherungspflichtig und musst in die Arbeitslosen, Kranken-, Pflege- und Rentenversicherung einzahlen. Hier ist die Besonderheit, dass die Hälfte der Sozialabgaben aus Deinem Bruttolohn und die andere Hälfte durch den Arbeitgeber bezahlt wird.

Die Sozialabgaben werden auch direkt vom Arbeitgeber einbehalten und an die zuständigen Stellen weitergeleitet. Du erhältst also nur noch Dein Nettoeinkommen nach Abzug von Lohnsteuer und Sozialabgaben ausbezahlt.

Abgeltungssteuer

Zur Abgeltungssteuer gibt es eigentlich nicht viel zu sagen. Wenn Du Dein Geld anlegst und dadurch Erträge generierst (Zinsen, Dividenden etc.), ist darauf die Abgeltungssteuer zu zahlen. Diese beträgt rund 25 %.

Allerdings gibt es hier einen Freibetrag von 801 € im Jahr. Bis zu diesem Betrag brauchst Du also noch keine Abgeltungssteuer zahlen.

Umsatzsteuer & Verbrauchsteuern

Wenn Du irgendetwas als Privatperson kaufst, bezahlst Du darauf Umsatzsteuer. Du kaufst Dir zum Beispiel einen neuen Tisch für 119 € bei IKEA. Dann gehen 100 € Netto an IKEA und die restlichen 19 € werden von IKEA an den Staat weiterüberwiesen.

Das gleiche passiert, wenn Du an der Tankstelle Sprit kaufst. Beim Treibstoff wird zusätzlich zur Umsatz- auch noch die Energiesteuer fällig.
Du zahlst also mit dem Kauf des Treibstoffs sowohl die Umsatz- als auch die Energiesteuer. Man spricht hierbei von einer indirekten Steuer. Das heißt, dass Du als Konsument die Steuer indirekt mit dem Gesamtpreis bezahlst und der Händler diese nur ans Finanzamt abführt.

Der Sinn dahinter ist, dass Du als Privatperson nicht bei kleineren Käufen (wie zum Beispiel einem Sixpack Bier) eine Steuererklärung abgeben und Centbeträge an das Finanzamt überweisen sollst. Viel effektiver ist es, wenn die Zahlungen gebündelt werden und ein großer Bierproduzent im Jahr mehrere hundert Millionen auf einen Schlag zahlt.

Rundfunkbeitrag (GEZ)

Unabhängig davon, ob Du einen Fernseher besitzt oder ob Du regelmäßig einen öffentlich-rechtlichen Radiosender hörst, bist Du dazu verpflichtet 17,50 € im Monat an die GEZ zu zahlen. Der einzige Vorteil ist, dass Du Dir die GEZ-Gebühr teilen kannst, wenn Du mit anderen zusammen in einem Haushalt lebst. Der Rundfunkbeitrag wird nämlich pro Haushalt abgerechnet.

8.2 Deine persönliche Abgabenlast

Jetzt hast Du einen guten Überblick darüber, was für Steuern und Abgaben es in Deutschland gibt und was Du theoretisch bezahlen musst. Doch lass uns mal eine normale Lohnabrechnung eines Angestellten aus der Praxis anschauen. Dann hast Du eine ungefähre Vorstellung, was auf Dich an Abgaben zukommt.

	Beispiel:	**Deine Zahlen:**
Bruttoeinkommen	2.500 €	
Rentenversicherung (AN)	232,50 €	
Arbeitslosenversicherung (AN)	37,50 €	
Pflegeversicherung (AN)	38,13 €	
Krankenversicherung (AN)	207,50 €	
Summe:	**515,63 €**	
Lohnsteuer (Steuerklasse 1)	299,50 €	
Solidaritätszuschlag	16,47 €	
Kirchensteuer	26,95 €	
Summe:	**342,92 €**	
Nettoeinkommen	1.641,45 €	

Tabelle 8: Lohnabrechnung, Quelle: nettolohn.de

Ich habe jetzt mal für das Beispiel ein Bruttogehalt von 2.500 € im Monat unterstellt. Das kann je nach Ausbildung oder Studium höher oder niedriger liegen. Für Deinen zukünftigen Job kannst Du das zum Beispiel auf der Seite nettolohn.de mit Deinen eigenen Zahlen durchrechnen.

Du siehst schon, dass Du eine ganze Menge an Steuern und Abgaben zahlen musst. Bevor Du zu einem Vorstellungsgespräch gehst, solltest Du deswegen durchrechnen, welche Bruttolöhne in Deiner Branche gezahlt werden und was am Ende dabei für Dich übrigbleibt. Schließlich ist für Dich eigentlich nur relevant, was Du später auf Dein Konto ausgezahlt bekommst.

8.3 Steuern einsparen

Im vorherigen Kapitel haben wir uns angeschaut, welche Steuern und Abgaben Du zu zahlen hast. In diesem Kapitel wollen wir uns näher anschauen, wie Du Steuern einsparen kannst.

Tipp Nr. 1: Mache eine Steuererklärung

Offizielle Statistiken zeigen, dass Du durch die Steuererklärung im Durchschnitt 935 Euro vom Finanzamt zurückerhältst. Da frage ich mich wirklich, wieso viele Deutsche sich hierfür nicht mal die Mühe machen. Du kannst in der Steuererklärung zum Beispiel Kosten für Dein Studium, Fahrtkosten oder andere arbeitsbezogene Kosten absetzen. Die Steuererklärung kannst Du für das vergangene Kalenderjahr machen. Bei Deiner ersten Steuererklärung gehen rückwirkend auch mehr Jahre!

Spezialtipp:

Von der Hochschulinitiative Deutschland gibt es zu dem Thema sogar ein kostenloses Steuerseminar für Studenten & Absolventen. Dieses Seminar haben in den letzten fünf Jahren über 100.000 Studenten besucht und im Schnitt eine Steuerersparnis von 4.735,57 € für sich herausholen können. Und das Beste ist, dass das Seminar sogar kostenlos ist und in vielen deutschen Städten besucht werden kann.

Informationen hierzu findest Du unter:

https://hochschulinitiative-deutschland.de/angebote/1938/

Kostenloses Steuerseminar für Studenten & Absolventen:

Tipp Nr. 2: Überlege Dir aus der Kirche auszutreten

Mit dem Beginn meines dualen Studiums habe ich mein erstes eigenes Geld verdient und musste dadurch auch zum ersten Mal in meinem Leben Kirchensteuer zahlen. Schließlich war ich bereits in jungen Jahren getauft und in die Kirche aufgenommen worden. Bereits nach kurzer Zeit war für mich klar, dass ich kein Geld an die Kirche zahlen möchte. Deswegen bin ich dann mit 18 Jahren aus der Kirche ausgetreten.

Das ist natürlich eine sehr persönliche Entscheidung, die nicht nur alleine aus finanziellen Beweggründen getroffen werden sollte. Zudem solltest Du Dir die Entscheidung vorher auch gut überlegen, weil Sie nicht so leicht wieder rückgängig gemacht werden kann. So kannst Du dann zum Beispiel nicht mehr kirchlich heiraten.

In unserem Beispiel in Kapitel 8.2 würdest Du im Monat 26,95 € zahlen. Das wären in einem Jahr rund 323,40 €. In einem 40-jährigen Arbeitsleben würdest Du insgesamt knapp 13.000 € an die Kirche zahlen. Ein ganz schön ordentlicher Betrag.

Ich kenne auch einige Leute, die eigentlich nicht gläubig sind und nur den angeblich „hohen Aufwand“ scheuen. Deswegen zahlen sie weiter fleißig die Kirchensteuer.

Wenn Du Dich dazu entschieden hast aus der Kirche auszutreten, brauchst Du eigentlich nicht viel tun. Du gehst zu Deinem lokalen Amtsgericht und erklärst dort den Kirchenaustritt. Das ist ein einfaches zweiseitiges Formular, das Du ausfüllst. Die Gebühr für die Bearbeitung des Antrags ist von Bundesland zu Bundesland sehr unterschiedlich. Du wirst einmalig zwischen 20 bis 30 € bezahlen. Die Bescheinigung legst Du dann nur noch einmal Deinem Arbeitgeber vor, sodass er Dir ab der nächsten Lohnabrechnung keine Kirchensteuer mehr abzieht.

Hinweis: In anderen Bundesländern als NRW kann es sein, dass nicht das Amtsgericht, sondern eine andere Behörde zuständig ist.

Tipp 3: Handy, Laptop, Dienstwagen und Co. vom Arbeitgeber

Ein Leben ohne Handy oder Laptop können sich die wenigsten Menschen heute noch vorstellen. Diese technischen Geräte gehören zu unserem Leben einfach dazu.

Wäre es da nicht schön, wenn Dir Dein Arbeitgeber ein Handy oder einen Laptop kostenlos zur Verfügung stellen würde? Besonders wenn Du die Geräte auch privat benutzen darfst und daher kein Handy mehr kaufen brauchst.

Du solltest Dir hierbei eine Sache vor Augen führen:

Mit Steuern und Sozialabgaben zahlst Du schnell 40 % Abgaben. Das bedeutet, dass Du für den Kauf eines Handys im Wert von 300 € erstmal 500 € brutto verdienen musst. Du bestreitest Deine privaten Ausgaben schließlich aus Deinem Nettoeinkommen.

Aus diesem Grund ist es häufig für den Arbeitnehmer und Arbeitgeber sinnvoll, statt einer Lohnerhöhung besondere Sachleistungen zu gewähren. Wie zum Beispiel das zuvor beschriebene Handy oder ein Laptop. Wichtig ist hierbei sich vorher darüber zu informieren, welche Möglichkeiten es gibt und welche Details zu beachten sind, damit keine Steuern und Sozialabgaben bezahlt werden müssen. Wenn die technischen Geräte zum Beispiel im Besitz des Unternehmens bleiben und zwischen

Arbeitnehmer und Arbeitgeber ein Überlassungsvertrag mit Rückgabepflicht besteht, brauchst Du hierfür keine Steuern zu zahlen. Wenn der Arbeitnehmer dagegen das Handy später behalten darf, sind Steuern zu zahlen.

Ein weiteres Beispiel ist, dass Du monatlich (unter gewissen Bedingungen) einen Gutschein über 44 € zum Tanken steuerfrei erhalten kannst. Daneben kann der Arbeitgeber zum Beispiel auch noch Geld für das Essen dazugeben oder einen Dienstwagen zur Verfügung stellen.

Es gibt also diverse Möglichkeiten, wie Du mit Zusatzleistungen durch Deinen Arbeitgeber mehr herausholen kannst, weil Du dadurch Steuern und Sozialabgaben einsparen kannst. Selbst viele größere Arbeitgeber sind sich der Möglichkeiten in diesem Bereich nicht so stark bewusst oder scheuen bisher den Aufwand.

Sprich daher einfach mal Deinen Chef an, ob ihr für beide Seiten eine gute Lösung finden könnt, wie das Unternehmen weniger Geld zahlt und Du gleichzeitig mehr Geld übrig hast.

Da kann eigentlich kein Chef wirklich nein sagen.

9. Versicherungen

Versicherungen sind ein sehr unbeliebtes Thema, weswegen sich die meisten Menschen damit nur sehr ungerne auseinandersetzen wollen. In der Schule oder Universität wirst Du kaum etwas zu dem Thema gehört haben. Du wirst vermutlich auch nicht sehr viel Lust haben Dich mit dem Thema zu beschäftigen. So ging es zumindest mir, als ich noch gar keine Ahnung hatte.

Von außen wirkt es so unglaublich komplex und schwierig mit den vielen verschiedenen Versicherungen und den tausenden Zusatzbedingungen. So wird es zumindest von Versicherungskonzernen gerne dargestellt, damit du keinen Überblick hast und am Ende das schlechtere Produkt abschließt.

Du solltest Dir vor Augen halten, dass jeder Euro, den du zu viel für Deine Versicherung zahlst, dem Versicherungsunternehmen zugutekommt. Versicherungen haben schließlich das Ziel möglichst viel Geld von Dir einzunehmen und gleichzeitig möglichst wenig Geld für Schäden auszugeben.

Also genau das Gegenteil von dem, was Du willst!

Wir wollen uns in diesem Kapitel daher damit beschäftigen, welche Versicherungen es alles gibt, was die größten Fehler bei der Auswahl einer Versicherung sind und welche Versicherungen Du unbedingt abschließen solltest.

Keine Angst. Du brauchst absolut keine Vorkenntnisse zu Versicherungen. Ich werde versuchen es so einfach wie möglich zu erklären und wenn Du etwas nicht verstehst, kannst Du Dich gerne auch noch mit Verständnisfragen an mich wenden. Eine Beratung darf ich natürlich nicht machen.

9.1 Was ist der Sinn von Versicherungen?

Bevor wir näher ins Detail gehen und uns anschauen, worauf Du bei der Auswahl einer Versicherung achten solltest, wollen wir uns einmal überlegen, was eigentlich der Sinn einer Versicherung ist.

Selbst viele Erwachsene, die bereits etliche Versicherungen abgeschlossen haben, können mir diese Frage häufig nicht wirklich beantworten. Ich höre immer wieder:

„Versicherungen sind dazu da, dass ich Geld erhalte, wenn etwas kaputt geht oder ich einen Schaden erleide."

Die Antwort stimmt zwar oberflächlich, aber das wichtigste Detail ist weggelassen worden.

Lange Zeit gab es keine oder nur sehr wenige Versicherungen. Versicherungen sind nämlich eine recht moderne Erfindung der Gesellschaft und haben einen sehr wichtigen Zweck. Doch wieso wurden irgendwann Versicherungen gegründet? Schließlich hat die Menschheit den Großteil ihrer Existenz auch ganz gut ohne Versicherungen meistern können.

Ich möchte mit Dir gemeinsam etwas in die Geschichte der Versicherung einsteigen, damit wir die Frage beantworten können:

Im 14. Jahrhundert war ein großes Problem im Seeverkehr, dass es viele Piraten gab, die Schiffe kapern und die wertvolle Ladung stahlen. Wenn Du jetzt ein mächtiger Fürst mit hunderten Schiffen warst, machte es Dir wahrscheinlich nicht so viel aus, wenn ein einziges Schiff im Jahr gekapert wurde. Die restlichen 99 Schiffe kamen schließlich noch mit Deiner wertvollen Ladung Zuhause an. Insgesamt ist es also noch ein lohnendes Geschäft gewesen. Das große Problem war allerdings, dass die meisten Händler ihre gesamte eingekaufte Ware in einem einzigen Schiff hatten. Wenn dieses Schiff von Piraten gekapert wurde, verloren sie die gesamte eingekaufte Ware und damit auch meistens ihr gesamtes

Vermögen. In dem Fall waren sie pleite und wären eventuell sogar verhungert. Soziale Absicherungssysteme gab es schließlich nicht.

Wegen diesem großen Risiko schlossen sich die Händler zusammen und gründeten eine Versicherung. Als einzelner Händler konntest Du den Ausfall einer eigenen Lieferung nicht auffangen, aber als Verbund von vielen Händlern war es problemlos möglich den Gesamtschaden aufzufangen.

Doch wie funktioniert die Versicherung im Detail?

Ich möchte das einfach an einem kleinen Zahlenbeispiel für die „Piratenschutz-Versicherung" erklären:

In der Vergangenheit hat sich herausgestellt, dass bei jeder zehntausenden Fahrt ein Schiff gekapert wurde und dadurch die Ladung verloren ging. Damit konntest Du dann die Schadenswahrscheinlichkeit (hier 1 : 10.000) berechnen.

Wenn die Ladung durchschnittlich einen Wert von 1.000.000 € hat, dann hat auch der durchschnittlich eingetretene Schaden eine Höhe von 1.000.000 €. Ich weiß, dass es damals noch keine Euros gab, aber das ist leichter zu rechnen und zu verstehen.

Der Händler musste durch die Gründung der Versicherung jetzt nur noch 100 € pro Schifffahrt als Versicherungsprämie zu bezahlen und war damit gegen Piratenüberfälle abgesichert. Wenn er jetzt seine Waren verlieren würde, bekäme er diese von der Versicherungsgemeinschaft erstattet und könnte weiter seinen Geschäften nachgehen.

Das Prinzip einer Versicherung ist also, dass sich eine große Gruppe von Menschen zusammenschließt, um ein **existentielles Risiko** zu verteilen. Das wichtigste in diesem Zusammenhang ist das Wort **existentiell.** Versicherungen wurden erfunden, damit Du Dich gegen Risiken absichern kannst, die Deine komplette Existenz zerstören können. Auf dieses wichtige Merkmal werde ich später noch einige Male zurückkommen.

In diesem Beispiel wäre der einzelne Händler ruiniert, wenn er die Summe selbst aufzubringen hätte. Durch die Verteilung der Schadenssumme von einer Million Euro pro Jahr auf 10.000 Händler, hat der einzelne nur 100 € zu zahlen und ist gegen das Piraten-Risiko komplett abgesichert.

Mit der Zeit wurde allerdings festgestellt, dass einige Händler versuchen die Versicherung zu betrügen, indem sie Piratenüberfälle vortäuschten. Schließlich war es ein sehr lohnendes und einfaches Geschäft, um in kurzer Zeit viel Geld zu verdienen. Es wurden also weitere Menschen eingestellt, die den gemeldeten Piratenüberfall individuell überprüften und dadurch Betrugsversuche aufdeckten. Zudem wuchs die Versicherung rasend schnell, sodass mehr Mitarbeiter zur allgemeinen Verwaltung (Überprüfung von Zahlungseingängen, Ausstellen von Versicherungsverträgen, Kündigungen etc.) eingestellt wurden.

Aus dem anfänglichen freiwilligen Zusammenschluss von ein paar Händlern entwickelte sich also das erste richtige Versicherungsunternehmen mit vielen Angestellten und einer eigenen Organisation. Durch die gestiegenen Kosten mussten die Händler jetzt nicht nur die durchschnittliche Schadenssumme (100 € pro Jahr), sondern auch noch die anfallenden Kosten für die Verwaltung (10 € pro Jahr) bezahlen.

Später professionalisierte sich dieser Wirtschaftsbereich weiter, sodass eigenständige Versicherungsunternehmen gegründet wurden. Logischerweise ist das Ziel der Gründer eines Unternehmens, mit diesem auch einen Gewinn zu erzielen. Genauso sieht es bei einem Versicherungsunternehmen aus. Zusätzlich zu der Deckung der Schäden und der Begleichung der notwendigen Kosten einer Versicherung, bezahlst Du mit Deinem Versicherungsbeitrag also auch noch den Gewinn des Versicherungsunternehmens.

Dein Versicherungsbeitrag besteht aus diesen Bestandteilen:

Beitrag zur Schadensdeckung	100 € pro Jahr
+ Verwaltungskosten	+10 € pro Jahr
+ Gewinn des Unternehmens	+10 € pro Jahr
= Gesamtversicherungsbetrag	=120 € pro Jahr

Tabelle 9: Versicherungsbeitrag

Du stellst Dir bestimmt die Frage, wieso es so wichtig ist zu wissen, wie sich der Versicherungsbeitrag genau aufteilt. Du willst schließlich Deinen Versicherungsbeitrag nicht selbst berechnen.

Viele Menschen glauben, dass Du eine Versicherung abschließt, um damit Geld zu verdienen. Sie glauben also, dass eine Versicherung nur sinnvoll ist, wenn Du von der Versicherung mehr Geld ausgezahlt bekommst, als Du vorher eingezahlt hast. Es ist wichtig zu verstehen, dass das ein weit verbreiteter Irrglauben ist.

Eine Versicherung ist so konzipiert, dass der Großteil der Versicherungsnehmer mehr Geld einzahlt, als er herausbekommt. Ansonsten würde das Konzept der Versicherung nicht funktionieren und das Versicherungsunternehmen könnte kein Geld verdienen.

Natürlich gibt es einzelne Menschen, die mehr Geld ausgezahlt bekommen, als sie durch ihre Versicherungsbeiträge eingezahlt haben. Zum Beispiel wenn Du als junger Mensch an Krebs erkrankst. Dann wird die Versicherung mehr Geld ausbezahlen, als Du eingezahlt hast. Du „verdienst" mit einer Versicherung also Geld, wenn Du einen großen Schaden erleidest oder diese betrügst.

Der Sinn einer Versicherung ist und bleibt die Absicherung von existentiellen Risiken. Im besten Fall hast Du allerdings alle wichtigen Versicherungen, zahlst ständig ein und erhältst niemals eine Auszahlung.
In diesem Fall hättest Du nämlich niemals einen Schaden gehabt und wärst gesund gewesen.

9.2 Fragen bei der Versicherungswahl

Es gibt tausende von Versicherungen und gerade zu Beginn wirkt dieses Thema so komplex, dass sich viele Menschen damit überhaupt nicht beschäftigen wollen.

Ich möchte Dir in diesem Kapitel daher ein paar einfache Fragen zeigen, die Dir dabei helfen zu entscheiden, ob eine bestimmte Versicherung für Dich Sinn ergibt.

Diese Fragen kannst Du natürlich auch nutzen, wenn Du im Gespräch mit einem Bankmitarbeiter oder Versicherungsmakler bist.

1. Deckt die Versicherung ein echtes Risiko ab?
2. Was ist der größtmögliche Schaden, der durch die Versicherung abgedeckt wird?
3. Kann ich den Schaden ohne Versicherung auch selbst bezahlen?

Allein mit diesen drei Fragen kannst Du bereits den Großteil aller nicht notwendigen Versicherungen im Vorhinein aussortieren. Du wirst dadurch eine Menge Geld einsparen und bestens abgesichert sein.

In den nächsten Kapiteln möchte ich diese Fragen anhand von verschiedenen Beispielen mit Dir durchgehen, damit Du ein Gefühl dafür bekommst, worauf es bei Versicherungen besonders ankommt.

9.3 Pflichtversicherungen

In Deutschland sind einige Versicherungen vorgeschrieben, sodass Du diese zwingend abschließen musst. Das ist zum Beispiel die Krankenversicherung oder bei Besitz eines Autos die Kfz-Haftpflichtversicherung.

Als unbefristeter Vollzeitangestellter bist Du zudem sozialversicherungspflichtig. Das heißt Du musst in die Renten-, Kranken-, Pflege- und Arbeitslosenversicherung einzahlen.

Bei diesen Versicherungen stellt sich also nicht die Frage, ob Du diese abschließen solltest, weil Du bereits durch das Gesetz dazu verpflichtet bist.

Im Folgenden wollen wir uns weitere Versicherungen anschauen, die aus meiner Sicht sehr wichtig sind.

Private Haftpflichtversicherung

Meiner Meinung nach ist die private Haftpflichtversicherung mit Abstand die wichtigste Versicherung. Trotzdem gibt es in Deutschland noch einige Menschen, die ohne private Haftpflichtversicherung leben.

Von einer privaten Haftpflichtversicherung werden alle Sach-, Personen- und Vermögensschäden abgedeckt, die Du durch Dein Handeln bei anderen Personen verursachst und dafur nach Gesetz (z.B. § 823 BGB) verpflichtet bist zu haften.

Du lässt zum Beispiel das Handy Deines Freundes aus Versehen in den See fallen und es funktioniert danach nicht mehr. Dann bist Du dazu verpflichtet ihm das Handy zu ersetzen. Das ist natürlich nur ein kleines Beispiel mit geringen Kosten.

Richtig teuer wird es, wenn durch Dich verschuldet andere Menschen schwer verletzt werden und eventuell sogar nicht mehr arbeiten

können. Zum Beispiel übersiehst Du beim Überqueren der Straße ein Auto, sodass der Fahrer ausweichen muss, einen Unfall baut und dabei schwer verletzt wird. Wenn er dadurch nicht mehr arbeiten kann, musst Du schnell mehrere Millionen Euro an Schadensersatz zahlen.
Genau für diese Fälle gibt es die private Haftpflichtversicherung. Sie springt in diesen Fällen ein und bezahlt den entstandenen Schaden.

Die private Haftpflichtversicherung deckt also ein echtes Risiko ab. Im schlimmsten Fall musst Du mehrere Millionen zahlen, die Du sehr wahrscheinlich nicht besitzt. Die private Haftpflichtversicherung erfüllt also alle wichtigen Kriterien einer sinnvollen Versicherung.

Zudem ist die Haftpflichtversicherung mit einem Jahresbeitrag zwischen 30 bis 100 € ziemlich günstig.

Eine ausführliche Vorstellung einer guten Haftpflichtversicherung findest Du auf meinem Blog unter www.finanziell-frei-mit-30.de/haftpflichtversicherung. Hierbei hast Du sogar die Möglichkeit Deinen Beitrag dauerhaft zu senken, indem Du die Versicherung weiterempfiehlst. Ich habe meinen Beitrag auf diesem Weg bereits mehr als halbieren können.

Vorstellung Haftpflichtversicherung:

Risikolebensversicherung und Berufsunfähigkeitsversicherung

Meiner Meinung nach sind diese beiden Versicherungen sehr wichtig, wenn Du eine Familie hast und Alleinverdiener bist.

Nehmen wir nur als Beispiel eine Familie mit zwei Kindern. Es geht nur einer der Eltern arbeiten und der andere Partner bleibt Zuhause. In diesem Beispiel ist die Familie von einem Einkommen komplett abhängig. Wenn dem Alleinverdiener etwas zustößt, hat die Familie insgesamt ein großes Problem. Ich kann mir kaum etwas Schlimmeres vorstellen, als die schwere Krankheit oder den Tod des Lebenspartners zu verarbeiten und sich dann auch noch gleichzeitig nach einem Job umschauen zu müssen.

Diese beiden Versicherungen sollen genau dieses Szenario verhindern.

Bei einer Risikolebensversicherung erhält die Familie (je nach Versicherungsvertrag) beim Tod des Alleinverdieners einen fünf- bis sechsstelligen Betrag, um die erste Zeit nach dem Tod des Versicherungsnehmers überbrücken zu können.

Wenn der Alleinverdiener so schwer erkrankt, dass er seiner Arbeit nicht mehr nachgehen kann, springt die Berufsunfähigkeitsversicherung ein. In diesem Fall erhält die versicherte Person von der Versicherung einen festen Betrag im Monat (z.B. 1.000 € pro Monat). Die genaue Höhe hängt hier wiederum von dem jeweiligen Vertrag ab.

Wir wollen natürlich hoffen, dass dieses Szenario niemals eintritt. Es ist natürlich, dass wir uns mit solchen Überlegungen wie dem Tod oder einer schweren Erkrankung nicht auseinandersetzen wollen. Trotzdem wäre es beruhigend zu wissen, dass ich selbst und die Familie im Fall der Fälle abgesichert sind.

Die Berufsunfähigkeitsversicherung ergibt auch als Single Sinn, wenn Du im Fall der Berufsunfähigkeit mehr Geld zur Verfügung haben willst als nur die Mindestabsicherung durch Hartz IV.

9.4 Überflüssige Versicherungen

Neben den wirklich wichtigen Pflichtversicherungen gibt es natürlich noch andere Versicherungen, die vollkommen überflüssig sind und trotzdem relativ häufig abgeschlossen werden. Dazu möchte ich ein kleines Beispiel aus meinem eigenen Leben geben:

Mit 13 Jahren stehe ich im MediaMarkt, um mir meinen ersten eigenen Laptop zu kaufen. Ich habe für diesen Moment wahrscheinlich neun Monate lang mein gesamtes Einkommen eisern gespart. Ich habe also sowohl mein Taschen-, als auch mein Geburtstags- und Weihnachtsgeld komplett für diesen einen Moment zur Seite gelegt. Insgesamt 499 €. Ein kleines Vermögen für einen Jugendlichen. Als der Verkäufer gerade den benötigten Vertrag hierfür fertigmacht, sagt er ganz beiläufig:

„Innerhalb der zwei Jahren Garantiezeit werden nur bestimmte auftretende produkttypische Fehler und Defekte behoben. Wenn der Laptop jetzt gestohlen, ein Getränk darüber geschüttet oder verloren wird, ist das Geld für den Laptop weg. Ich rate daher bei so teuren Produkten dazu eine zusätzliche Versicherung und Garantieverlängerung mitzukaufen. Kostet auch nur 79 € bei diesem Laptop."

Vor meinem geistigen Auge sehe ich, wie ich versehentlich meinen Apfelsaft über den Laptop schütte und die ganzen Sparbemühungen umsonst waren. Gleichzeitig schlucke ich, weil 79 € ganz schön viel Geld für mich ist und ich dafür wieder einige Monate lang mein Taschengeld sparen muss. Am Ende entscheide ich mich nach Rücksprache mit meiner Mutter dafür die Produktversicherung und Garantieverlängerung zusätzlich auch noch abzuschließen. Den Verlust und Neukauf meines Laptops hätte ich finanziell kaum stemmen können.

Diese kleine Geschichte soll eine Sache verdeutlichen:

Es hängt von der eigenen wirtschaftlichen Situation ab, ob eine Versicherung sinnvoll ist oder nicht. Damals wäre der Verlust meines Laptops eine riesige Katastrophe gewesen, weil ich mindestens ein halbes Jahr oder noch länger für den Kauf eines neuen Laptops hätte sparen müssen.

Heutzutage arbeite ich Vollzeit und kann im Monat genug Geld zurücklegen, um mir sofort einen neuen Laptop leisten zu können. Zudem habe ich in den letzten Jahren einige tausend Euro an Rücklagen aufgebaut, die genau für diesen Fall gedacht sind.

Eine Versicherung ist also genau dann überflüssig, wenn Du den Schaden auch ohne größere Probleme selbst tragen kannst. Du solltest Dir dabei einfach die Aufteilung des Versicherungsbeitrags in Kapitel 9.1 vor Augen führen.

Langfristig gesehen zahlst Du statistisch gesehen in Versicherungen mehr Geld ein, als Du herausbekommst. Du finanzierst durch Deinen Beitrag schließlich auch noch die Verwaltungskosten und den Gewinn der Versicherung. Deswegen ergibt es keinen Sinn Versicherungen abzuschließen, die nur kleine leicht zu bezahlende Schäden abdecken.

In diesen Fällen ist es besser, dass Du durch Rücklagen Deine eigene Versicherung baust. Dann kannst Du die eingesparten Verwaltungskosten und den Gewinn der Versicherung für Dich behalten.

Du solltest Dir dabei auch vor Augen führen, dass Versicherungen möglichst wenig Geld an die Versicherungsnehmer auszahlen wollen. Das schmälert nämlich ihren Gewinn. Im schlimmsten Fall ist es also so, dass Du Deine Versicherung brav bezahlt hast und wegen irgendeinem Ausschluss im Kleingedruckten dann doch nicht den Schaden ersetzt bekommst. Zudem ist es natürlich auch noch ein zusätzlicher zeitlicher Aufwand, erst einmal den Schaden bei der Versicherung zu schildern und Unterlagen einzureichen.

Deswegen mein Tipp: Solange Du den größtmöglichen Schaden irgendwie selbst tragen kannst, solltest Du dazu keine Versicherung abschließen.

Funfact: Als die Deutsche Post noch im Staatsbesitz war, wurden die Auslieferungsfahrzeuge alle nicht versichert. Der Staat hatte erkannt, dass es für ihn billiger ist, wenn er selbst die Rücklagen für die Autos bildet und keine Versicherung abschließt. Dadurch spart er sich schließlich die Verwaltungskosten und den Gewinn des Versicherungsunternehmens.

9.5 Falsche Versicherungen

Bei der Auswahl Deiner Versicherungen solltest Du darauf achten, dass es auch wirklich echte Versicherungen sind, die echte Risiken absichern. Die Versicherungsbranche hat mit der Zeit nämlich gemerkt, dass mit Kapitallebensversicherungen und anderen Vorsorgeprodukten sehr viel Geld verdient werden kann. Zumeist durch hohe Gebühren, die zu Lasten des Sparers und Anlegers gehen.

Eine Kapitallebensversicherung hat zum Beispiel das Wort Versicherung in seinem Namen, aber es sichert in Wirklichkeit keine Risiken ab. Eine Kapitallebensversicherung nimmt die monatlichen Einzahlungen und investiert diese mittels aktiv gemanagten Fonds an der Börse. Nach einer bestimmten Laufzeit wird dann das Geld aus der Kapitallebensversicherung an den Versicherungsnehmer wieder ausgezahlt. In Wirklichkeit ist die Kapitallebensversicherung also eine Art von Anlageform und sollte auch als solche bewertet werden.

Besonders beliebt ist es „echte Versicherungen" (wie zum Beispiel eine Berufsunfähigkeitsversicherung) in Verbindung mit Vorsorgeprodukten (wie zum Beispiel einer Kapitallebensversicherung) anzubieten. Für die Versicherung sind diese Produkte hochlukrativ, weswegen eine solche Kombination gerne angeboten wird.

Mein Tipp ist es an dieser Stelle keine solchen Kombinationsprodukte abzuschließen. Am Ende ist es eigentlich in jedem Fall besser die Altersvorsorge von der Absicherung zu trennen. Besonders weil sich Versicherungsprodukte wegen ihrer hohen Gebühren eigentlich nicht zum Vermögensaufbau eignen.

Welche besseren Alternativen es zu diesen Versicherungsprodukten gibt, zeige ich im Kapitel zum Thema Investieren.

9.6 Welche Versicherungen jetzt konkret?

In den ersten fünf Teilkapiteln habe ich die wichtigsten Regeln zu Versicherungen aufgeschrieben und versucht zu erklären, worauf Du im Grundsatz achten solltest.

Du hast bisher gelernt, was der Sinn und Zweck von Versicherungen ist und ob eine Versicherung grundsätzlich in Deiner Lebenssituation sinnvoll ist.

Du wirst Dir jetzt wahrscheinlich die Frage stellen, welche Versicherungen Du jetzt konkret abschließen sollst?

Das große Problem ist schließlich, dass es nicht nur eine einzige Haftpflicht- oder Krankenversicherung auf dem Markt gibt. Vielmehr sind es tausende Tarife, die sehr unterschiedliche Risiken abdecken.

Es kommt also stark auf den Einzelfall und die jeweilige Lebenssituation an, welche Versicherungspolice Sinn ergibt. Ich bin selbst auch kein Versicherungsfachmann, der sich in dem Markt mit allen möglichen Angeboten auseinandergesetzt hat und auskennt.

Ich empfehle Dir daher zu einem echten Experten auf dem Gebiet zu gehen und Dich bei der konkreten Produktwahl beraten zu lassen. Mit dem Wissen aus diesem Kapitel kannst Du bereits vorfiltern, welche Versicherungen für Dich überhaupt in Betracht kommen und welche Du nicht benötigst.

Wie bereits in einem vorherigen Kapitel erwähnt, kann ich Dir hier Bastian Kunkel von dem YouTube-Kanal „Versicherungen mit Kopf" nur empfehlen. Er ist Experte im Versicherungsbereich und bietet sehr umfangreiche Informationen durch seine Videos auf YouTube. Du kannst Dich auch von ihm oder seinem Team beraten lassen.

Im Allgemeinen ist noch wichtig, dass Du im Gespräch mit dem Berater dann alle Fragen stellst, die Du zu der konkreten Versicherung hast. Lieber am Anfang einmal mehr fragen, als am Ende dann eine Versicherung zu haben, die im Schadensfall nicht zahlt. Mache es nicht so wie ich und schließe einfach die Versicherung ab, damit Du das Thema vom Tisch hast und Dich damit nicht mehr beschäftigen musst.

Das wird sich ziemlich sicher irgendwann rächen…

10. Geldanlage für Einsteiger

Du hast Dir jetzt wahrscheinlich schon Gedanken darüber gemacht, welche Sparmaßnahmen Du vornehmen willst und welche Versicherungen Du in Zukunft abschließen wirst. Doch wie kannst Du am besten Dein gespartes Geld anlegen und vermehren?

Wie kannst Du am besten Dein Vermögen aufbauen, sodass Du im Alter genug Geld zur Verfügung hast?

Wenn es um das Thema Geldanlage geht, schalten die meisten schnell unbewusst ab. Das Thema wirkt auf den ersten Blick so extrem komplex und schwierig, dass es schwer ist einen Zugang dazu zu finden. Das liegt insbesondere daran, dass nur wenige Menschen ihr Geld eigenverantwortlich verwalten und investieren und es gerade in der Schule oder Universität kaum behandelt wird.

Ich werde Dir in den folgenden Unterkapiteln zeigen, dass es ziemlich leicht ist, sich selbst um das Investieren des eigenen Geldes zu kümmern und wieso Du Dein Geld beim Investieren nicht einfach anderen Menschen anvertrauen solltest.

Keine Angst:

Du brauchst dafür auch überhaupt kein Vorwissen oder keine Vorerfahrungen mitbringen. Ich werde alles so einfach wie möglich erklären und Fachwörter meiden oder erklären.

10.1 Affen vs. Fondsmanager

Stell Dir vor, dass Du beim Sport von einem Mitspieler gerammt wurdest und jetzt höllische Zahnschmerzen hättest.

Zu wem würdest Du in diesem Moment eher gehen? Einem professionellen Zahnarzt oder einem Freund, der als Buchhalter arbeitet und in der Freizeit sich ein bisschen mit Medizinthemen beschäftigt?

Natürlich würdest Du zum Zahnarzt gehen, weil er jahrelang studiert und sehr viele Jahre praktische Erfahrungen mit der Behandlung von Zahnschmerzen gemacht hat. Dein Freund wird nicht annähernd so gut sein oder auch nur annähernd über das nötige Wissen verfügen. Die Idee von einem „Nicht-Arzt" die Zahnschmerzen behandeln zu lassen ist sogar so absurd, dass Du niemals darüber intensiver nachdenken würdest.

Was will ich damit sagen?

In eigentlich allen Berufs- oder Lebensbereich wirst Du besser, je länger Du Dich mit einem Thema beschäftigst und auseinandersetzt. Nach jahrelangem Studium und viel Arbeitserfahrung bist Du mit großem Abstand besser als ein Laie. Du kannst in dem Bereich also zum Experten werden.

Der gelernte Maurer ist besser als ein Hobby-Maurer, ein gelernter Kfz-Mechatroniker ist besser als ein Hobby-Autoschrauber und ein studierter Rechtsanwalt ist besser als ein Hobby-Jurist.

Das spannende ist, dass dieser Zusammenhang <u>**nicht**</u> beim Investieren gilt.

Ich möchte Dir dazu eine kleine Geschichte erzählen:

Vor vielen Jahren machte die New York Times ein spannendes Experiment. Sie inszenierte einen Wettkampf, indem es darum ging, wer besser investieren kann und die höhere Rendite erzielt. Dazu sollten hochprofessionelle Fondsmanager (die sich schon seit vielen Jahren mit dem Investieren hauptberuflich beschäftigen) gegen Affen antreten. Die Fondsmanager nutzten all ihr Wissen und ihre Vorerfahrungen, um aus den vorgegebenen Aktien die erfolgversprechendsten herauszusuchen. Die Affen ließ man mit einem Dartpfeil auf eine Zeitung werfen und so die Aktien zum Investieren heraussuchen. Die Wahl der Affen erfolgte also rein zufällig und ohne irgendein Wissen oder irgendein Vorwissen.

Das Ergebnis?

Die Affen schnitten am Ende besser ab als die professionellen Fondsmanager. Auch weitere Studien und Untersuchungen haben gezeigt, dass die allermeisten Fondsmanager schlechter abschneiden, als eine vergleichbare (zufällige) Investition in ein Marktsegment. Mit anderen Worten, Du schneidest beim Investieren besser ab als hochgebildete Menschen, wenn Du rein zufällig investierst. Doch wieso ist das so?

Es ist natürlich schwierig für so ein großes Phänomen eine einzige leichte und verständliche Begründung zu finden.

Ein Grund liegt vermutlich darin, dass aktive Fonds (so nennt man Fonds, bei denen ein Fondsmanager **aktiv** Anlageentscheidungen trifft) ziemlich hohe laufende Gebühren haben. Laufende Gebühren von 1-2 % im Jahr sind hierbei durchaus üblich. Mit den Gebühren werden schließlich der Fondsmanager und alle weiteren Angestellten des Fonds bezahlt werden. Zudem will die Bank mit dem Fonds ja auch noch einen Gewinn machen. Der Fondsmanager sollte durch die Auswahl der Anlagen also schon einmal mindestens 1 % mehr im Jahr an Rendite machen, um damit die hohen Kosten auszugleichen. Und dann ist er ja erst gleich gut wie ein vergleichbarer passiver Fonds (so nennt man Fonds, die breit nach bestimmten vorher festgelegten Regeln investieren und bei denen kein Fondsmanager aktive Entscheidungen trifft).

Ein weiterer Grund liegt darin, dass Du beim aktiven Investieren nur durch zwei Handlungsweisen mehr Geld verdienen kannst, als wenn Du Dein Geld passiv investierst. Du solltest aus allen vorhandenen Aktien die erfolgversprechendsten Aktien heraussuchen (Fachbegriff: „Stockpicking") oder zu einem guten Zeitpunkt kaufen oder verkaufen (Fachbegriff: „Markettiming"). Das große Problem hierbei ist, dass das alle Marktteilnehmer versuchen und es daher sehr schwierig wird.

Wenn zum Beispiel einige Marktteilnehmer durch neu erschienene Informationen zu dem Ergebnis kommen, dass Amazon in den nächsten Jahren ein lohnendes Investment ist, werden Sie Amazon-Aktien kaufen. Die Folge ist, dass der Kurs der Aktie weiter steigt und damit ein Investment weniger lohnend wird. Man spricht hierbei davon, dass die Erwartungen für die Zukunft in den Kurs der Aktie eingepreist werden. Mit anderen Worten „verschwinden" gute Investmentchancen, sobald sie von genug Investoren entdeckt worden sind. Damit wird es selbst für professionelle Investoren mit hunderten Angestellten und Experten sehr schwer gut abzuschneiden. Schließlich sollten sie als einer der ersten die günstige Anlagemöglichkeit entdecken und dann nutzen. Dabei treten sie gegen tausende professionelle Investoren weltweit an, wodurch es sehr schwer wird.

Das gleiche gilt beim Thema Markettiming. Du solltest vor allen anderen wissen, ob jetzt ein guter Zeitpunkt zum Kaufen oder Verkaufen von einer Aktie gekommen ist. Wenn Du es erst später bemerkst, hat sich der Kurs schon längst verändert und Du kannst keinen Gewinn aus dieser Situation mehr ziehen.

Es ist eigentlich auch gar nicht wichtig zu wissen, wieso selbst professionelle Investoren durch aktives Handeln kaum besser abschneiden als zufällig ausgewählte Investments. Ich hoffe nur, dass Dir durch den Wettbewerb zwischen den Affen und den Fondsmanagern klargeworden ist, dass Du Dich nicht intensiv mit Details von Investments beschäftigen und kein BWL-Studium abschließen brauchst. Es reicht ein paar Grundregeln zu verstehen und dann nach diesen zu handeln.

10.2 In was kannst Du investieren?

Als ich die Schule abgeschlossen und mein Abitur in der Tasche hatte, hatte ich persönlich keine Ahnung von Geldanlagen. Wie im Vorwort bereits beschrieben, saß ich beim Versicherungsmakler und habe einfach in irgendeinen Fonds investiert. Ganz ohne Sinn und Verstand.

Ich möchte Dir in diesem Kapitel daher einen Überblick geben, wie Du Dein Geld anlegen kannst und was aus meiner Sicht die beste Möglichkeit ist.

Kannst Du Dich noch an den Kunstunterricht und die Farbenlehre bei Dir in der Schule erinnern? Mich hat es als Kind sehr fasziniert, dass Du verschiedene Farben (wie zum Beispiel Gelb und Blau) miteinander mischen konntest und dann eine andere Farbe (hier Grün) dabei herauskam. Ich fand es spannend zu sehen, dass es nur sehr wenige Farben braucht, um dann fast alle anderen Farben daraus herstellen zu können. Doch was will ich damit sagen?

Im Bereich der Investitionen wirkt es oft so, dass Du Dich mit tausenden Anlagemöglichkeiten und damit einhergehend auch mit tausenden Fachwörtern wie Real Estate Investment Trusts, Genussscheinen oder Knock-Out-Zertifikaten auseinandersetzen solltest. Als Laie verlierst Du schnell den Überblick und weißt dann nicht mehr, was jetzt eigentlich wirklich wichtig ist und womit Du Dich unbedingt beschäftigen solltest. Dabei ist es beim Investieren genauso wie beim Malen:

Du brauchst keinen Malkasten mit 36 verschiedenen Blautönen oder 100 verschiedenen Farben, weil Du den Großteil aus wenigen Farben mischen kannst. Beim Investieren brauchst Du auch nur ganz wenige Anlageklassen, um erfolgreich Dein Geld anzulegen. Durch die Mischung der drei wichtigsten Anlageklassen (Anleihen, Aktien und Immobilien) kannst Du bereits erfolgreich Dein Geld anlegen und vermehren. Wichtig ist nur, dass Du die drei größten und bedeutendsten Anlageklassen verstanden hast. Dann kannst Du für Dich eine Entscheidung treffen, wie Du diese drei miteinander mischen und kombinieren willst.

Im Folgenden möchte ich Dir einen Überblick über die wichtigsten drei Anlageklassen geben.

Anleihen

Im Wort An-LEIHE steckt schon das Wort leihen drin und verrät, worum es bei dieser Anlagemöglichkeit geht. Es ist einer der ältesten und bekanntesten Anlageformen der Welt, die in das alte Babylon zurückreicht. Du hast Geld angespart, was Du momentan nicht benötigst? Dann kannst Du es relativ leicht an andere Person verleihen und dafür einen Zins kassieren.

Der Zins ist hierbei ein Ausgleich dafür, dass Du das Geld für einen bestimmten (vorher festgelegten) Zeitraum nicht nutzen kannst. Zudem besteht das Risiko, dass der andere pleitegeht und Du Dein Geld nicht zurückerhältst. Die Zinsen sind also umso höher, je länger Du das Geld verleihst und je höher das Risiko für die Pleite des Schuldners ist.

Wenn Du zum Beispiel Griechenland Geld leihst, sind die Zinsen deutlich höher, als wenn Du Dein Geld der Bundesrepublik Deutschland leihst. Bei Griechenland ist schließlich das Risiko, das die Schulden eventuell nicht zurückgezahlt werden können, deutlich höher.

Doch mit welcher Verzinsung kannst Du bei Anleihen rechnen?

Wissenschaftler der Universität Bonn haben hierzu eine langfristige Untersuchung der Kapitalmärkte von 1870 bis 2015 vorgenommen und dabei festgestellt, dass langlaufende Anleihen im Schnitt eine Rendite von 2,5 % einbringen. Kurzlaufende Anleihen brachten dagegen nur 1 % an Rendite ein.

Anleihen bringen also eher eine geringe Rendite. Du musst schon ziemlich große Risiken eingehen und Anleihen von stark verschuldeten Staaten kaufen, um eine hohe Rendite zu erzielen, gerade in der aktuellen

Niedrigzinsphase. Anleihen eignen sich daher nicht dazu, dass Du Dein gesamtes Geld in diese Anlageklasse investierst. Auf lange Sicht wirst Du nämlich kaum einen Vermögenszuwachs sehen.

Der große Vorteil von Anleihen (gerade im Vergleich zu anderen Anlageklassen) ist allerdings, dass sie nicht besonders stark schwanken. Du erhältst also relativ konstant Deine Zinsen und der Wert der Anleihen bleibt konstant.

Immobilien

Kommen wir zur nächsten Anlageklasse: Den Immobilien.

In Deutschland ist die Immobilie wahrscheinlich neben den Anleihen einer der beliebtesten Anlagemöglichkeiten. Einer der Hauptgründe ist vermutlich, dass Du bei einer Immobilie etwas Handfestes zum Anfassen hast. Zudem kennt jeder Immobilien. Zumindest aus der Sicht eines Mieters und Nutzers.

Wenn ich von der Investition in eine Immobilie spreche, meine ich übrigens den Kauf als Kapitalanlage mit Vermietung an andere Personen. Der Kauf zur Eigennutzung ist aus meiner Sicht keine reine Investment- sondern eher eine Lifestyle-Entscheidung, die sich rechnen kann, aber nicht unbedingt muss. Ich kann dazu übrigens das Buch von Gerd Kommer „Mieten oder Kaufen?" nur empfehlen. Gerade, wenn Du überlegst eine Immobilie zur Eigennutzung zu erwerben.

Bei Immobilien ist das große Problem, dass Du als Kapitalanleger wegen des hohen Kaufpreises einer einzelnen Wohnung in den seltensten Fällen alles aus eigener Tasche zahlen kannst. Du bist also darauf angewiesen einen Kredit bei der Bank aufzunehmen und Dich für die Investition zu verschulden. Außerdem kannst Du dadurch auch nur sehr schwer in viele verschiedene Immobilien investieren. Du hast also ein großes Klumpenrisiko, weil ein Großteil Deines Vermögens in einer einzigen oder in wenigen Immobilien steckt. Wenn jetzt die Miete ausfällt, hohe Reparaturkosten anfallen oder aus irgendeinem Grund sich die Lage und der Wert Deiner Immobilie verschlechtert, hast Du ein großes Problem. Zudem machen Immobilien, gerade im Vergleich zu den anderen Anlageklassen, relativ viel Arbeit.

Ich will Dich von der Investition in Immobilien auf keinen Fall abbringen. Dir sollten nur vorher die ganzen Nachteile und Risiken bewusst sein, damit Du eine informierte Entscheidung treffen kannst. Gerade im Bereich Immobilieninvestitionen ist es auch ratsam sich sehr intensiv mit dem Thema auseinanderzusetzen und sich vorher gut zu informieren. Hier können Fehler wegen der großen Summen schnell zehntausende Euros kosten.

Auf der anderen Seite haben Immobilieninvestitionen auch einige riesige Vorteile. Durch die Verwendung von Krediten kannst Du unteranderem Deine Rendite hebeln:

Nehmen wir an Du kaufst zum Beispiel eine Eigentumswohnung für insgesamt 100.000 € und setzt nur 20.000 € von Deinem eigenen Geld ein. Wenn jetzt der Wert der Immobilie um nur 10 % steigt, hast Du 10.000 € „verdient“. Bezogen auf Dein eingesetztes Geld wäre das allerdings eine Rendite von 50 %. Durch die Investition von fremden Geldern kannst Du die Rendite enorm steigern. Auf der anderen Seite würde in diesem Beispiel ein Verlust von nur 10 % auch dafür sorgen, dass Du 50 % Deines eingesetzten Geldes verlieren würdest.

Der Hebel wirkt also in beide Richtungen.

Ein weiterer großer Vorteil im Vergleich zu den anderen Anlageklassen ist, dass Du einen größeren Einfluss auf den Erfolg Deines Investments hast. Du kannst zum Beispiel durch die Erneuerung des Bades oder den Einbau einer Küche den Wert der Immobilie steigern. Oder Du kannst durch geschicktes Verhandeln Immobilien günstiger erwerben und dadurch einen Gewinn erzielen.

Die Investition in Immobilien kann ein sehr guter Weg zum

Vermögensaufbau sein. Aus meiner Sicht solltest Du damit allerdings erst anfangen, wenn Du bereits ordentlich Rücklagen aufgebaut und Dich mit der Materie intensiv auseinandergesetzt hast. Ansonsten kann das auch schnell nach hinten losgehen und Dir mehr schaden als nützen. Die zu erwartende Rendite hängt hierbei letzten Endes davon ab, welche Strategie Du hast, wie gut Du die Objekte prüfst und ob Du auch ein wenig Glück hast.

Aktien

Kommen wir zur letzten wichtigen Anlageklasse: Den Aktien.

Wenn Du Dein Geld langfristig anlegen willst, ohne Dich regelmäßig intensiver darum zu kümmern, dann kommst Du an Aktien nicht vorbei. Langfristig gesehen haben Aktien durchschnittlich eine Rendite von 7 % im Jahr. Deutlich mehr also als bei Anleihen und allen anderen Anlageklassen.

Doch was sind Aktien eigentlich?

Mit dem Kauf einer Aktie erwirbst Du einen Anteil an einem Unternehmen. Wenn Du zum Beispiel eine Coca-Cola Aktie kaufst, gehört Dir ein ganz kleiner Anteil dieser Firma. Damit gehört Dir auch ein kleiner Teil der Maschinen und des (hoffentlich) erzielten Gewinns.
Durch die Entwicklung von neuen Produkten, der Verbesserung der Unternehmensabläufe und der Expansion des Unternehmens steigen langfristig die Gewinne und damit auch der Wert des Unternehmens. Weil die Aktie den Wert eines Unternehmens widerspiegelt, steigt damit auch die Aktie weiter im Preis. Viele Unternehmen zahlen zudem noch eine Dividende an Ihre Aktionäre/Eigentümer aus. Das bedeutet, das Unternehmen zahlt einen Teil des eingenommenen Geldes an seine Aktionäre aus.

Dadurch kannst Du mit Aktien genauso wie mit Anleihen und Immobilien ein Zusatzeinkommen aufbauen. Wenn Du noch im Vermögensaufbau bist, solltest Du dieses Geld allerdings wieder investieren.

Es gibt natürlich auch Unternehmen, die pleitegehen oder ihre Gewinne nicht weiter steigern können. Deswegen sprechen wir auch davon, dass Aktien im Durchschnitt eine Rendite von 7 % im Jahr erzielen. Viele Privatanleger schneiden allerdings schlechter ab, weil Sie sich mit diesen Themen nicht beschäftigen und viele Fehler machen. Im nächsten Kapitel gehe ich näher darauf ein, welche wichtigen Regeln Du beim Investieren beachten solltest.

Eine Sache möchte ich allerdings zu Aktien noch klarstellen:

Du hast nur so eine hohe durchschnittliche Rendite, weil Du mit dem Erwerb von Aktien unternehmerische Risiken eingehst. Das bedeutet, dass ein Teil der Unternehmen pleitegehen oder vorübergehend deutlich an Wert verlieren kann. Vielleicht kannst Du Dich auch noch an die große Wirtschaftskrise im Jahr 2008 und 2009 erinnern. Die Medien verbreiteten Panik und Du hättest meinen können, dass die Welt zugrunde geht. In dieser Zeit sind viele große Unternehmen (wie zum Beispiel die Lehman Brother Bank) insolvent gegangen und der gesamte Aktienmarkt hat 40 – 50 % an Wert verloren.

Als Aktionär gehört es dazu zu wissen, dass Deine Aktien nicht jedes Jahr um 7 % steigen werden. Dann hätten Aktien schließlich kein größeres Risiko als Anleihen und würden daher auch nicht so hohe Renditen liefern. Im Gegenteil wirst Du Jahre haben, in dem Deine Aktien bzw. der gesamte Aktienmarkt um 20, 30 oder 40 % einstürzt. Auf der anderen Seite wird es allerdings auch Jahre geben, in denen der Aktienmarkt um deutlich mehr als 7 % im Jahr steigt, sodass im Durchschnitt eine Rendite von 7 % herauskommt.

In den letzten 200 Jahren Aktienmarktgeschichte gab es im Durchschnitt 7 % Rendite pro Jahr, trotz großer Wirtschaftsdepression, zwei Weltkriegen, Bankenkrisen, Irak-Krieg und Vietnam-Krieg. Das solltest Du Dir vor Augen führen, wenn es gerade an den Aktienmärkten nicht so gut läuft.

Rohstoffe

Der ein oder andere wird sich vielleicht die Frage stellen, was mit Rohstoffen wie Gold, Silber, anderen Edelmetallen, Erdöl oder Lebensmittel ist. Gehört das nicht eigentlich ins Depot hinein?

Meine Meinung dazu ist: Nein!

Langfristig gesehen werfen Rohstoffe keine Rendite ab und das hat auch einen guten Grund.

Nehmen wir nur als Beispiel einen Chiphersteller, der Gold für den Einbau in seine Chips benötigt. Der Chiphersteller möchte das Gold natürlich zu einem möglichst geringen Preis einkaufen und nicht ständig mehr bezahlen. Mit der Zeit wird ein Teil des vorhandenen Goldes „aufgebraucht" und Du kannst weniger Gold auf dem freien Markt einkaufen. Bei gleichbleibender Nachfrage steigt wegen geringerem Angebot also der Preis für Gold weiter an. Je höher der Preis für das Gold steigt, desto größer sind die Anreize für die Goldminen noch mehr Gold zu fördern und noch mehr neue Fördermöglichkeiten zu erschließen. Schließlich kannst Du als Goldmine mehr Geld verdienen, wenn der Goldpreis hoch ist. Dadurch steigt wieder das Goldangebot und der Preis sinkt. Oder die Chiphersteller bemühen sich noch mehr darum die alten Geräte zu recyclen und das Gold wieder zurückzugewinnen.

Und natürlich sind die Goldreserven weltweit nur beschränkt und werden irgendwann auch zur Neige gehen. Das Ende unserer Rohstoffreserven wird allerdings bereits seit Jahrhunderten vorhergesagt. Wenn die Rohstoffe knapper werden, werden wieder neue Rohstoffvorräte erschlossen beziehungsweise das Recycling von Materialien wird weiter verbessert. Sobald der Preis für einen bestimmten Rohstoff enorm steigt, weil die Vorräte zu Ende gehen sollten, wird die Menschheit Alternativen finden.

Deswegen werfen Rohstoffe langfristig gesehen keine Rendite ab und sollten grundsätzlich auch nicht ins Portfolio aufgenommen werden. Als kleine Beimischung in einem Portfolio kann Gold Sinn ergeben, um die Schwankungen zu reduzieren. Meistens steigt Gold nämlich, wenn die Aktienmärkte einbrechen. Rohstoffe sind allerdings definitiv kein Muss und bringen langfristig keine Rendite.

Es reicht also vollkommen aus, wenn Du Dein Geld nur in Immobilien, Anleihen und Aktien investierst.

Fonds

Die wenigsten werden ihr Geld direkt in Aktien, Anleihen oder Immobilien anlegen wollen. Zum einen, weil Du dafür meistens mehr Zeit brauchst und zum anderen, weil sich das auch erst ab bestimmten Summen wirklich lohnt. Doch was ist die Alternative?

Du kannst Dein Geld sehr einfach in Fonds investieren. Ein Fonds ist ein Investitionsvehikel. Das bedeutet der Fonds kümmert sich darum, dass das Geld auf eine bestimmte Art und Weise investiert wird. Dabei kann zwischen zwei Arten von Fonds unterschieden werden.

Zum einen gibt es aktive Fonds. Dort trifft ein Fondsmanager Entscheidungen darüber, in was der Fonds aktuell die Gelder seiner Kunden investiert. Das können je nach Strategie des Fonds sowohl Aktien als auch Anleihen oder Rohstoffe sein. Diese Fonds sind wegen der Gebühren sehr teuer und lohnen sich in den meisten Fällen nicht.

Dann gibt es noch passive Fonds mit dem Namen Exchange Traded Funds (ETFs). Diese investieren das Geld der Kunden nach einem vorher festgelegten Regelwerk durch das Nachkaufen eines bestimmten Indexes.

Du hast bestimmt schonmal von dem DAX, dem Deutschen Aktienindex, gehört. In diesem befinden sich die dreißig größten deutschen Aktiengesellschaften.

Es gibt zum Beispiel ETFs, die den DAX abbilden. Das bedeutet, dass dieser Fonds die Unternehmen hält, die sich aktuell im DAX befinden. Der Vorteil von ETFs ist, dass sie sehr günstig sind und Du bereits mit kleinen Summen Dein Geld in tausende Unternehmen investieren kannst.

Du musst Dich also nicht zwingend intensiv damit auseinandersetzen, welche Unternehmen in der Zukunft erfolgreich sein werden oder in welche Branchen und Länder Du Dein Geld investieren solltest. Mittels Fonds kannst Du Dein Geld in die verschiedenen Anlageklassen investieren.

Mein Ratschlag:

Wenn Du Dich nicht intensiver mit dem Thema Geldanlage beschäftigen und trotzdem eine gute Rendite erzielen willst, solltest Du ganz einfach ein paar ETFs wählen. Bei vielen Onlinebrokern[4] kannst Du sogar bereits ab 25 oder 50 € im Monat anfangen Dein Geld in ETFs zu investieren.

---

[4] Ein Onlinebroker ist eine Bank im Internet, wo Du Dein Geld investieren kannst. Die Besonderheit ist, dass die Bank im Vergleich zu „klassischen Banken kein Filialnetz betreibt. Dadurch hat die Bank deutlich niedrigere Kosten und kann diesen Kostenvorteil an ihre Kunden weitergeben. Wenn Du sowieso die Anlageentscheidungen triffst und keinen Berater vor Ort benötigst, ergibt es keinen Sinn die teurere Filialbank zu wählen. Daher meine Empfehlung für Onlinebroker und Onlinebanken.

10.3 Grundregeln des Investierens

Ich hatte anfangs schon betont, dass Du nur ein paar wenige Grundregeln beim Investieren verstehen und beachten musst, um damit erfolgreich zu sein. Die wichtigsten Grundregeln möchte ich Dir in diesem Kapitel kurz beschreiben.

Regel Nr. 1: Hohe Gebühren meiden

Der Hintergrund dieser Regel ist recht simpel. Wenn der Großteil aller aktiven Fonds nach Berücksichtigung der Gebühren schlechter abschneidet als ein passives Investment, ergibt es keinen Sinn in einen aktiven Fonds oder irgendein anderes Produkt mit hohen Gebühren zu investieren. Die hohen Gebühren schaden Dir nur beim Vermögensaufbau.

Exkurs: Gebühren bei Fonds

Du wirst Dir vielleicht die Frage stellen, ab wann die Gebühren für eine Anlage hoch sind und welche Kosten in Ordnung sind.

Es gibt einmal den Ausgabeaufschlag, der direkt bei Erwerb des Fonds anfällt und dann noch die laufenden Kosten für die Verwaltung des Fonds. Die laufenden Kosten werden auch durch die Total-Expense-Ratio (TER) angegeben.

Beispiel: Du investierst 1.000 € in einen aktiven Fonds. Der Fonds hat einen Ausgabeaufschlag von 5 % und laufende Kosten von 2%. Damit werden 50 € als Ausgabeaufschlag einbehalten und nur die restlichen 950 € tatsächlich investiert. Von den investierten 950 € wirst Du jedes Jahr jetzt noch 19 € an Verwaltungsgebühren zahlen (2 % der angelegten Summe).

Wenn Du börsengehandelte Fonds kaufst, gibt es keinen Ausgabeaufschlag, sondern nur deutlich niedrigere Transaktionskosten. Akzeptabel ist ein Ausgabeaufschlag daher nicht.

Die TER sollte mindestens unter 1 %, besser unter 0,5 % liegen. Bei vielen ETFs liegt die TER sogar unter 0,3 %.

Du kannst Dir übrigens bei einer Filialbank oder einer Versicherung zu 99 % sicher sein, dass Sie ausschließlich aktive Fonds und andere überteuerte Anlageprodukte im Angebot haben. Durch die überteuerten Gebühren verdient die Bank oder die Versicherung an Dir schließlich ihr Geld.

Regel Nr. 2: Sei ein Investor

Wenn im Fernsehen übers Investieren berichtet wird, dann werden meistens die Händler an der Frankfurter Börse gezeigt, die vor vier oder noch mehr Computerbildschirmen mit aktuellen Tagescharts sitzen. Dadurch wird suggeriert, dass Du Dich ständig mit den aktuellen Kursen beschäftigen und wild hin- und her handeln musst.

Du kannst an der Börse auf zwei Weisen Dein Geld verdienen:

Entweder Du bist Investor ODER Du bist Händler.

Das ist ein großer Unterschied, den die meisten Menschen nicht verstehen. Als Händler bist Du sehr aktiv und setzt Dich täglich etliche Stunden mit dem aktuellen Markt und Handelschancen auseinander. Damit hast Du allerdings auch eher einen fordernden Neben- oder sogar Hauptjob, der viel Zeit kostet. Und gerade das wollen wir bei unserer Altersvorsorge ja nicht.

Als Investor habe ich einen langfristigen Anlagehorizont und profitiere von den langfristigen Kurssteigerungen. Ich investiere mein Geld und lasse es dann möglichst lange liegen, ohne aktiv hin- und her zu handeln.

Eine alte Börsenweisheit besagt:

„Hin und her macht Tasche leer."

Je häufiger ich handle, desto mehr Transaktionskosten werde ich zahlen und desto häufiger fallen Steuern auf realisierte Kursgewinne an. Kurzum aktiv zu sein kostet wiederum Geld.

Regel Nr. 3: Regelmäßig investieren

Um als Investor erfolgreich zu sein, solltest Du regelmäßig Geld investieren. Es bringt nichts einmal zu Beginn Deines Berufslebens etwas Geld zu investieren und sich dann nicht mehr um die Altersvorsorge und den Vermögensaufbau zu kümmern. Schließlich wirst Du zum Einstieg in Dein Berufsleben mit großer Wahrscheinlichkeit keine fünf- oder sechsstelligen Summen auf dem Konto haben, um diese zu investieren. Zudem kannst Du auch nie ganz sicher sein, ob aktuell ein sehr guter oder ein sehr schlechter Zeitpunkt zum Investieren ist.

Indem Du regelmäßig Dein Geld investierst, kaufst Du mal zu höheren und mal zu niedrigeren Kursen ein. Du reduzierst dadurch das Risiko, Dein gesamtes Vermögen zum schlechtmöglichsten Zeitpunkt zu investieren.

Am besten ist es, wenn Du das Investieren wie das Sparen automatisierst, sodass Du Dich darum nicht mehr kümmern musst. Das geht am einfachsten mit Wertpapiersparplänen. Dabei hast Du auch den Vorteil, dass Du Dir den Cost-Average-Effekt zur Nutze machst. Indem Du jeden Monat Geld investierst, kaufst Du mal zu höheren und mal zu niedrigeren Kursen. Dadurch hast Du einen besseren Kurs, als wenn Du alles zu einem Hochpunkt investiert hast.

Regel Nr. 4: Notwendige Risiken akzeptieren

Wenn Dir irgendjemand von einem Investment erzählt, das keinerlei Risiko und gleichzeitig eine große Rendite hat, würde ich schnell das Weite suchen.

Du kannst das Gesetz der Schwerkraft auf der Erde genauso wenig außer Kraft setzen wie das Risiko beim Investieren. Es ist ein Grundgesetz, dass das Investieren von Geld mit einem gewissen Risiko behaftet ist.

Du kannst Dir also merken: Rendite kommt von Risiko!

Das bedeutet jetzt natürlich nicht, dass Du unbedacht vorgehen und Risiken eingehen solltest. Im Gegenteil:

Du solltest Dir vor einer Investition Gedanken darüber machen, was das größte Risiko ist und wie Du dieses am besten reduzieren kannst. Dir sollte dann allerdings auch klar sein, dass Du nicht alle Risiken vermeiden kannst und ein Restrisiko bestehen bleibt.

Regel Nr. 5: Nicht alle Eier in einen Korb

Stell Dir mal vor, dass Du einige Jahre lang gespart hast und jetzt 25.000 € auf Deinem Konto liegen würden. Würdest Du damit jetzt in ein Casino gehen und die ganzen 25.000 € beim Roulette auf Rot setzen? Schließlich würde sich Dein Geld bei Rot auf einen Schlag verdoppeln.

Sehr wahrscheinlich nicht, denn in über 50 % der Fälle würdest Du Deine gesamten Ersparnisse der letzten Jahre verlieren. Auch wenn uns das in dieser Konstellation selbstverständlich erscheint nicht das ganze Geld auf eine Farbe zu setzen, machen viele Menschen genau das beim Investieren. Es wird dann ein Großteil des eigenen Vermögens in ein einziges Unternehmen, eine einzige Branche oder ein einziges Land investiert. Das große Problem ist, dass wir im Vorhinein niemals sagen können, ob sich das Unternehmen, die Branche oder das Land in den nächsten Jahren genauso gut entwickeln werden wie in der Vergangenheit. Es kann also gut sein, dass (symbolisch gesprochen) „Schwarz" kommt und alles Geld weg ist.

Der sicherste Weg Dein Geld zu investieren und unnötige Risiken zu reduzieren, ist die Diversifikation Deines Geldes. Das bedeutet, dass Du Dein Geld möglichst breit in diverse Unternehmen, Branchen und Länder investierst.

Regel Nr. 6: NICHT verkaufen

Diese Regel ist sehr leicht zu verstehen, aber nur sehr schwer umzusetzen. Die meisten Menschen wollen gerne ihr Geld investieren, sind aber nicht dazu bereit das Restrisiko der Schwankungen zu ertragen. Sie hätten am liebsten ein staatlich garantiertes Sparbuch, bei dem es jedes Jahr 7 % Zinsen gibt und sie kein Geld verlieren können. So etwas gibt es allerdings nicht.

An der Börse kann es gut sein, dass es wieder zu einer Wirtschaftskrise kommt und die Aktienmärkte (vorübergehend) um 40 oder 50 % einbrechen und an Wert verlieren. Langfristig gesehen steigt die Börse um durchschnittlich 7 % im Jahr. Das bedeutet, dass es nach der Krise auch wieder bergauf gehen wird und die Verluste bald wieder ausgeglichen werden.

Die meisten lassen sich in diesem Moment allerdings von den Medien, die das Ende der Wirtschaft und andere Schreckensszenarien prophezeien, oder ihren Mitmenschen beeinflussen, sodass sie dann im schlechtmöglichsten Zeitpunkt verkaufen. Zu dem Zeitpunkt, wo die Aktien am meisten an Wert verloren haben.

Wenn es im Supermarkt große Rabatte und Sonderangebote gibt, wird der Laden überrannt und die Konsumenten streiten sich zum Teil sogar um die Waren. An der Börse passiert genau das Gegenteil:

Du kannst großartige Firmen zum Teil 40 oder 50 % billiger erwerben und trotzdem verkauft die Masse in diesem Moment ihre Anteile. Nur weil die Börse gerade wieder in einer Krise ist und die Kurse der Unternehmen sich halbieren, heißt es außerdem noch lange nicht, dass die Unternehmen jetzt schlechter sind. Manchmal ist es sogar so, dass die Unternehmensgewinne weiterhin recht konstant bleiben und sich nur der Kurs verändert.

Regel Nr. 7: Erst verstehen, dann investieren

Eigentlich sollte diese Regel selbstverständlich sein und nicht erklärungsbedürftig sein. Ich glaube, das größte Problem ist bei Anlegern, dass sich viele zu sehr auf einen Bankberater oder Fondsmanager verlassen und ohne Nachdenken investieren. Dabei haben wir ja bereits im

Kapitel „Affen vs. Fondsmanager" gesehen, dass es die „Experten" auch nicht zwingend besser wissen bzw. nicht besser abschneiden.

Du solltest Dir vor einer Investition daher überlegen, in was Du eigentlich genau investierst, ob Du gut diversifiziert bist und die anderen Grundregeln des Investierens einhältst.

Du solltest Dir dabei eine Sache vor Augen führen:

Niemand anderes als Du selbst hat so ein großes Interesse daran Dein Geld bestmöglich zu investieren und Fallen (wie teure Fonds) zu vermeiden. Aus diesem Grund ist es so wichtig sich vorher intensiv Gedanken zu machen, in was Du investieren möchtest und in was nicht.

Der größte Fehler wäre es einfach in irgendein Produkt zu investieren, ohne sich vorher damit zu beschäftigen, worin das Geld überhaupt investiert wird.

10.4 Altersvorsorge mit minimalem Aufwand

Du möchtest für das Alter bestmöglich vorsorgen und möglichst wenig Zeit dafür aufwenden?

Dann habe ich genau die richtige Lösung für Dich!

Die erste Grundvoraussetzung ist, dass Du Dich mit Deinen Finanzen auseinandergesetzt hast, Deine Einnahmen und Ausgaben kennst und bereits Rücklagen gebildet hast. Das schlimmste wäre schließlich Deine Anlagen verkaufen zu müssen, wenn es gerade eine Wirtschaftskrise gibt und die Kurse an Wert verloren haben. Du möchtest schließlich Deine Altersvorsorge nicht antasten, wenn Dein Auto in die Werkstatt kommt oder andere Kosten überraschend anfallen.

Am einfachsten ist es einen Wertpapiersparplan auf einen Aktien-ETF aufzusetzen. Beim Wertpapiersparplan wird monatlich ein bestimmter Betrag von Deinem Konto abgebucht und automatisch investiert. Das sollte auch am besten direkt nach Gehaltseingang passieren, damit Du gar nicht erst in Versuchung kommst das Geld auszugeben. Der große Vorteil hierbei ist, dass Du den Wertpapiersparplan genauso wie einen Dauerauftrag nur einmal einrichten musst und dann die Altersvorsorge auf Autopilot läuft.

Langfristig gesehen bringen Aktien eine Rendite von 7 - 8 %. Deutlich mehr also als Anleihen oder Sparbücher. Zudem hast Du im Vergleich zu Immobilien den Vorteil, dass Du Dich nicht ständig darum kümmern brauchst. Deswegen ist aus meiner Sicht das Beste, wenn Du das Geld für die Altersvorsorge in Aktien anlegst. Durch die langen Zeiträume kannst Du Krisen und Crashs einfach aussitzen.

Doch in was genau solltest Du Dein Geld jetzt investieren?

Meiner Meinung nach ist das einfachste Dein Geld in einen ETF auf den MSCI All Country World Index zu investieren. Der MSCI All Country

World Index (kurz: MSCI ACWI) ist ein internationaler Aktienindex, der in die größten 2800 Unternehmen der ganzen Welt investiert. Diese Unternehmen verteilen sich auf über 47 verschiedene Länder und alle erdenklichen Branchen.

Mit einem Investment in einen MSCI ACWI ETF profitierst Du vom Wachsen der Weltwirtschaft und kannst aus meiner Sicht langfristig gesehen nichts falsch machen. Natürlich solange Du Dich an die wichtigsten Investitionsregeln hältst.

Wichtig: Ich bin kein Anlageberater und die Aussagen in diesem Buch und Kapitel stellen auch keine Wertpapierempfehlung dar. Es ist meine eigene Meinung zu dem Thema. Du solltest Dir eine eigene Meinung bilden und gründlich recherchieren, bevor Du Dein eigenes Geld investierst.

11. Einkommen erhöhen

Bisher haben wir uns damit auseinandergesetzt, wie Du Deine Finanzen in den Griff bekommst, Geld sparen kannst, weniger Steuern zahlen musst und Dein Geld gewinnbringend investierst. Du wirst Dir wahrscheinlich auch schon die Frage gestellt haben, wieso ich erst so spät mit Dir darüber sprechen möchte, wie Du Dein Einkommen erhöhen kannst.

Der Grund dafür ist der sogenannte „Lotto-Effekt".

Du hast bestimmt schon etliche Male in der Presse davon gelesen, dass ganz normale Menschen mehrere Millionen in der Lotterie gewinnen und wenige Jahre später wieder pleite sind. Da hast Du Dir bestimmt schon die Frage gestellt:

„Wie kann das sein?"

Ganz einfach: Die Menschen haben es nicht gelernt mit dem Geld gut umzugehen oder es gewinnbringend zu investieren. Sie geben mehr Geld aus, als sie einnehmen und verringern dadurch ihr Vermögen weiter. Nach einigen Jahren ist dann der Lottogewinn komplett aufgebraucht und sie sind pleite. Ihnen fehlt also grundlegendes Finanzwissen.

Bevor Du also versuchst Dein Einkommen weiter zu erhöhen oder im Lotto zu gewinnen, solltest Du erstmal lernen mit Deinem aktuellen Einkommen gut auszukommen und zumindest einen kleinen Betrag zu sparen und zu investieren. Zuerst sich um die Erhöhung des Einkommens zu kümmern ist so, als ob Du einen Eimer mit Löchern hast und mehr Wasser oben hineinkippst. Das Wasser versickert einfach. Besser wäre es doch zuerst die Löcher zu stopfen und dann mehr Wasser oben hineinzugießen. Dann bleibt auch etwas davon übrig.

Wenn Du Deine Finanzen im Griff hast und dann zum Beispiel im Lotto gewinnst oder eine größere Erbschaft machst, hast Du Dir bereits das nötige Finanzwissen angeeignet und kannst das Geld optimal nutzen. Du wüsstest zum Beispiel bei einem Gewinn von 5 Millionen Euro bereits, wie Du das Geld optimal anlegen und vermehren kannst.

Dir wäre bewusst:

„Wenn ich die 5 Millionen nicht direkt komplett auf den Kopf haue, sondern intelligent in Aktien investiere und im Jahr 3 % ausgezahlt bekomme, brauche ich nie mehr in meinem Leben arbeiten."

Du hättest schließlich bis zum Ende Deines Lebens im Monat rund 9.000 € zum Ausgeben. Wohlgemerkt nach Steuern. Davon lässt es sich wirklich sehr gut leben.

Selbst wenn Du eine Million auf den Kopf haust und „nur" die 4 Millionen anlegst, hättest Du monatlich noch etwas mehr als 7.000 € Netto zum Ausgeben. Auch davon kannst Du sehr gut leben.

Es ist ziemlich unwahrscheinlich, dass Du tatsächlich im Lotto gewinnst oder eine größere Erbschaft machst. Trotzdem ist es sinnvoll bereits frühzeitig mit dem Sparen und Investieren zu beginnen und das eigene Einkommen zu erhöhen.

Ich höre hier sehr oft die Aussage:

„Dominik, wenn ich befördert werde, kann ich auch endlich beginnen etwas Geld zur Seite zu legen oder zu investieren. Jetzt geht es noch nicht."

Doch wie viele Gehaltserhöhungen hast Du bereits verpasst, wo Du kein Geld zur Seite gelegt und stattdessen Deine Ausgaben erhöht hast? Du bist doch vorher auch sehr gut mit weniger Geld zurechtgekommen. Es scheint so, als würden sich die Ausgaben ganz automatisch an das neue Einkommen anpassen. Zumindest dann, wenn Du nicht besonders aufmerksam bist. Die meisten Menschen haben es in der Studentenzeit noch geschafft von sehr wenig Geld zu leben und gleichzeitig sehr glücklich zu sein. Wenn dann der erste Job beginnt, ist es scheinbar notwendig die Ausgaben direkt zu verdoppeln oder zu verdreifachen.

Ich möchte damit natürlich nicht sagen, dass Du auch später als Berufstätiger wie ein Student in einer WG leben und auf ein Auto verzichten solltest. Allerdings möchte ich Dich dafür sensibilisieren, dass Du Einkommenserhöhungen intelligent nutzt.

Du könntest Dich zum Beispiel dafür entscheiden von der nächsten Einkommenserhöhung nur die Hälfte auszugeben. Wenn Du jetzt zum Beispiel 100 € im Monat mehr verdienst, könntest Du Deine Kosten nur um 50 € im Monat erhöhen und die restlichen 50 € investieren. Du kannst also sowohl Deinen Lebensstandard steigern, als auch mehr Geld in Deine Zukunft investieren.

Oder Du könntest schauen, dass Du noch eine weitere Einkommensquelle aufbaust, die ausschließlich dazu dient Geld für Deine Zukunft zu investieren.

Wenn Du Deine Finanzen im Griff hast und überflüssige Ausgaben bereits gestrichen hast, ist die Erhöhung des Einkommens meiner Meinung nach einer der besten Möglichkeiten finanziell Fortschritte zu machen.

Du hast bei der Erhöhung Deines Einkommens zum Beispiel keine Grenzen nach oben. Beim Sparen kommst Du irgendwann an eine Grenze, weil Du einen bestimmten Betrag mindestens für eine Unterkunft, Transport oder Essen benötigst. Darüber hinaus sind dann keine weiteren finanziellen Fortschritte mehr möglich. Zudem kann ab einer gewissen Grenze die eigene Lebensqualität unter Sparmaßnahmen sehr leiden.

Aus diesem Grund wollen wir uns in diesem Kapitel nun einige konkrete Wege näher anschauen, wie Du Dein Einkommen erhöhen kannst.

11.1 Gehalt verhandeln

In der deutschen Kultur ist es nicht üblich irgendetwas zu verhandeln. Sei es das eigene Gehalt, der neue Wagen oder die Buchung eines Urlaubs. Der Deutsche wartet lieber brav ab und hofft, dass der Arbeitgeber ihm ein angemessenes Gehalt bezahlt.

Er glaubt:

„Wenn ich fleißig bin und mich im Job gut anstrenge, wird mein Chef das sehen und mir eine Gehaltserhöhung geben."

Das ist allerdings großer Blödsinn und dazu brauchst Du Dich an Deinem Arbeitsplatz nur einmal kurz umschauen.
Gibt es dort Kollegen, die im Vergleich zu Dir weniger Wissen haben, weniger arbeiten und insgesamt eine schlechtere Leistung abliefern? Und kann es sein, dass Sie genauso viel oder sogar noch mehr als Du verdienen?

Es ist eine Illusion, dass Du als Arbeitnehmer genau das Gehalt erhältst, das Du Dir durch Deine Leistung verdient hast. Sonst würden Deine „schlechteren" Kollegen auch ein niedrigeres Gehalt haben. Du hattest in Deinem Leben doch bestimmt auch schon einmal einen Chef, der eine absolute „Pfeife" in seinem Job ist und trotzdem viel mehr als Du verdient hat.

Ich lade Dich ein Dir hierzu diesen Schlüsselsatz zu merken:

Du bekommst nicht das Gehalt, was Du Dir verdienst. Du bekommst das Gehalt, was Du verhandelst.

Gerade zum Einstieg ins Berufsleben ist es enorm wertvoll beim Einstellungsgespräch ein höheres Einstiegsgehalt auszuhandeln. Schließlich ist es in Deutschland für Arbeitgeber (fast) nicht möglich das einmal verhandelte Einkommen wieder zu kürzen. Das heißt, dass Du durch das einmalige Verhandeln zu Beginn Deines Berufslebens Dein Einkommen für den Rest Deines Lebens deutlich steigern kannst.

Wenn in der Jobanzeige zum Beispiel ein Jahresnettoeinkommen von 24.000 € angeboten wird und Du es nur auf 25.000 € steigern konntest, wirst Du dadurch in Deinem Berufsleben über 40.000 € mehr verdienen. Und das für den gleichen Job.
Ein weiterer Vorteil ist, dass das Einstiegsgehalt auch die Basis für weitere Gehaltsverhandlungen ist. In der Regel wird nämlich eine prozentuale Steigerung des Einkommens verhandelt und die fällt logischerweise umso größer aus, je höher das Einstiegsgehalt ist.

Ich kann mir gut vorstellen, welche Gedanken Du Dir in diesem Moment vielleicht machst:

„Kann ich einfach ein höheres Einkommen verlangen? Wie kommt es bei meinem Chef an, wenn ich mit ihm über mein Gehalt sprechen möchte? Bestimmt nicht gut, oder?"

Genau diese Gedanken hatte ich nämlich auch ganz zu Beginn meiner Berufslaufbahn, als ich zum ersten Mal davon gehört habe, dass Du Dein Einkommen verhandeln kannst. Und das, obwohl ich als Beamter an meinem Gehalt kaum etwas ändern kann und es für mich daher nicht so relevant ist.

Du solltest Dir vor Augen führen, dass Du viele Jahre Deines Lebens in Deine Ausbildung investiert hast, einen guten Job machst und täglich besser wirst. Sonst würdest Du schließlich nicht auch noch in Deiner Freizeit ein Finanzbuch kaufen und in Deine eigene Weiterbildung investieren. Du entwickelst Dich also im Laufe Deines Lebens weiter und wirst für das Unternehmen bzw. die Organisation wertvoller. Damit sollte sich Dein Einkommen auch weiter mehr erhöhen.

Du bist damals direkt nach dem Studium oder Deiner Ausbildung mit wenig Berufserfahrung zu einem bestimmten Gehalt eingestiegen. Wenn Du Dich jetzt nochmal neu bei Deinem aktuellen Arbeitgeber mit Deinen neugewonnenen Erfahrungen bewerben würdest, würdest Du auch von Anfang an ein höheres Gehalt erhalten.

Du hast also ein Recht darauf Dein Einkommen nochmal neu zu verhandeln und das Gehalt zu bekommen, was Du wirklich verdienst.

Und was soll schon Schlimmes passieren?

Im schlimmsten Fall sagt Dein Chef „Nein" und Du erhältst keine Gehaltserhöhung. Es bleibt im schlimmsten Fall alles so, wie es bisher schon gewesen ist. Nur mit dem Unterschied, dass Du Deine Ängste und Zweifel überwunden und jetzt die Klarheit hast, dass Du (noch) keine Gehaltserhöhung bekommst.

Wenn Du es geschickt anstellst, hat Dein Chef danach sogar eine noch bessere Meinung von Dir und Deiner Arbeit.

Du könntest zum Beispiel in der Gehaltsverhandlung Deinem Chef bewusst machen, welche Projekte Du in den letzten Monaten/Jahren für das Unternehmen erfolgreich umgesetzt hast und welchen Mehrwert Du dadurch dem Unternehmen bietest. Es kann nämlich auch gut sein, dass Dein Chef nicht so genau mitbekommen hat, was Du eigentlich konkret alles leistest. Gerade bei einer hohen Leitungsspanne (vielen „untergeordneten" Mitarbeitern) kann es gut sein, dass er keinen genauen Überblick hat.

Wenn Dein Chef Dir dann keine Gehaltserhöhung geben will/kann, kannst Du mit ihm ja mal darüber sprechen, welche Leistungen er für eine Gehaltserhöhung von seinen Mitarbeitern erwartet.

So gehst Du aus der Gehaltsverhandlung heraus und hast einen konkreten Plan, wie Du Deine Leistungen und Dein Einkommen steigern kannst.

Das waren jetzt nur ein paar kleine Anregungen und Impulse, wieso Du Dein Gehalt verhandeln solltest. Da gibt es natürlich noch viel mehr

Tricks und Tipps, wie Du das Bestmögliche aus diesem Bereich herausholen kannst. Ich wollte Dich nur für das Thema sensibilisieren, damit Du auch wirklich das Einkommen erhältst, was Du Dir verdienst.

Wenn Du Dich weiter zu dem Thema informieren willst, kann ich Dir den YouTube-Kanal Burak Kalman (Link: http://bit.do/burak-kalman) wärmstens empfehlen. Er gibt viele hilfreiche Tipps rund um das Thema Gehaltsverhandlung.

YouTube-Kanal Burak Kalman:

11.2 Einkommen aus dem Nichts

Du hast bereits das Einkommen in Deinem Hauptjob gesteigert und bekommst aktuell keine weiteren Gehaltserhöhungen? Oder Du möchtest einfach zusätzlich noch eine weitere Einkommensquelle erschließen?

Dann kommen wir zu einem meiner Lieblingseinkommensquellen:

Dem Einkommen aus dem Nichts.

Ich höre sehr häufig von verschiedenen Menschen, dass sie ja gerne mehr Geld verdienen würden, aber leider keine Möglichkeiten haben. In dem Moment fange ich an in mich hinein zu grinsen. Es gibt so viele Möglichkeiten ein zusätzliches Einkommen aufzubauen und die meisten können die Möglichkeiten nur nicht sehen oder sind nicht bereit den zusätzlichen Aufwand auf sich zu nehmen.

Doch wieso nenne ich diese Art des Einkommens *„Einkommen aus dem Nichts"?* Ganz einfach:

Du brauchst dafür kein Talent, keine großen Fähigkeiten und auch nichts einkaufen. Du hast nämlich jetzt bereits alles Zuhause, was Du hierfür brauchst. Du kannst das Einkommen quasi wie aus dem Nichts erschaffen. Hört sich doch schon einmal genial an, oder?

Lass mich Dir hier ein paar Möglichkeiten auflisten:

<u>Ungenutzte Dinge verkaufen</u>

Haben wir nicht alle irgendwelche Dinge Zuhause herumfliegen, die wir irgendwann mal meinten unbedingt zu benötigen und dann doch nie benutzt haben? Alte Klamotten, CDs, DVDs und vieles mehr. Statt die Dinge bei Dir Zuhause weiter verstauben zu lassen, kannst Du diese doch einfach online verkaufen.

Das ist die schnellste und einfachste Möglichkeit sich etwas Geld hinzuzuverdienen. Zudem ist ein weiterer Vorteil, dass Du dadurch auch wieder mehr Platz in Deiner Wohnung hast und Dich von dem Ballast befreien kannst. Natürlich kannst Du das nur solange machen, bis alle ungenutzten Dinge verkauft sind. Es ist also eine recht begrenzte Einnahmequelle.

Ich kann Dir hierbei besonders ebay-Kleinanzeigen und passende Facebookverkaufsgruppen empfehlen. Wenn Du jetzt nicht alle Bücher und DVDs einzeln verkaufen willst und Dich auch mit einem geringeren Verkaufspreis zufriedenstellst, kannst Du diese Sachen einfach an Händler wie Momox oder Rebuy verkaufen. Dazu brauchst Du nur den Barcode der Ware scannen, sie in einen Karton packen und an das Unternehmen schicken. Einfacher geht es kaum.

Zimmer oder Couch vermieten

Eine weitere Möglichkeit sich ein zusätzliches Einkommen aufzubauen, ist es ein freies Zimmer oder eine Couch in der eigenen Wohnung an Fremde zu vermieten. Hierbei können schnell einige hundert Euro im Monat an Zusatzeinkommen herauskommen.

Dafür inserierst Du Dein Angebot einfach auf der Plattform Airbnb und erhältst dann Anfragen aus der ganzen Welt.

„Aber XYZ ist keine Weltstadt und da kommt doch kein Schwein hin."

Früher habe ich gedacht, dass sich solche Modelle nur in den großen Metropolen wie München, Berlin oder Hamburg lohnen würden. Mittlerweile habe ich allerdings bereits von sehr vielen Menschen gehört, dass das Modell sogar in kleinen Städten sehr gut funktioniert.

Bekannte von mir wohnen zum Beispiel in Oberursel (Hessen) und haben sich auch gedacht, dass dort doch niemand übernachten wollen würde und nicht viel los ist. Dann haben sie einfach mal ihre freie Couch im Wohnzimmer bei Airbnb reingestellt und waren überrascht, wie viele

Buchungsanfragen Sie aus der ganzen Welt erhielten. Menschen suchen schließlich nicht nur Übernachtungen, um Urlaube zu machen.

Andere Gründe können zum Beispiel sein, dass sie auf Geschäftsreise sind, sich auf der Durchreise durch Deutschland befinden, eine Zwischenlösung bis zum Einzug in die neue Wohnung benötigen usw..

Wichtig: Als Mieter benötigst Du die Erlaubnis Deines Vermieters, wenn Du die Wohnung untervermieten möchtest. Zudem gelten je nach Stadt und Region unterschiedliche Regelungen, die die Untervermietung über Vermittlungsportale eventuell einschränken können. Du solltest Dich also vorher unbedingt informieren.

Du könntest Dir zum Beispiel auch überlegen Deine Wohnung unterzuvermieten, wenn Du für längere Zeit im Urlaub bist und die Wohnung dadurch leer steht. Die Miete und die anderen Kosten laufen schließlich weiter, auch wenn Du Dich nicht in der Wohnung aufhältst.

Vermietung eines Fahrzeugs

Du hast ein Auto oder ein anderes Fahrzeug, das Du nicht so oft benötigst? Hier gilt der gleiche Gedanke, wie bei Deiner Wohnung. Viele Kosten für das Fahrzeug (wie Steuer oder Versicherung) sind zu zahlen, auch wenn Du es nicht verwendest. Da wäre es doch gut Dein Fahrzeug zu nutzen, um ein zusätzliches Einkommen zu generieren.

Ich besitze kein Auto und habe daher in diesem Bereich noch keine Erfahrungen sammeln können. Von Bekannten weiß ich allerdings, dass es stark vom Fahrzeugtyp und der Gegend abhängt, ob sich die Vermietung unter Berücksichtigung der Zeit auch lohnt.

Hierbei gilt tendenziell: Je teurer und seltener das Auto ist, desto höhere Preise können verlangt werden.

Einer der bekanntesten Anbieter hierfür ist zum Beispiel Drivy.

Es gibt natürlich noch weitere mögliche Einkommensquellen, bei denen Du keine großen Voraussetzungen benötigst und die relativ leicht sind. Das sollte Dir nur als Inspiration dienen.

Noch nicht das richtige dabei? Dann ist das nächste Kapitel für Dich vielleicht besonders interessant.

11.3 Selbstständigkeit oder Nebenjob?

Vielleicht hast Du in den vorherigen beiden Kapiteln für Dich noch nichts Passendes finden können. In diesem Kapitel soll es darum gehen, wie Du durch einen Nebenjob oder eine Selbstständigkeit ein zusätzliches Einkommen erzielen kannst.

Vorab noch ein wichtiger Hinweis:

Wenn Du vor hast neben Deinem Hauptjob noch etwas anderes zu arbeiten, dann solltest Du das Deinem Arbeitgeber mitteilen und es genehmigen lassen. Dein Arbeitgeber hat schließlich auch kein Interesse daran, dass Du Dich durch andere Tätigkeiten völlig verausgabst oder sogar für die Konkurrenz arbeitest. In den meisten Fällen dürfte das allerdings eher Formsache sein.

Nebenjob - Noch ein Job?

In Deutschland gibt es sehr viele Menschen, die neben ihrem Hauptjob noch einen weiteren haben. So füllen sie zum Beispiel als Mini-Jobber nebenher in Supermärkten Regale auf, machen Inventur in einem Lager oder liefern Pizza aus. Also die Jobs, die normalerweise durch Studenten erledigt werden.

Hier solltest Du Dir vorher die Frage stellen, ob sich der zusätzliche zeitliche Aufwand (Koordinierung der Jobs, Hinfahrt und Arbeitszeit) für Dich wirklich rechnet. Besonders, wenn Du in der Regel nur Mini-Jobs mit einfachen Tätigkeiten finden kannst, wo nur der Mindestlohn gezahlt wird. Da wäre es wahrscheinlich sinnvoller (soweit Dein Arbeitgeber das anbietet) Überstunden zu machen und sich diese auszahlen zu lassen.

Wenn Dich der zusätzliche zeitliche Aufwand nicht stört oder die Tätigkeit Spaß macht, sind Mini-Jobs hingegen eine gute Möglichkeit, um schnell das eigene monatliche Einkommen zu erhöhen. Aus meiner Sicht ist es allerdings eher eine kurzfristige Maßnahme, weil Du hier den Stundenlohn nicht deutlich steigern kannst und dadurch insgesamt kein großes Steigerungspotential hast.

Deine eigene Selbstständigkeit

Ganz anders sieht es bei einer eigenen nebenberuflichen Selbstständigkeit aus. Hier gibt es viele verschiedene Geschäftsmodelle, die Du (online oder offline) verfolgen kannst, um Dir etwas Geld nebenbei dazuverdienen zu können.

Bei einer nebenberuflichen Selbstständigkeit ist der große Vorteil, dass Du Dir (meistens) Deine Zeit ganz frei einteilen kannst. Zudem hast Du das Potential deutlich mehr Geld zu verdienen.

Der viel spannendere Gedanke ist allerdings, dass Du eventuell durch ein Hobby mit viel Spaß in Deiner Freizeit zusätzlich noch etwas Geld verdienen kannst. Wenn es gut läuft, kann es sogar sein, dass Du irgendwann davon leben kannst und Dein Hobby zum Beruf machen kannst.

Im Folgenden möchte ich Dir nur kurz ein paar Geschäftsmodelle vorstellen, die sich meiner Meinung nach gut dazu eignen etwas Geld oder sogar ein Haupteinkommen neben dem Job aufzubauen.

Ich weiß natürlich, dass die (nebenberufliche) Selbstständigkeit nicht für jeden etwas ist. Vielleicht findest Du auf den nächsten Seiten trotzdem einfach ein cooles Projekt oder Geschäftsmodell, das Dir Spaß bereiten würde.

Bücher schreiben

Es war noch niemals so leicht ein Buch zu schreiben, zu veröffentlichen und dann Interessenten dafür zu finden. Früher brauchtest Du viel Glück als Einsteiger überhaupt einen Verlag zu finden, der Dein Buch veröffentlichen möchte. Wenn Du nicht bereits vorher eine gewisse

Bekanntheit in Deiner Nische erlangt hast oder das Buch nicht in den Mainstream passt, wirst Du kaum einen Verlag finden.

Die typische Henne-Ei-Problematik. Um als Autor bekannt zu werden musst Du in der Regel ein Buch veröffentlichen und gleichzeitig nehmen die Verlage lieber Autoren, die bereits Bücher (erfolgreich) veröffentlicht haben. Heute brauchst Du allerdings keinen Verlag mehr.

Die Lösung: Selfpublishing mittels Amazons Kindle Direct Publishing (KDP) Programm

Viele wissen nicht, dass Dir Amazon hier eigentlich alle Aufgaben abnimmt. Und das sogar komplett kostenlos. Du meldest Dich bei KDP an, lädst die Datei für Dein Buch hoch und brauchst Dich dann „nur noch" um Dein Marketing kümmern. In dem Moment, wenn ein Kunde Dein Buch als Taschenbuch bestellt, wird es von Amazon gedruckt und innerhalb von kürzester Zeit ausgeliefert. Auch wenn Dein Buch reklamiert wird oder es Probleme beim Versand gibt, kümmert sich Amazon darum.

Mir macht das Schreiben unglaublich viel Spaß und mir ist es wichtig meine Botschaft und das Finanzwissen nach draußen zu bringen. Da sind Bücher für mich eine grandiose Möglichkeit neben meinem Hauptjob noch ein zusätzliches Einkommen aufzubauen.

Wenn Du also unbedingt schon immer mal ein Buch schreiben wolltest, kann ich Dir nur dazu raten es einfach anzugehen und umzusetzen. Amazon macht es so leicht, dass heutzutage wirklich jeder Erwachsene Autor werden kann, wenn er das will.

Wenn Du Dich für diesen Bereich interessierst, lade ich Dich ein auf meinem Blog (Finanziell Frei mit 30) vorbeizuschauen. Ich habe nämlich bereits die Einnahmen und Ausgaben von meinen Büchern in 2018 veröffentlicht und berichte in 2019 in einer monatlichen Kolumne über meine Fortschritte in dem Bereich.

T-Shirt Business

Bist Du kreativ und hast Lust T-Shirts oder andere Produkte zu designen? Dann könnte das T-Shirt Business genau das richtige für Dich sein. Du entwickelst T-Shirt Designs, lädst Sie auf einer entsprechenden Seite wie zum Beispiel Spreadshirt.de hoch und brauchst die T-Shirts dann nur noch gut vermarkten. Spreadshirt kümmert sich nämlich wie Amazon um die gesamte Abwicklung von der Bestellung bis zur Auslieferung des T-Shirts.

Ich kenne auch einige Menschen, die dadurch im Monat mehrere tausend Euro verdienen. Es ist also durchaus ein interessanter Geschäftsbereich.

Blogger oder YouTuber

Vielleicht hast Du ja auch Lust für andere Menschen interessante Inhalte zu erstellen und dann durch Werbeeinblendungen oder die Vermittlung von Produkten Geld zu verdienen.

Ich betreibe meinen Blog ja mittlerweile seit knapp 2,5 Jahren und kann Dir sagen, dass bloggen sehr viel Arbeit bedeutet und ganz zu Beginn (ohne Besucher) auch keine Einnahmen erzielt werden können. Viele träumen davon vom Bloggen oder durch ihren YouTube-Kanal irgendwann ihren Lebensunterhalt bestreiten zu können. Die harte Realität ist allerdings, dass mindestens 99 % oder sogar 99,9 % aller Blogger nicht vom Schreiben leben können. Es ist definitiv ein sehr schwerer Weg und die meisten geben wieder nach wenigen Wochen oder Monaten auf, weil sie noch nicht das ganz große Geld verdient haben.

Wenn Dich das Thema Bloggen oder YouTuben reizt, dann würde ich es allerdings trotzdem angehen und eine Zeit lang durchziehen. Die Erfahrungen und Fähigkeiten, die Du Dir in der Zeit aneignest, sind unglaublich wertvoll. Ohne meinen Blog hätte ich es zum Beispiel niemals geschafft, mein erstes Buch erfolgreich auf den Markt zu bringen. Ich hätte weder die Schreibfähigkeiten gehabt, noch hätte ich gewusst, wie ich das Buch vermarkten kann.

Wenn Du vor hast einen Blog zu starten, dann kannst Du mir gerne auch eine Mail schreiben und Deine Fragen stellen. Ich unterstütze gerne Neueinsteiger.

Fotos verkaufen

Wusstest Du, dass es viele Unternehmen, Webseiten-Betreiber und Journalisten gibt, die Rechte an Fotos im Internet einkaufen und dass es dafür große Plattformen gibt? Ich war total baff, als ich das erste Mal davon gehört habe. Früher habe ich gedacht, dass alle eigene Fotos machen und keiner bereit wäre mehrere Euro für ein einziges Foto auszugeben.

Wenn Du total gerne fotografierst und eine gute Qualität hast, kannst Du ja mal darüber nachdenken Sie auf einer Verkaufsplattform wie Fotolia.de anzubieten. Vielleicht ergibt sich ja der ein oder andere Verkauf. Im besten Fall erfreuen sich Deine Fotos sehr großer Beliebtheit und Du verdienst eine Menge Geld.

Ich kenne auch in diesem Bereich einen Bekannten, der im Monat mehrere tausend Euro verdient. Er hat allerdings mittlerweile auch weit über 10.000 Fotos online und macht das bereits seit vielen Jahren. Es ist also auch hier möglich sich ein Haupteinkommen aufzubauen.

Amazon-FBA

FBA bedeutet „Fullfillment by Amazon“ und ist ein spannender Logistikservice. Du kannst Waren wie zum Beispiel Topflappen bei Amazon listen und in einem Amazon-Lager einlagern lassen. Amazon kümmert sich dann um die gesamte Abwicklung von Bestellungen.

In den letzten Jahren haben sich viele Menschen hierdurch ein Geschäft aufgebaut, indem Sie Produkte aus China oder anderen Ländern importieren und dann in Deutschland zu einem höheren Preis verkaufen. Also ein klassisches Handelsgeschäft. Der riesige Vorteil im Vergleich zum eigenen Online Handel ist, dass Du mit Deinem Produkt im größten Online Shop der Welt bist und Dich nicht um die gesamte Logistik kümmern brauchst.

Im Gespräch mit einigen erfolgreichen „Amazon-FBAlern" habe ich gehört, dass Du auf diese Weise auch heute noch gutes Geld verdienen kannst. Es wird allerdings auch schwieriger und Du solltest schon besser als die Konkurrenz sein. Es reicht nicht mehr aus einfach nur irgendein Produkt aus China zu importieren und es dann hier zu verkaufen. Das kann schließlich sehr leicht kopiert werden, weswegen die Konkurrenz auch entsprechend groß ist.

Dein Etsy-Shop

Hast Du schon einmal von Etsy gehört? Wahrscheinlich nicht. Ich kannte den Shop bis vor zwei Jahren nämlich auch noch nicht.

Etsy ist einer der größten Shops, wo Du handgemachte Kreationen wie zum Beispiel selbstgemalte Bilder, Skulpturen oder geschnitzte Salzstreuer kaufen kannst. Vielleicht bist Du in Deiner Freizeit gerne kreativ und möchtest Dir durch den Verkauf Deiner Objekte etwas Geld dazuverdienen. Dann ist Etsy genau der richtige Anlaufpunkt für Dich.

Ich hoffe ich konnte Dir die eine oder andere Idee für eine mögliche Selbstständigkeit geben und Dich inspirieren. Eine wichtige Information noch zum Schluss:

Bei vielen dieser Geschäftsmodelle musst Du ein Gewerbe bei Deiner Stadt bzw. Gemeinde anmelden. Das ist kein großer Aufwand, aber zwingende Voraussetzung zum Starten eines Gewerbes. Sonst drohen nämlich hohe Geldbußen. Und selbstverständlich musst Du die erzielten Einnahmen auch in Deiner Steuererklärung angeben.

12. BONUS: Checkliste zur Umsetzung

Du hast in diesem Buch jetzt sehr viele konkrete Hinweise und Tipps bekommen. Das Lesen alleine ist allerdings vollkommen wertlos, wenn Du nichts von den Tipps umsetzt und das Buch einfach zurück in den Schrank legst. Deswegen möchte ich Dir in diesem Kapitel nochmal in der Kürze die zehn wichtigsten Schritte aufführen.

1. Setz Dich einmal in Ruhe hin und überlege Dir, was Dein persönliches Warum/Wieso ist Dich mit Deinen Finanzen auseinanderzusetzen und welche Vorteile Du dadurch hast.
2. Verschaffe Dir einen Überblick über Deine finanzielle Situation durch ein Haushaltsbuch oder Rentablo.
3. Hinterfrage Deine Ausgaben und lerne zu sparen. Richte ein zweites Konto ein und lass jeden Monat automatisiert durch einen Dauerauftrag Geld für schlechte Zeiten zurücklegen.
4. Baue Deine Schulden ab und triff die Entscheidung keine (weiteren) Schulden mehr zu machen.
5. Beschäftige Dich damit, wie Du Steuern einsparen kannst und mache eine Steuererklärung. Oder beauftrage einen Steuerberater mit der Erstellung der Steuererklärung.
6. Schließ nur Versicherungen ab, die Du wirklich benötigst. Bei Zweifeln geh zu einem guten Versicherungsberater wie zum Beispiel das Team von Versicherungen mit Kopf.
7. Eröffne ein Depot und beginne monatlich (zumindest einen kleinen Betrag) zu investieren. Zu Beginn geht es hier eher um das Lernen, als um das tatsächlich verdiente Geld.
8. Verhandle Dein Gehalt und baue Dir neben dem Job ein zusätzliches Einkommen auf, wenn Du Lust dazu hast.
9. Beschäftige Dich hin und wieder mit Deinen Finanzen und geh die einzelnen Schritte nochmal durch.
10. Finanzen ist nur ein (wenn auch sehr wichtiger) Lebensbereich. Kümmere Dich daher auch um die anderen und genieße Dein Leben.

Mein Fazit

Nur ein Bruchteil aller Buchkäufer schafft es ein Buch auch ganz bis zum Ende zu lesen. Du hast im Vergleich zur Masse also schon mal eine sehr wichtige Erfolgseigenschaft bewiesen:

Durchhaltevermögen

Statistiken zufolge kommt ein Viertel aller Buchkäufer und Leser nicht mal über das erste Kapitel hinaus, was ich persönlich sehr schade finde. In meinem Leben haben Bücher nämlich einen sehr positiven Einfluss gehabt.

Ich hoffe, dass ich Dich durch die vielen Tipps und Hinweise dazu motivieren konnte Dich mit Deinen Finanzen auseinanderzusetzen und jetzt auch in die Umsetzung zu kommen.
Vielleicht wirst Du Dir auch denken, dass es für Dich jetzt noch nicht relevant ist Dich um Dein Geld zu kümmern oder bereits Geld für später zu investieren.

Ich kann Dir aus meinen Erfahrungen allerdings sagen, dass ich bei Treffen mit anderen Menschen immer wieder das gleiche höre:

„Ich wünschte, ich hätte bereits in Deinem Alter angefangen mich mit dem Thema Geld und Finanzen auseinanderzusetzen und es nicht solange vor mir hergeschoben."

Es lohnt sich zu 100 % bereits jetzt zu beginnen Dich mit Deinem Geld auseinanderzusetzen. Egal, wie alt Du bist.

Mein Ziel ist es deswegen mit diesem Buch möglichst viele Menschen zu erreichen. Ich würde mich deshalb riesig freuen, wenn Du Dir ein kurz Zeit nimmst und auf Amazon eine ehrliche Rezension verfasst. Gerade die Rezensionen sind wichtig für potentielle zukünftige Käufer. Es dauert auch nicht länger als zwei Minuten.

Meine E-Mailadresse für Feedback: kontakt@finanziell-frei-mit-30.de

Über den Autor

Dominik Fecht wurde im Jahr 1997 in Gelsenkirchen geboren. Durch den Eintritt in sein duales Studium beim Zoll und dem ersten regelmäßigen Einkommen wurde das Interesse am Thema Geld und Finanzen geweckt. Dabei stellte sich ihm die Frage, warum viele Menschen mit ihrem Geld nicht auskommen und wieso die meisten Berufsanfänger kaum etwas über Finanzen in der Schule oder von ihren Eltern gelernt haben.

Im Juni 2016 startete der Autor seinen Blog (Finanziell Frei mit 30), um andere junge und finanzinteressierte Menschen über Spar- und Investitionsmöglichkeiten zu informieren. Dabei verknüpft er häufig die persönlichen Finanzen mit philosophischen Themen. Wie kann die Gesellschaft das Beste aus ihrem Geld herausholen und gleichzeitig ein gutes und glückliches Leben führen? Mittlerweile erreicht er mit seinem Blog jeden Monat tausende Leser.

Mehr über den Autor kann über den Blog finanziell-frei-mit-30.de in Erfahrung gebracht werden. Interessierte Leser können ihn auch über die E-Mail-Adresse kontakt@finanziell-frei-mit-30.de kontaktieren.

Die Bücher von Dominik Fecht sind erhältlich auf:
https://www.amazon.de/Dominik-Fecht/e/B07D5WNVTS (Shop)

Empfehlenswerte Literatur

Du möchtest Deine Finanzen in die eigene Hand nehmen und noch mehr lernen? Für mich waren Bücher einer der wichtigsten Quellen, um mich weiterzubilden und besser mit meinem Geld umgehen zu können. Aus über 100 gelesenen Büchern möchte ich Dir im Folgenden meine Highlights auflisten:

Mein erstes Buch:

Die glückliche Reise zum Reichtum

CASHFLOW QUADRANT (Robert T. Kiyosaki)
COOL BLEIBEN UND DIVIDENDEN KASSIEREN (Christian W. Röhl und Werner H. Heussinger)
DENK DICH REICH (Ilja Grzeskowitz)
DER REICHSTE MANN VON BABYLON (George Samuel Clason)
DER WEG ZUM ERFOLGREICHEN UNTERNEHMER (Stefan Merath)
DER WEG ZUR FINANZIELLEN FREIHEIT (Bodo Schäfer)
DIE 4-STUNDEN WOCHE (Timothy Ferris)
KAUFEN ODER MIETEN? (Gerd Kommer)
REICHER ALS DIE GEISSENS (Alex ‚Düsseldorf' Fischer)
REICH WERDEN UND BLEIBEN (Dr. Rainer Zitelmann)
RICH DAD, POOR DAD (Robert T. Kiyosaki)
SO DENKEN MILLIONÄRE (T. Harv Eker)
SOUVERÄN INVESTIEREN (Gerd Kommer)
STEUERN STEUERN (Johann C. Köber)
THE MILLIONAIRE FASTLANE (MJ DeMarco)
THE MILLIONAIRE NEXT DOOR (Thomas Stanley und William Danko)

Von den beiden englischen Büchern gibt es keine deutsche Übersetzung. Beide Bücher sind allerdings leicht verständlich und ohne komplizierte Fachbegriffe geschrieben.

Danksagung

Ich habe mich beim Lesen von etlichen Büchern darüber gewundert, bei wie vielen Menschen sich der Autor am Ende des Buches persönlich bedankt. Vor allem konnte ich nicht verstehen, dass der Autor glaubt einen wichtigen Unterstützer vergessen haben zu können. Jetzt mit Abschluss meines Buches kann ich dieses Problem von Autoren sehr gut nachvollziehen. Es sind einfach so viele Menschen an der Entstehung dieses Buches beteiligt gewesen. Ich könnte wahrscheinlich ohne Probleme etliche Seiten mit Danksagungen füllen und würde trotzdem noch wichtige Personen vergessen. Daher bitte ich um Nachsicht.

Ohne meine Blogleser und die anderen Finanzblogger wäre dieses Buch niemals möglich gewesen. Erst die vielen spannenden und inspirierenden Gespräche haben mich ermutigt und inspiriert ein eigenes Buch zu schreiben und auch nach dem ersten Buch weiterzumachen. Vielen Dank für Euer ganzes positive Feedback und den Input, durch den dieses Buch erst entstanden ist.

Als nächstes möchte ich allen Menschen danken, die sich als Testleser zur Verfügung stellten. Ihr wart die ersten Menschen, die meine Rohfassung zum Lesen erhielten und mir daraufhin wertvolles Feedback gaben. Nach vielen Monaten des Schreibens erhielt ich zum ersten Mal Reaktionen, wie mein Buch angenommen wird. Mich haben die positiven Rückmeldungen sehr gefreut und durch Eure Hinweise konnte ich viele sprachliche und inhaltliche Fehler erst ausmerzen. Ohne Euch hätte das Buch keine so hohe sprachliche Qualität. Ich danke Euch vielmals.

Zudem möchte ich mich bei allen Menschen bedanken, die mich bei der Vermarktung des Buches unterstützt haben. Was bringt ein Buch, wenn es von keinem gelesen wird und niemand davon erfährt? Ich bin wieder mal begeistert, wie viele Menschen mir ihre Unterstützung angeboten und mich bei der Veröffentlichung mit Gastartikeln, Interviews, Rezensionen und Werbung dann letzten Endes auch unterstützt haben.

Besonders möchte ich mich bei den Marketing Ninjas bedanken. Sie haben mich bei der Coverwahl unterstützt, sehr wertvolles Feedback gegeben und die ersten ehrlichen Rezensionen zum Buch hinterlassen.

Ein weiterer Dank gilt Paul Böhme, der mir kurzfristig die Grundlagen für Werbung auf Facebook und Instagram beigebracht und mich bei der Vermarktung des Buches massiv unterstützt hat.

Sieht das Cover nicht unglaublich gut aus? Ich hatte bei diesem Buch überhaupt keine gute Idee, wie das Cover aussehen könnte. Casandra hatte mir mehrere grandiose Vorschläge gemacht, bei denen die Auswahl wirklich schwer fiel. Wenn ihr eine Cover-Designerin sucht, dann kann ich Euch Casandra Krammer (https://casandrakrammer.de) nur weiterempfehlen.

Zuallerletzt möchte ich der wichtigsten Person danken und das bist Du. Ohne Dich und die vielen anderen Leser meines Buches hätte mein Buchprojekt überhaupt keinen Sinn. Schließlich schreibe ich das Buch für die Leser und hoffe darauf, dass es einen großen Mehrwert gibt und gut angenommen wird. Mit Deinem Kauf unterstützt Du meine Arbeit und schenkst mir Dein Vertrauen und Deine Zeit. Vielen Dank, dass Du Dir die Zeit genommen hast mein Buch zu lesen und mich durch den Kauf zu unterstützen.

Ich hoffe einfach nur, dass ich jetzt allen Unterstützern gedankt und niemanden vergessen habe. Ansonsten noch ein riesen Dankeschön an alle Personen, die mich auf meinem Weg unterstützt haben und die ich bisher noch nicht genannt habe.

Inhaltsverzeichnis

Einleitung

Wer kennt es nicht? Das Gefühl, welches die Vorstellung in dir auslöst, plötzlich keinerlei Geldsorgen mehr zu haben. Du kannst dir alles kaufen. Ohne darüber nachzudenken, dass du die Miete noch überweisen musst, die Rechnung für den Elektriker noch begleichen musst, den Kindern das Geld für die kommende Klassenfahrt mitschicken musst, eben noch schnell tanken müsstest und ach ja, die Zahnarztrechnung liegt auch noch auf dem Küchentisch.

Vielleicht liegst du gerade am Meer, deine Füße werden vom warmen, salzigen Wasser angenehm umspielt, deine Finger ziehen kleine Kreise im warmen, weißen Sand. Eine Palme spendet dir Schatten und weiter drüben hörst du deinen Partner, wie er das Segelboot für euren nächsten Törn bereit macht. Du träumst dich in eine Welt, in der immer die Sonne scheint, der Himmel ist blau, das Wasser leuchtet dir türkis entgegen und du bist frei. Frei von Pflichten, frei von Sorgen, frei von Arbeit. Du denkst darüber nach, ob du jetzt lieber einen Cocktail in der Kokosnussschale trinken möchtest oder doch noch einmal schwimmen gehst. Mit einem sanften Lächeln im Gesicht genießt du einen lauen Sommerabend am Meer.

Und plötzlich klingelt es an der Tür. Genervt und etwas schlaftrunken stehst du auf und rennst zur Tür. Der Postbote bringt dir freundlich lächelnd ein Einschreiben, eine Rechnung oder ähnliches. Hier stehst du nun, in deiner Realität. Und bist bitter enttäuscht, dass die Wirklichkeit nur halb so rosa ist, wie du sie gerade gemalt hast. Vielleicht denkst du, dass mehr Geld all deine Probleme lösen würde? Doch wäre es tatsächlich so? Warum

messen wir dem Geld einen so großen Wert bei? Warum haben wir stets das Gefühl, von allem etwas zu wenig zu haben? Warum können wir nicht zufrieden sein? Zufrieden mit dem, was wir haben?

Trägt die Gesellschaft, in der wir leben, dazu bei, wie wir fühlen, was wir uns wünschen und welche Bedürfnisse wir haben? Suggerieren uns Politik und Medien ständige Angst vor Altersarmut und Unsicherheiten bezüglich der Rentenkassen? Wird uns nicht ständig irgendwie das Gefühl vermittelt, wir müssten VORSORGEN? Und immer klingt es wie ein Versprechen. Ein Versprechen darauf, dass später alles besser ist. Die Lösung klingt immer gleich: Geld. Hast du genügend Geld, spielst du mit. Wenn nicht, dann eben nicht. Und damit ist kein übergroßes Vermögen gemeint.

Innerhalb des dir hier vorliegenden books geht es um das Thema Geldsparen, dem ich mich durch eine kleine Reise zu den unterschiedlichen Begrifflichkeiten anzunähren versuche. Zunächst stelle ich also die Konsumgesellschaft vor bzw. deren Entwicklung, das Geld als Zahlungsmittel sowie die Bedürfnisse, die wir haben, um uns als Mensch und als Teil der Herde zu fühlen. Im zweiten Kapitel geht es dann um die Frage, wie es uns gelingen kann, durch einen effektiveren und effizienteren Umgang mit unseren Finanzen, eigene Rücklagen zu bilden, um zu sparen, um uns einen lang gehegten Traum zu erfüllen oder um es für uns arbeiten zu lassen.

Erster Teil – ein theoretischer Diskurs zum Thema Geld sparen

Der Konsum und seine Allgegenwärtigkeit in unserer aktuellen Gesellschaftsform – Die Entwicklung der Konsumgesellschaft

In unserer derzeitigen Lebenssituation, gemessen an globalen Wirtschaftssystemen, internationalem Konkurrenzdruck, nicht nur bezogen auf einzelne Unternehmen, sondern auch auf ganze Gesellschaftsformen und deren Besonderheiten, gemessen an der Zunahme einer nahezu virtuellen Lebenswelt durch digitalisierte Prozesse, dem Einsatz von immer weiter entwickelter Technik, die sämtliche Lebensbereiche unserer Welt beeinflussen und bei einer Vielzahl von Vorgängen in unserer Zeit des 21. Jahrhunderts Verwendung finden, gemessen an natürlichen Ressourcen wie zum Beispiel Wasser, welches noch immer kein Grundrecht des Menschen ist, dafür aber einzelnen Konzernen große Gewinne einbringt, gemessen an einer Lebenswelt, die ohne monetären Einsatz gegenwärtig nicht vorstellbar wäre, ist Konsum die Grundlage unserer menschlichen Existenz.

Ich denke, man kann durchaus davon ausgehen, dass Konsum eine gesellschaftsprägende Instanz der gegenwärtigen Zeit ist. Andere Begrifflichkeiten, die man mit einer Konsumgesellschaft in Verbindung bringt, sind zum Beispiel Wohlstands-und Überflussgesellschaft. Alle drei Begriffe sind in ihrer Bewertung eher negativ behaftet, weil wir uns tief in unserem Herzen vermutlich danach sehnen, eine Vielzahl unserer Bedürfnisse mit Hilfe anderer und möglicherweise sinnhafteren Dingen zu

befriedigen, der Natur und ihren Grundlagen wieder näher zu kommen, uns wieder mehr und inniger zu spüren und nicht zu Letzt auch deshalb, weil die Konsumgesellschaft, so wie sie derzeit gelebt wird, mit den Ressourcen unseres Planeten verwerflich und verschwenderisch umgeht. Wir rauben unseren Planeten aus. Und dennoch: Wir alle wissen das und machen trotzdem mit.

In diesem Zusammenhang bedeutet Konsum erst einmal nichts anderes als etwas, das von Wirtschaftsunternehmen produziert wurde, in einem zunächst privaten Lebensumfeld, also einem privaten Haushalt zu *nutzen, zu verwenden, zu verbrauchen, zu verzehren und/oder zu verprassen.* Konsum und Produktion bedingen also einander, denn ohne Produktion findet kein Konsum statt und ohne Konsum findet keine Produktion statt. Auch der Staat sowie jene, die von staatlichen Geldleistungen leben und denen wiederum Konsum erst dadurch möglich wird, profitieren von diesem Verhältnis. Unternehmen werden subventioniert, um Produkte zu erschaffen, die Konsumenten kaufen. Sowohl der Käufer als auch der Verkäufer zahlen während des Kaufprozesses Steuern an staatliche Instanzen, die dieser dann in Form von Sozialleistungen wie Kindergeld, Renten, Grundsicherungen etc. wieder in den Kreislauf einspeist. Im Kinderzimmer der Vorschulkinder kommen die Kinder durch das Bespielen eines Kaufmannsladens erstmals mit den Mechanismen der Konsumgesellschaft in Berührung.

Dabei handelt es sich um einen scheinbar nicht enden wollenden Kreislauf, der uns unser derzeitiges Wohlstandsleben erst ermöglicht und uns gleichzeitig durch die Immer-Höher-Schneller-

Weiter-Maxime des modernen Kapitalismus unsere natürliche Lebensgrundlage auf gefährliche Weise zu nehmen droht.

Das war jedoch nicht immer so.

Betrachten wir die Entwicklung unserer heutigen Konsumgesellschaft, dann wird deutlich, dass die Grundlage unserer heutigen Gesellschaftsform erst oder bereits im 19. Jahrhundert gelegt wurde. Die Konsumgesellschaft, wie wir sie heute kennen und erleben, setzt sich aus einer Vielzahl privater Haushalte zusammen, deren Einkommen, Ausgaben und Wertschöpfung den Wirtschaftsprozess maßgeblich beeinflussen.[1]

Bevor sich jedoch die Konsumgesellschaft mit allen Vor- und Nachteilen manifestieren konnte, war die agrarische Subsistenzwirtschaft vorherrschendes Moment, in dem die Menschen, die zur damaligen Zeit vorwiegend auf dem Land lebten, ihre lebensnotwendigen Bedürfnisse nach den Prinzipien der Selbstversorgung befriedigten, die aber gleichzeitig von natürlichen Einflüssen wie Witterung, Seuchen und Krankheiten bedroht waren[2]. Gab es ein Jahr mit schlechten Erträgen aus der Ernte, folgte unweigerlich eine Zeit des Darbens und des Hungerns, denn einen Supermarkt, der um die Ecke Grundlebensmittel zu einem realitätsfernen Spottpreis anbietet, gab es damals nicht.

„Mit verbesserten landwirtschaftlichen Methoden und der Industrialisierung wuchsen seit dem 19. Jahrhundert Bevölkerung und Städte. Die Produktion wurde weitgehend aus den

---

1 Vgl. http://www.bpb.de/izpb/7579/von-der-selbstversorgung-zum-konsum-entwicklung-und-situation-privater-haushalte
2 Zitat nach http://www.bpb.de/izpb/7579/von-der-selbstversorgung-zum-konsum-entwicklung-und-situation-privater-haushalte

Haushalten in Betriebe und Unternehmen verlagert. Die ursprünglichen Produktions-, Konsum- und Lebensgemeinschaften lösten sich auf, weil viele Menschen ihre Hausgemeinschaften verließen, um den Lebensunterhalt anderswo zu verdienen.“[3] Mit der Zunahme an Menschen, die von einer ländlichen Umgebung in Städte umsiedelten, veränderte sich auch das Verteilungssystem. Von der Selbst- zur Marktversorgung. Handelswege, Ladengeschäfte und auch Werbung entwickelten sich rasant weiter. Da jedoch irgendwann die meisten Haushalte versorgt waren, entstand schließlich so etwas wie Mode. Alte Dinge wurden gegen neue eingetauscht, je nach dem, was eben zur jeweiligen Zeit als modern galt. Grundnahrungsmittel wurden um Genussmittel ergänzt und erweiterten das Spektrum der Märkte, gleichzeitig der Produktion. Bedingt dadurch wurden Arbeitsplätze geschaffen, die den Menschen Lohn versprachen, den sie wiederum in neuen Konsum investieren konnten. Der Anfang wurde damals gemacht, ein Ende ist weder in Sicht, noch vorstellbar. Nachdem die Welt mit vielerlei Dingen versorgt war, verbreitete sich auch der Konsum kollektiven Vergnügens rasant. Die scheinbare Lebensqualität der Einzelnen stieg auf sämtlichen Ebenen an. Ob die Lebensqualität heutzutage durch weiteres Konsumieren und dem gegenwärtigen Umgang mit unseren natürlichen Ressourcen weiter zunimmt, bleibt jedoch fraglich.

„Der erweiterte Konsum umfasste industriell hergestellte Lebensmittel und Konfektionskleidung. Mehr und mehr Wohnungen erreichten hygienische Mindeststandards und erhielten einen Anschluss an die Wasser- und Abwasserentsorgung sowie an

---

3 Zitat nach http://www.bpb.de/izpb/7579/von-der-selbstversorgung-zum-konsum-entwicklung-und-situation-privater-haushalte

das Gas- und Elektrizitätsnetz. Unterhaltungsmedien wie das Kino verbreiteten sich auch in den unteren Klassen. Angehörige aller Schichten unternahmen Sonntagsausflüge, bei den Mittelschichten bürgerte sich allmählich die Urlaubsreise ein.“[4] Es wurden immer mehr Märkte erschlossen. Hinzu kamen Automobile, Fernsehgeräte, Kühlschränke, Waschmaschinen, die sich nach und nach jeder leisten konnte und wenn nicht sofort, dann machte es sich bald durch die Möglichkeit der Ratenzahlung auch für die breite Masse bezahlbar. Und auch heute, in einer Zeit, in der wir nahezu alles haben oder haben können, entstehen neue Märkte. Wurde einst die Plastikflasche gepriesen, bespricht man heute den Komplott derselben. Als Gründe werden Natur- und Umweltschutz genannt; Dinge, die man nicht direkt konsumieren kann, die aber auf Grund der derzeitigen Situation unseres Planeten ein Klientel schaffen, die bereitwillig und für einen hohen Preis auf Bio-Waren, Fair Trade, gute Ökobilanzen umsteigen, um angeblich bessere, effektivere und nachhaltigere Produkte zu kaufen. Die beste Ökobilanz an dieser Stelle wäre jedoch den Konsum unnötiger Dinge zu unterlassen und auch im Hinblick auf das Thema Sparen wäre eine minimalistischere Lebensweise vielversprechend. Die Marketingstrategie der Unternehmer allerdings geht auf. Wir ersetzen eine kaum benutzte Plastikzahnbürste gegen eine Zahnbürste aus Bambus; wir ersetzen die Plastiktrinkflasche unserer Kinder durch eine Edelstahlflasche, obwohl die andere noch gut funktioniert. Leider tragen wir so nicht dazu bei, dass Ressourcen geschont werden, sondern schaffen unter der Lüge des guten Gewissens nur noch mehr Müll. Auch das sind Merkmale einer modernen Konsumgesellschaft. Man schafft ein gemeinsames Interesse, zum Beispiel das Aufhalten des

---

4 Zitat nach König, Wolfgang: Kleine Geschichte der Konsumgesellschaft, Konsum als Lebensform der Moderne, Stuttgart 2008, S. 21

Klimawandels, entsorgt aus ehrbaren Motiven alles, was aus Plastik ist, um schließlich nachhaltigere Produkte zu konsumieren. Ein neuer Markt wird geschaffen und alle machen mit.

Heutzutage kann also davon ausgegangen werden, dass die Mehrheit der Menschen in der modernen Konsumgesellschaft angekommen ist. Ein überwiegender Teil konsumiert sogar weit über seine Grundbedürfnisse hinaus. Unternehmen, die davon abhängig sind, dass ihre Produkte gekauft werden, lassen sich immer neue Strategien und Möglichkeiten einfallen, die so gut wie jeden am Konsumieren teilhaben lassen. „Damit wird der Konsum [an sich] zu einem Massenphänomen und gewinnt herausragende kulturelle, soziale und ökonomische Bedeutung. Der Konsument wird zu einer gesellschaftlichen Leitfigur; es sind überwiegend Konsumhandlungen, welche die ökonomischen Prozesse bestimmen.“[5] Aber nicht nur ökonomische Prozesse werden durch unser Kaufverhalten bestimmt, denn wir konsumieren ja nicht nur Produkte und Dienstleistungen, sondern auch Informationen und ähnlichen Input, denen wir durch das ständige Onlinesein nahezu schutzlos ausgeliefert werden.

Erschreckend ist es außerdem, zu erkennen, welche Rolle heute Konsum in jeglicher Form in unserem gegenwärtigen Leben einnimmt. „Kaufen bietet scheinbar Abwechslung für die Gelangweilten, Trost und Geborgenheit für die Traurigen, Hoffnung für jene, die von einem besseren Leben träumen. Und etwas, das sich wohl jeder wünscht: Anerkennung.“[6] Dies beginnt nicht erst im Erwachsenenalter, in dem man das eigene Sein, die

5 Zitat nach König, Wolfgang: Kleine Geschichte der Konsumgesellschaft, Konsum als Lebensform der Moderne, Stuttgart 2008, S. 20
6 https://www.zeit.de/zeit-wissen/2012/03/Werbung-Manipulation-Kaufrausch

eigene Persönlichkeit häufig darüber definiert, welchen Beruf man ausübt und damit verbunden über welches Einkommen man verfügt, um sich jene Dinge anzuschaffen bzw. zu leisten, die den Menschen mit Anerkennung und Wertschätzung versorgen, häufig begleitet vom Neid all jener Menschen, die an dieser Art von geschätztem Konsum auf Grund einer unausgewogenen Einnahmen- und Ausgabesituation eben nicht teilhaben können. Vergessen wird dabei jedoch häufig, dass der Mensch und dessen Persönlichkeit nicht nur aus beruflichem Erfolg oder Misserfolg oder Vermögen und Unvermögen besteht, sondern aus einer Vielzahl an Attributen, die einen Menschen liebenswert und bewundernswert erscheinen lassen. Besitz, Geld und Macht bedeuten in einer Welt, die sich vordergründig mit Konsum jeglicher Art beschäftigt, häufig mehr als moralische Wertvollstellungen, Herzenswärme, Güte und wahrhaftige Freundschaft. Leider ist diese Tendenz bereits jenseits der Erwachsenenwelt, nämlich beginnend im Vorschul- und Grundschulalter zu beobachten, die den Kindern unserer Gesellschaft vermittelt, dass man nicht für das, was man ist und in sich trägt, gemocht wird, sondern eben für das, was man hat. Sobald Menschen sich irgendwo bewegen und neue Kontakte knüpfen, stellt sich die Frage, was der andere beruflich macht. Dies zielt nicht selten darauf ab, herauszufinden, welchem sozialen, gesellschaftlichen und wirtschaftlichen Status das Gegenüber innewohnt. Eine Vielzahl von Fragen wie zum Beispiel was diesen Menschen tief in seinem Inneren liebenswert macht, welche Fähigkeiten, Hobbies und Interessen er hat, was ihn in seinem Herzen bewegt, worüber er gerne lacht oder auch, was ihm Sorgen bereitet, wie es ihm wirklich geht, sind dabei oftmals nachrangig. Ein großes Haus in einem angesagten Stadtviertel, ein großes,

schnelles Auto, Urlaube am anderen Ende der Welt, trendige Klamotten, die neuste Technik etc. sorgen häufig für mehr Bewunderung als ein menschenwürdiges Verhalten oder ein gutes Herz. Bereits in jungen Jahren lernen Kinder einer Konsumgesellschaft wie der unsrigen, dass man nicht zwingend zur Gemeinschaft gehört, wenn man über Empathie und andere soziale Kompetenzen verfügt, aber Teilhabe und soziale Kontakte dann gewährt bekommt, wenn man über die angesagtesten Kleidungsstücke oder Tauschkarten jeglicher Art verfügt. Schon allein der Bezug von Taschengeld sorgt für reichhaltigen Nachwuchs der Konsumgesellschaft, auch wenn natürlich der Umgang mit Geld oder Sparsamkeit durch die Gabe von Taschengeld dem Kind auch dabei hilft, wichtige Lektionen in seinem Leben frühzeitig zu erfahren.

Aus wirtschaftspsychologischer Sicht haben Konsumgüter und Dienstleistungen für den Einzelnen, also das Individuum, ihren Wert vor allem im Gebrauch des Produktes. „In der entwickelten Konsumgesellschaft sind solche Beschreibungen unzureichend und bedürfen einer Erweiterung: Ich trinke nur Coca-Cola; die Mütze wähle ich in meiner Lieblingsfarbe; ich liebe das flotte Fahren im offenen Wagen. Der Gebrauchswert verschwindet nicht, aber er wird durch anderes überlagert.“[7] Anhand der Vorliebe für bestimmte Konsumgüter und Marken unterstreicht der Konsument die eigene Persönlichkeit und Zugehörigkeit zu jenen Menschen, die ähnliche Vorlieben und Wünsche hegen. Dies legt unter anderem die Annahme nahe, dass der Konsum wie er in der heutigen Gesellschaft vollzogen wird nicht nur Grund- und Zugehörigkeitsbedürfnisse wie Sozialprestige

7 Zitat nach König, Wolfgang: Kleine Geschichte der Konsumgesellschaft, Konsum als Lebensform der Moderne, Stuttgart 2008, S. 18

befriedigt, sondern auch eine Funktion der Kompensation erfüllt. Ausgehend davon kann das Konsumieren von Gütern und Dienstleistungen auch dazu beitragen, persönliche Defizite auszugleichen, sich durch den Erwerb bestimmter Marken sozial aufzuwerten, mangelndes Selbstbewusstsein zu kompensieren. Vor diesem Hintergrund kann man Konsumieren fast als etwas Pathologisches betrachten. Konsum als Mittel, um Frustration zu vermeiden oder zu lindern.

Bei aller Kritik, mit der man der modernen Konsumgesellschaft und den damit verbundenen Strukturen und Machenschaften der Industrie und Wirtschaft zu Recht begegnen kann, ist es die Form der Gesellschaft, in der wir gerade leben. Um also Teil dieser Gesellschaft mit all ihren Vor- und Nachteilen zu werden oder um zu verhindern, dass wir ausgeschlossen werden, erscheint es nahezu notwendig, mitzuspielen. Das gelingt uns vor allem dann, wenn wir unserem angestrebten Konsum einen ausreichenden Wert, meist in Form einer monetären Grundlage, entgegensetzen können. Damit wir über diesen angestrebten Wert verfügen, ist es erforderlich, Geld anzusparen bzw. die Ausgabensituation so zu optimieren, dass von unseren erzielten Einnahmen so viel übrigbleibt, dass wir sparen und konsumieren können.

Um mich der Thematik des Sparens anzunähern, widme ich mich im nächsten Kapitel vor allem dem Geld, dessen Entstehung und Bedeutung sowie den menschlichen Bedürfnissen, die in großem Umfang mit dem Einsatz von Geld befriedigt werden, bevor ich im darauf folgenden Kapitel das Thema Sparen, zunächst ebenfalls mit Hilfe eines theoretischen Diskurses, im weiteren Verlauf mit sehr praktischen Tipps für deinen Alltag, aufgreife.

Geld als Zahlungsmittel vs individuelle Bedürfnisse

Geld ist unser Zahlungsmittel. Es ist universell und global einsetzbar. An so gut wie jedem Fleckchen Erde können wir mit Geld nahezu alles kaufen. Es dient dazu, uns unsere Bedürfnisse, Sehnsüchte, Wünsche und Vorlieben zu erfüllen.

Die Entstehung des Geldes – ein kurzer historischer Überblick

Denkt man über das Thema Geldsparen nach, dann kommt man unweigerlich zu der Frage, warum es Geld überhaupt gibt? Was hat dazu geführt, dass sich Geld entwickelt hat und wie konnte es kleinen Münzen oder später auch Scheinen bzw. virtuellen Zahlen auf einem Konto oder Kryptowährungen wie Bitcoins gelingen, die ganze Welt zu erobern, sich über Jahrhunderte zu einem allgemein akzeptierten Zahlungsmittel zu entwickeln? Geld regiert die Welt, so ein bekanntes Sprichwort, ist in jeglicher Hinsicht ein Ausdruck, der im Laufe der Zeit nichts an seiner Wahrheit einbüßte, sondern, ganz im Gegenteil, an Brisanz nur weiter gewonnen hat.

Geld ist überall in unserem Alltag vertreten, ganz gleich, wo man hinschaut, überall wird Geld gegen eine Ware oder eine Leistung getauscht. Angefangen vom Kaufmannsladen im Kindergartenalter, über Lebensmittel bis hin zu Dienstleistungen jeglicher Art. Selbst Liebe, zumindest in körperlicher Form, ist für Geld zu erwerben. Aber auch eine Partnerschaft, eine Beziehung oder eine Liebelei kann man auf virtuellen Plattformen gegen eine monatliche Gebühr buchen. Mit dem Einsatz von Geld kann man fast alles tauschen. Genauso verhält es sich auch mit der modernen Form von Erwerbsarbeit.

Wir bieten anderen Menschen unser Wissen, unser Können, unsere Talente, unsere Arbeitskraft sowie unsere Lebenszeit an und erhalten dafür Geld. Wir erhalten dieses Geld nicht als Münzen oder Scheine in der Lohntüte, sondern als Zahl auf unserem Konto. Von dort können wir es entweder als Münzen oder Scheine entnehmen oder über einen digitalen Transfer gegen Waren, Güter, Leistungen anderer Menschen und

Institutionen eintauschen. Der Wert wird also von dem Konto des Absenders abgezogen und dem Konto des Empfängers gutgeschrieben. Der Absender gibt sein Geld für etwas her, das ihm für den Augenblick wertvoll erscheint. So wertvoll, dass er bereit ist, sein Geld in der vereinbarten Höhe einzutauschen. Und der Empfänger vermehrt durch den Tausch sein Vermögen, welches er entweder in etwas, dass er begehrt investiert oder eben zur Seite legt. Seitdem sich die Erwerbsarbeit für nahezu jeden erwachsenen Menschen gesellschaftlich etabliert hat, bietet der Mensch zum Beispiel verschiedenen Firmen, Unternehmen, dem öffentlichen Dienst usw. seine erworbenen Fähigkeiten und Kompetenzen an. Es wird Arbeit bzw. Arbeitsplätze geschaffen. In Form eines im Vorfeld miteinander abgestimmten Arbeitsvertrages werden wichtige Rahmenbedingungen und Eckpfeiler miteinander verhandelt. Der Arbeitgeber entlohnt die Leistungen des Arbeitnehmers heutzutage nicht mehr mit einem Vieh, einem Laib Brot oder einer Karaffe Milch, sondern mit einem geldwerten Lohn. In verschiedenen Tarifwerken wird festgelegt, welcher Geldwert einer bestimmten Leistung gegenübersteht. Natürlich gibt es auch Unternehmen, die an keinen Tarif gebunden sind und den Lohn der Mitarbeiter entsprechend dem Marktwert der geforderten Leistung bezahlen. Auch hier sind Angebot und Nachfrage entscheidende Eckpfeiler für die moderne Marktwirtschaft. So wird Expertenwissen besser entlohnt als Fähigkeiten, über die eine breite Masse an erwerbsfähigen Menschen verfügt. Fachkräfte erhalten mehr Lohn als sogenannte Hilfskräfte.

Wie jedoch entwickelte sich eine solche Gesellschaft, in der monetärer Besitz nicht mehr wegzudenken ist?

Schauen wir zurück, dann gibt es bereits lange Zeit vor Christus Geld als Zahlungsmittel. Die ersten Münzen sind in etwa im siebten Jahrhundert vor Christus in Umlauf gebracht wurden. Aber auch bevor es Geld in Form von Münzen gab, lebte der Mensch vom Tauschhandel. In dem Augenblick, in dem der Mensch begann, Waren und Produkte herzustellen und miteinander zu tauschen, wurden die Grundlagen des Geldgeschäfts geboren. In der Zeit vor Beginn des Tauschhandels versorgte sich im Grunde jeder Mensch selbst mit dem was er hatte und für den eigenen Gebrauch aus eigener Kraft herstellen konnte. So kam es, das hergestellte Waren oder Produkte gegen etwas eingetauscht wurden, dass man entweder zum Leben benötigte oder etwas, das man sehr begehrte. In der damaligen Zeit galten Salz, Schmuck oder auch Vieh als besonders wertvolle Güter. Später kamen auch Dienstleistungen oder handwerkliche Tätigkeiten hinzu. Freilich, auch damals konnte ein Landwirt keine Gurke gegen ein Schwein vom Bauern nebenan tauschen, weil die den beiden Gütern zugeschriebene Wertigkeit eben nicht in einem ausgewogenen Verhältnis zueinanderstanden. Aber der Landwirt hatte mehrere Möglichkeiten. Entweder konnte er mit dem Bauern verhandeln und in Erfahrungen bringen, wie viel Gurken er für ein Schwein haben möchte oder aber er tauschte so viele Gurken gegen etwas, dass der Bauer begehrte, um es im Anschluss gegen das Schwein zu tauschen. Das heißt der Landwirt tauschte eventuell zehn Gurken gegen zwei Laibe Brot, im Anschluss die beiden Brote gegen ein Huhn, welches regelmäßig Eier legte. Die Eier wiederum wurden weiter getauscht und zwar solange bis der Landwirt so viele Waren angespart hatte, für die der Bauer bereit war, sein Schwein herzugeben. Der Gurkenlandwirt hatte also zunächst nichts, was den Bauern dazu bewogen hätte, sein wertvolles Vieh herzugeben, aber der Landwirt war klug und

geschäftstüchtig genug, sein Gut so gewinnbringend einzusetzen, dass er sich schließlich das Schwein leisten konnte. Da er nicht seinen kompletten Gewinn sofort wieder ausgab, konnte er so viele Waren ansparen, die ihm letztlich den Erwerb des Schweines möglich machten.

Im Laufe der Zeit wurden in den Handel bzw. Tausch mit Naturalien seltene Metalle einbezogen, deren Wert sich hauptsächlich aus dem Charakter der Seltenheit ergab und die durch ihre langlebige Beschaffenheit überzeugen konnten. Im Gegensatz zu 100 leicht verderblichen Gurken, schaffte man durch seltene Metalle einen langlebigen Wert, der sich sparen, anhäufen und vermehren ließ. Und so kam es, dass Kupfer, Bronze, Eisen oder eben auch Gold und Silber zu Münzen, Reifen, Ringen oder Pfeilspitzen gegossen wurden, um später als Zahlungsmittel zu dienen. Das heißt etwas, dass nicht verdarb, konnte für den zeitlich in die Zukunft verschobenen Konsum angespart werden[8] und galt damit als eine Art Versprechen.

Durch Münzen als langlebiges Zahlungsmittel wurde der Austausch von Gütern deutlich erleichtert. Und dennoch zeigten sich auch die ersten Probleme und Schwierigkeiten, die dieser moderne Tauschhandel mit sich brachte. Schon allein bedingt durch die vorteilhaften stofflichen Eigenschaften, eben, dass Metalle nicht verderben, wurde der Unterschied zwischen Warenanbietern und Geldbesitzern deutlich. Derjenige, der über das Geld verfügte, besaß damit gleichzeitig ein gewisses Maß an Macht. Macht gegenüber dem, der darauf angewiesen war, dass er seine Ware verkaufen konnte und Macht gegenüber denen, die wenig bis gar kein Geld besaßen. So entstanden erste Mechanismen, die den Markt bestimmen: Wettbewerb,

8 Vgl. nach Ernst Klett Schulbuchverlag Leipzig GmbH, Leipzig 2005, S. 3

Konkurrenzdruck, Preisdumping, Angebot und Nachfrage etc. „Wer also kein Geld besaß, es aber als Tauschmittel nutzen wollte, musste sich welches von den Geldbesitzern leihen und dafür einen Preis bezahlen, der sich nach Angebot und Nachfrage des Geldes richtete.“[9]

Durch das Leihen von Geld, konnten Händler und Bauern in ihr Gewerbe investieren, es weiterentwickeln und ihr Geschäft vergrößern. Dadurch begann sich die Kleinwirtschaft, das Handwerk und die erste Währung mit einem allgemeingültigen Wert zu entwickeln. Die Mechanismen der Wirtschaft sind bis heute in ihren Grundlagen unverändert, auch wenn die Zunahme an Globalisierung, Technologisierung und Digitalisierung die Welt der Kleinwirtschaft zu einer unübersichtlich gewordenen Weltwirtschaft gedeihen ließ. Mit den kleinwirtschaftlichen Entwicklungen entstand schließlich auch das Geldgewerbe. Auf Grund von Missernten, Fehlinvestitionen, Naturkatastrophen, Kriegen oder anderen äußeren Einflüssen, war es mitunter notwendig, einen Geldgeber um einen Kredit zu bitten. Entweder um Investitionen zu tätigen, die Wachstum versprachen bzw. die dazu dienten, die wirtschaftliche Position am Markt zu verteidigen oder aber, um ungünstige Zeiträume finanziell zu überbrücken, die gerade Bauern oder einfachen Handwerkern und Händlern in existenzielle Nöte bringen konnten.

Mit der Geburtsstunde des Wirtschaftens, des Handels und schließlich des Geldgeschäfts entwickelte sich auch die Gesellschaft in verschiedene Richtungen. Nämlich in jene, die über sehr viel Geld verfügten und dieses durch Kreditvergabe für sich arbeiten ließen und vermehrten sowie jene, die wenig Geld besaßen und sich durch das Leihen von Geld verschuldeten bzw.

---

9 Zitat nach Ernst Klett Schulbuchverlag Leipzig GmbH, Leipzig 2005, S.2

sich in Abhängigkeiten begeben mussten, aus denen man sich nur mit großer Mühe befreien konnte. Der Kreditzins war gerade zu Beginn des Geldgewerbes immens hoch. Die Regeln der Kreditvergabe waren sehr willkürlich und nicht wenige der Schuldner landeten in der Schuldknechtschaft, weil sie ihre Schulden nicht zu dem Zeitpunkt begleichen konnten als der Gläubiger dies verlangte.

„Als sich die Geld- und Zinswirtschaft entwickelte, waren auch die Würfel für alle zukünftigen Wirtschaftsordnungen gefallen. Denn diese ökonomischen Prinzipien sind die Grundlage aller menschlichen Zivilisationen und die Basis unserer heutigen globalisierten Industrie und des Welthandels. Vor allem zwischen den verschiedenen Formen des Geldes bestehen keine prinzipiellen Unterschiede. Egal wie das Geld aussieht, ob Münze, Scheine, Kryptowährungen oder als einfache Ziffer auf einem Konto, gegen Geld können alle Gegenstände und Dienstleistungen eingetauscht werden.

Geld ist aber nicht nur ein Zahlungsmittel – wer es für sich „arbeiten“ lässt, kann sehr reich und einflussreich werden.“[10]

Ob Reichtum und Wohlstand tatsächlich zur Zufriedenheit der Menschen beitragen kann, steht jedoch auf einem anderen Blatt. Da der Zusammenhang zwischen Geld, Reichtum, Wohlstand oder Konsum auf der einen Seite und der Zufriedenheit bzw. dem subjektiven Empfinden von Glück auf der anderen Seite dennoch sehr interessant und aus meiner Sicht von großer Bedeutung ist, werde ich dieser Thematik einen besonderen Platz in Form eines eigenen Kapitels widmen. Bevor ich allerdings meine Gedanken sowie wissenschaftliche Ergebnisse diesbezüglich vorstelle, möchte ich die Bedeutung des Geldes für

10 Zitat nach Ernst Klett Schulbuchverlag Leipzig GmbH, Leipzig 2005, S.2

unsere derzeitige Lebenswelt darstellen und mich intensiver mit dem Thema des Sparens auseinandersetzen.

Welche Bedeutung hat Geld heute?

Geld, auch wenn wir es in unserem Alltag kaum noch anfassen oder berühren, sondern es vielmehr als virtuelle Zahl auf einem Konto existiert, welches wir ebenfalls nicht mehr in den Händen halten, ist auch heutzutage für sämtliche Prozesse unseres Lebens von großer Relevanz. Als Mittel zum Zweck erleben wir tagtäglich die unterschiedlichsten Tauschvorgänge. Von dem funktionellen Sinn, nämlich Geld gegen Ware einzutauschen, hat das Geld nichts eingebüßt. Wir alle, als Teil der globalen Weltwirtschaft mit ihren Gewinnern und Verlierern erleben vielfältigste Tauschvorgänge jeden Tag. Wie bereits erwähnt, erhalten wir für unsere Erwerbsarbeit einen Lohn, der auf unserem Konto landet. Als Ziffer, als Zahl auf einem Stück Papier oder nicht mal das. Von eben diesem tätigen wir verschiedene Tauschhandel wie zum Beispiel unsere monatlichen Mietzahlungen, das Einkaufen von Lebensmitteln, das Betanken unseres Autos, das Zahlen der Versicherungen, das Haare schneiden beim Friseur. Für all diese Bezahlvorgänge benötigen wir kein Geld mehr in Form von Münzen oder Scheinen. Eine Vielzahl von geldwertem Tauschhandel erfolgt heutzutage mobil, virtuell und digital. Die Bedeutung des Geldes bzw. dessen allgemein anerkannte Wertigkeit hat sich durch mobile Bezahlvorgänge allerdings nicht geändert.

Aber auch heute ist Geld noch immer sehr bedeutsam, wenn es darum geht, eine Ware, eine Leistung oder anderes zu bewerten oder zu messen. Geld war und ist ein universales Medium des Tausches, dessen Wertigkeit immer auf dem Vertrauen basiert, einen erwartbaren Gegenwert zu erhalten. So gesehen ist Geld ein erschaffenes Konstrukt, welches uns den Handel erleichtern soll.[11]

Geld in diesem Sinne ist ein Maßstab, ein allgemeingültiger Wertmesser. So können die unterschiedlichsten Dinge wie Arbeitsleistungen, Gewinne und Verluste, aber auch Preise, Kosten und Erträge durch das Geld miteinander ins Verhältnis gesetzt und verglichen werden. Haben die Menschen früher einen sehr direkten Tauschhandel vollzogen, ist es uns heutzutage möglich, Teil der globalen Wirtschaft zu sein und Dinge zu erwerben, die möglicherweise am anderen Ende der Welt hergestellt oder angeboten werden. Unternehmen, die für mobile Bezahlvorgänge stehen und Geschäftsmodelle entwickeln, die internationale Transaktionen im Finanzsektor zum einen erst möglich machen und zum anderen für Sicherheit in der virtuellen Bezahlwelt sorgen, etablieren sich sehr erfolgreich am internationalen Markt. Das deutsche Unternehmen Wirecard verdient sein Geld hauptsächlich durch transaktionsbezogene Gebühren. Dies geschieht vor allem über eine eigene Multi-Channel-Plattform, aber auch in Form von Transaktionen mittels Kreditkarte oder Lastschrift, wodurch die Wirecard AG einen prozentualen Anteil der abgewickelten Zahlungssumme erhält oder pro vollzogenem Geldtransfer, der dem Kunden schließlich in Rechnung gestellt wird, bezahlt wird. Solche Unternehmen wie Wirecard oder auch PayPal haben nichts mehr mit Münzen oder Scheinen, gemeinsam, profitieren aber durch eine globale Wirtschaftsordnung und internationale Bezahlvorgänge.

Neben all diesen Kriterien der Modernisierung und Technisierung hat das Geld aber nichts an seiner ursprünglichen Funktion als eine Art Wertspeicher eingebüßt. Somit bedeutet

---

11 Vgl. https://www.btc-echo.de/geld-ueber-vertrauen-und-das-befuerfnis-nach-sicherheit/

Geld im Hinblick auf das Sparen auch weiterhin: „Wenn wir einen Überschuss aus unserem Einkommen erwirtschaften, sparen wir das Geld und können zu jedem beliebigen Zeitpunkt darüber verfügen.“[12] Das verheißungsvolle Versprechen des möglichen Konsums, jetzt oder später, bleibt bestehen, ganz gleich, wie Geld in Zukunft heißen wird.

Nachdem du gerade etwas über die Bedeutung des Geldes in einem gesamtgesellschaftlichen Kontext erfahren konntest, möchte ich mich im Folgenden eher der Frage widmen, welche psychologische Wirkung das Geld auf den Menschen, auf uns, die wir im Zeitalter der Konsumgesellschaft aufwachsen und groß werden, hat. Ist es nicht so, dass wir bereits unsere Kinder zu kleinen Konsumenten heranziehen, in dem wir ihnen Taschengeld geben? Sie sollen lernen mit Geld umzugehen, es einzuteilen, zu sparen für Dinge, die ihnen wichtig erscheinen. Vielleicht. Als ich vor einiger Zeit in einer Arztpraxis saß, bin ich dort einer Mutter begegnet, die mit ihren beiden Kindern ebenfalls im Wartezimmer saß. Die Kinder waren ähnlichen Alters, vielleicht 6 und 8 Jahre alt. Sie übergab jedem von ihnen einen Geldschein, von der Oma als Taschengeld. Das eine Kind sagte, es würde es später in die Spardose stecken, um es aufzuheben. Das andere fragte, ob es sich nachher Fußballkarten kaufen kann. Die beiden Kinder begannen darüber zu streiten, was besser ist. Das Geld zu sparen, um später zu konsumieren oder gleich zu konsumieren. Der ältere Junge sagte schließlich, dass er doch nicht auf die Welt gekommen sein, um ständig zu verzichten, sondern um jetzt Spaß zu haben. Schließlich wäre ja nicht wirklich sicher, ob es einen späteren Augenblick geben

12 Zitat nach Ernst Klett Schulbuchverlag Leipzig GmbH, Leipzig 2005, S.3

wird. An diesem Abend habe auch ich noch lange darüber nachgedacht, was wohl richtiger ist, obgleich ich natürlich wusste, dass es auf diese Frage keine Antwort im Sinne von richtig oder falsch gibt. Jetzt für später zu sparen und eben jetzt zu verzichten, um später eventuell mehr zu haben oder jetzt zu konsumieren und möglicherweise später zu verzichten. Mir ist keine allgemeingültige Lösung eingefallen, weil das Geld ja in jedem Fall bedeutet, es gegen etwas anderes einzutauschen, dass einem jetzt oder später wertvoll erscheint. Am Ende ist es vermutlich eine Frage der Persönlichkeit und der generellen Einstellung zum Leben, welchen Weg man diesbezüglich geht. Die Art und Weise, wie man sein eigenes Leben und dessen Zukunft bewertet, ist möglicherweise auch für den Umgang mit Geld richtungsweisend.

Anhand der kurzen Darstellung zur Bedeutung des Geldes konntest du gut erkennen, welche herausragende Relevanz das Geld in unserem gesamten Leben einnimmt, wodurch es umso wichtiger erscheint, welches zu besitzen. Sollte es dir nicht möglich sein, deine Einnahmensituation zu verbessern, dann kommt eigentlich nur eines in Frage. Du musst sparen. Was Sparen an sich letztlich bedeutet, was dich davon abhält, zu sparen und wie du konkrete Handlungsstrategien einsetzen kannst, um deinen Zielen näher zu kommen, erfährst du im folgenden Kapitel.

Bedürfnisse – ein Motiv zum Geldbesitz

Du konntest nun schon jede Menge Informationen bezüglich einer generellen Bedeutung des Geldes sowie unserem Leben innerhalb der Konsumgesellschaft erfahren. Immer wieder kam dabei der Begriff der Bedürfnisse zur Sprache, dem ich an dieser Stelle meine besondere Aufmerksamkeit zu Teil werden lasse. Gerade durch die Entwicklung der eingangs beschriebenen Konsumgesellschaft haben sich auch die Bedürfnisse der Gesellschaft, in der wir leben, einem enormen Wandlungsprozess unterzogen.

Galten noch zu Beginn der Menschheitsgeschichte vor allem Bedürfnisse, die der Lebenserhaltung dienten, das heißt also Dinge, die für die Versorgung der eigenen Person bzw. der eigenen Familien, notwendig erschienen und aus materiellen, sozialen und geistigen Dingen resultierten, als ausschlaggebend für ein erfolgreiches Leben, konnten sich im Laufe der Jahrhunderte Bedürfnisse entwickeln, die weit darüber hinaus gingen. Damals wie heute standen bzw. stehen die Bedürfnisse der Menschen immer auch in einem engen Zusammenhang zum soziokulturellen Entwicklungsstand sowie den Lebensumständen des eigenen Lebens und der jeweiligen Gesellschaftsform, aber neben der Versorgung der materiellen, sozialen und geistigen Grundbedürfnisse sind Dinge hinzu gekommen, die unsere Gesellschaft prägen. Waren es früher vor allem das Dach über dem Kopf, genügend Lebensmittel für die eigene Familie, kam später sogenannter Luxus hinzu: Kraftfahrzeuge, Schulbildung, Elektrizität, fließendes Wasser, Waschmaschinen, Kühlschränke. Auch Zugang zu Medien durch Zeitungen oder schließlich einem Fernsehgerät galten als Dinge, die weit über die Befriedigung der Grundbedürfnisse hinausgingen. All diese Dinge, die selbst unsere

Großeltern in ihrer Kindheit nicht für selbstverständlich hielten, sind aus unserer heutigen Sicht aus unserem Leben kaum mehr wegzudenken und niemand von uns würde vermutlich auf die Idee kommen, jene Selbstverständlichkeiten als Luxusgüter zu behandeln, sondern einfach als Güter, die heutzutage zu unserem Alltag gehören. „Was heute ein Luxusgut ist, kann morgen diesen Status schon verloren haben. So galten Fernsehgeräte in den 1950er Jahren noch als Luxusprodukte, heute sind sie in der deutschen Gesellschaft als Voraussetzung für ein menschenwürdiges Dasein mit kultureller Teilhabe kaum mehr verzichtbar." Weder besonders vermögende Menschen noch Menschen, die statistisch betrachtet eher als arm gelten, müssen auf eines der eben genannten Dinge verzichten. Egal, wohin man schaut, in das hippe Straßencafé an der Ecke, in große Bürokomplexe namhafter Unternehmen oder in die Randbezirke unserer Gesellschaft, in denen durchaus Menschen leben, die weniger Einkommen und Vermögen haben als andere bzw. von sozialen Leistungen leben, alle verfügen gegenwärtig über Dinge, die einst als Luxus galten. Vielleicht fährt der eine einen Mercedes SUV und der andere einen kleinen VW Polo und vielleicht hat der eine das neueste iPhone und der andere ein herkömmliches Smartphone, aber über ein Kraftfahrzeug oder ein internetfähiges Mobiltelefon verfügt so gut wie jeder.

Die einstigen Grundbedürfnisse haben demzufolge eine Erweiterung durch das Bedürfnis nach Erfahrung, Abwechslung oder auch nach Entfaltung der eigenen Persönlichkeit erfahren.

Es geht nicht mehr um die pure Versorgung des Menschen, sondern um Dinge, die den Menschen zu einem Individuum machen oder ihm Zugehörigkeit zu einer bestimmten sozialen Gruppe gewähren. Dazu zählen Bedürfnisse wie Mobilität, Spiel, Sport, Leistung, soziale Kontakte, seelisches Wohlbefinden, Teilhabe am gesellschaftlichen Leben wie Arbeit, Freizeit, etc.,

aber auch Anerkennung. Auch Arbeit bedeutet heute nicht mehr nur Geld zu verdienen, um seinen Lebensunterhalt zu sichern, sondern eben auch Integration, Teilhabe, Gemeinschaft, Wertschätzung u. ä. Dies bedeutet im Umkehrschluss aber auch, dass jener Mensch, der von Erwerbsarbeit ausgeschlossen ist, auf weit mehr als einen monatlichen Lohn verzichtet.

In diesem Zusammenhang ist davon auszugehen, dass es sich bei Bedürfnissen „...um ein dynamisches, sich historisch wandelndes, gesellschaftlich-kulturelles System [handelt]. Veränderungen im System der Bedürfnisse spielen sich nicht plötzlich ab, sondern in längeren Zeiträumen. Dabei verschwinden nicht einzelne Bedürfnisse, und andere entstehen neu, sondern es kommt zu Umgewichtungen und Aktualisierungen. Die Befriedigung elementarer Bedürfnisse aktiviert weitergehende Wünsche. Manche Bedürfnisse treten in den Hintergrund, andere in den Vordergrund.“

Im Hinblick auf die moderne Bedürfnisbefriedigung, die vor allem durch den Konsum von Gütern und Dienstleistungen geschieht und zu der uns ja wie weiter unten beschrieben unser Ausgabenüberschuss bzw. das individuelle Sparen anregt, unterscheidet sich die Versorgung unserer Bedürfnisse vor allem in der Art und Weise, wie wir konsumieren. Letztlich besitzen wohl die meisten der in unserem Land lebenden Menschen eine Wohnung, ein Auto, genügend Nahrung und Kleidung. Jedem Menschen ist der Zugang zu einer kostenfreien Schulbildung möglich. Kühlschränke, Waschmaschinen, Fernsehgeräte sind in so gut wie jedem Haushalt zu finden und selbst dann, wenn es Menschen gibt, die sich diese Güter nicht leisten könnten, gibt es unzählige Möglichkeiten, für wenig bis gar kein Geld an solche Dinge zu gelangen. Tauschbörsen im Internet, schwarze Bretter in Supermärkten, Flohmärkte, etc. bieten ein großes Repertoire,

um sich auch für wenig Geld mit heutigen Selbstverständlichkeiten auszustatten. Galten vor 25 Jahren mobile Telefone noch als Luxus, hält heute in der Regel jeder ein Smartphone in der Hand, ganz gleich, welcher sozialen Schicht er angehört und ganz gleich, über welches Vermögen er verfügt. „Es geht nicht mehr um Ernährung, Bekleidung und Wohnen an sich, sondern um Entfaltung und Ausdruck der eigenen Persönlichkeit und um die Integration in gesellschaftliche Gruppierungen. Die Art und Weise des Speisens, Kleidens und Wohnens drückt gewissermaßen individuelle und soziale Identitäten aus.“[13] Diese Aussage lässt sich beliebig auf den Konsum anderer Güter und Dienstleistungen zur Befriedigung der gegenwärtigen Bedürfnisse ausweiten. Nahrung ist für alle da, auch wenn sich manche Menschen kostenintensivere Lebensmittel leisten können als andere. Ein Auto kann sich heutzutage so gut wie jeder leisten, aber dem einen reicht ein günstiges, kleines Auto, ein anderer leistet sich einen Mercedes SUV. Selbst Urlaube sind im Grunde für jeden erschwinglich, auch wenn sich die Art und Weise, wie man Urlaub macht, durchaus unterscheidet, nicht nur in Abhängigkeit vom zur Verfügung stehenden Budget, sondern auch in Abhängigkeit von den individuellen Vorstellungen, was Urlaub für den Einzelnen bedeutet. Selbst der Besuch eines Fitnessstudios ist für fast jeden Menschen leistbar. Vielleicht nicht jenes, welches auf Grund neuester Geräte und einem ausgezeichneten Kursangebot, gut ausgebildeter Trainer, Dienstleistungen aus dem Wellnessbereich, etc. nur mit einem entsprechenden Monatsbeitrag zu nutzen ist, aber vielleicht jenes, welches auf kostenintensive Leistungen verzichtet und vor allem zum Sport machen genutzt wird.

---

13 Zitat nach König, Wolfgang: Kleine Geschichte der Konsumgesellschaft, Konsum als Lebensform der Moderne, Stuttgart 2008, S. 18

Durch gezielte Marketingkonzepte und Angebote wie „All you can eat“ oder der sogenannten „Happy Hour“ sind viele Konsummöglichkeiten auch für eine breite Masse an Menschen zugänglich. Rabattaktionen wie Sommer- und Winterschlussverkauf, Verkaufsportale wie zum Beispiel Limango, Gebrauchtmärkte wie Ebay, Kleinanzeigen und andere machen selbst Markenartikel für viele Konsumenten erschwinglich.

Im Hinblick auf das Thema Sparen kann man hier zusammenfassend feststellen, dass die Versorgung der Grundbedürfnisse in unserem Land derzeit mehr als gesichert ist, dass selbst einstige Luxusgüter für so gut wie jeden Menschen ohne großen Aufwand erschwinglich sind, aber das die Art und Weise, wie man diese Bedürfnisse befriedigt, unterschiedlich ist und zwar nicht nur bezogen auf das jeweilig vorhandene Vermögen, sondern auch bezogen auf die individuelle Einstellung des Menschen zur Bedürfnisbefriedigung und zum Konsum.

Menschliche Bedürfnisse streben vordergründig danach, einen subjektiv empfundenen Mangel zu beheben, wobei dieser immer auch im gesellschaftlichen und sozialen Kontext zu betrachten ist, in dem sich der Mensch bewegt. Laut Dr. phil. Birgit Weber[14] sind Bedürfnisse in folgende Kategorien einzuordnen. Zum einen gibt es existenzielle, kulturelle und luxuriöse Bedürfnisse, zum anderen aber auch vitale, soziale und geistige Bedürfnisse, denn die alleinige Sicherung existenzieller, also Überlebensbedürfnisse sorgt noch nicht dafür, dass ein Mensch, nach heutigem Verständnis, ein menschenwürdiges Leben führt.

An dieser Stelle sei auch der bekannte amerikanische Psychologie Abraham H. Maslow[15] zu erwähnen, dessen einst aufgestellte

14 Vgl. http://www.bpb.de/izpb/7593/gutes-leben-oder-maximaler-nutzen-oekonomische-entscheidungen-im-haushalt?p=all
15 Vgl. https://karrierebibel.de/beduerfnispyramide-maslow/

Bedürfnispyramide bis heute nichts an Aktualität verloren hat. Er benannte vor allem folgende Bedürfnisse, von denen alles Handeln des Menschen abhängt:

- physiologische Bedürfnisse
- Sicherheit, soziale Bindung, Geborgenheit und Liebe
- soziale Anerkennung
- Selbstverwirklichung
- Bildung
- Ästhetik

Möchtest du jedoch mehr aus deiner Einnahmensituation herausholen bzw. deine Einnahmen so optimieren, dass du heute oder in Zukunft mehr konsumieren kannst, dann ist es an der Zeit, deine Ausgaben zu minimieren und das eingesparte Geld so anzulegen, dass es nichts an seinem Wert verliert. Entweder durch das Konsumieren von Gütern, die ihren Wert nicht verlieren und gegebenenfalls erhöhen oder durch das Anlegen deines Geldes, um vom Zins und Zinseszins zu profitieren.

Um dir nun deine Bedürfnisse zu erfüllen, benötigst du entweder ein großes Erbe, ein gutes Einkommen, einen vermögenden Partner oder einen 6er im Lotto. Sicher gibt es Menschen, die über zumindest eine der eben genannten Dinge verfügen, aber die breite Masse wird vermutlich nicht davon gesegnet sein, sodass es dann eben gilt, andere Alternativen zu finden, um sich all jene Bedürfnisse zu erfüllen, die man gegen Geld tauschen kann. Sparen ist eine davon.

Sparen

Was bedeutet sparen?

Sparen. An was denkst du, wenn es um das Thema *Sparen* geht? Gibt man den Begriff Sparen bei Google ein, dann kommen verschiedene Aspekte und Meldungen zum Vorschein, die allesamt eng oder auch weitläufiger mit der Thematik in Verbindung stehen. Sparen bedeutet also zunächst einmal, das vorhandene Geld nicht sofort wieder auszugeben, sondern es zurück zu legen, es zur Seite zu schaffen, auf ein Konto einzuzahlen oder es ganz klassisch in das altbekannte Sparschwein zu stecken. Viele Menschen wollen mit dem Sparen jedoch nicht nur bezwecken, etwas zurück zu legen, sondern das angesparte Geld zu vermehren. Während das klassische Sparschwein, der Sparstrumpf, das Kopfkissen oder der eigene Safe vor allem dazu dient, Geld zu horten, ohne es gewinnerzielend anzulegen, bedeutet das Sparen in Form einer Geldanlage eine verzinste Vergütung. Aus Gründen der Inflation wird es im Sparschwein im Laufe der Jahre sogar an Wert verlieren. Außerdem bleibt das angelegte Geld im Wirtschaftskreislauf, denn es wird seitens verschiedener Schuldner (Banken, Unternehmer etc.) geliehen, um für diese weiter zu arbeiten. Der Gläubiger, das heißt der Sparer erhält für das investierte Vermögen einen Zins. Innerhalb dieses Kapitels soll es allerdings nicht vordergründig darum gehen, mehr aus dem angesparten Geld zu machen, sondern erst einmal darum, Geld zu sparen, mit dem man dann, wenn man es übrighat, natürlich auch Gewinne erzielen kann.

Sparen bedeutet also zunächst erst einmal, sparsam zu sein, d. h. mit den zur Verfügung stehenden Ressourcen so zu wirtschaften bzw. zu haushalten, dass man möglichst wenig davon verbraucht. So gesehen eignet sich nicht nur Geld zum Sparen, sondern auch Zeit, Nerven, Energie, Telefonkosten, Benzin, Strom, Heizkosten, Lebensmittel usw. Indem der Verbraucher nun darauf achtet, seinen Konsum von Verbrauchsmaterialien einzuschränken, ist kurz-, aber auch langfristig ebenso das Sparen von Geld möglich. In diesem Sinne ist Sparen vor allem ein Verzichten auf Konsum oder Bequemlichkeiten, die auf kurz oder lang auch zu einem Mehr an Geld führen und somit den finanziellen Spielraum des Einzelnen erweitern können.

Laut Wikipedia ist „Sparen […] ein volks- und betriebswirtschaftlicher Vorgang. Spart ein Wirtschaftssubjekt (Privathaushalt, Unternehmen oder Staat), verbraucht es weniger, als es verbrauchen könnte. Es entsteht eine Leistungsreserve. Diese Leistungsreserve als Verzicht auf Verbrauchsmöglichkeiten kann zu künftigen Investitionen oder Erhöhungen des künftigen Lebensstandards führen. Der Sparbegriff betrifft betriebswirtschaftlich nicht nur das Geldsparen, sondern auch den temporären ganzen oder teilweisen Verzicht auf den Verbrauch von Gütern oder die Inanspruchnahme von Dienstleistungen. Werden beispielsweise in einem Unternehmen weniger Roh-, Hilfs- oder Betriebsstoffe für die Produktion desselben Produktes eingesetzt, ohne dass dessen Produktionsqualität oder Funktionalität darunter leidet, ist hierin ebenfalls ein Sparvorgang zu sehen wie etwa beim Energiesparen. Dadurch lässt sich die Produktivität steigern und als Folge die Wirtschaftlichkeit verbessern.“[16] Dieser gedankliche

16 Zitat nach https://de.wikipedia.org/wiki/Sparen#Allgemeines

Ansatz lässt sich problemlos auf den einzelnen Menschen übertragen. Beim Sparen geht es also immer darum, seine eigene Wirtschaftlichkeit zu steigern, ganz gleich, ob es sich dabei um zweckbestimmtes Sparen wie eine Urlaubsreise, das größere Auto oder das Eigenheim handelt oder ob es um ein Sparen für eine fiktive, bessere Zukunft geht. Dass, was wir uns heute vom direkten Konsumieren sparen, dient also unserem Konsum in der Zukunft. Sparen verspricht demnach einen, in die Zukunft gerichteten, Konsum. Die dafür notwendige Höhe des Sparguthabens ist eine sehr individuelle und subjektive Größe, deren Grundlagen die Bedürfnisse, Wünsche und Vorlieben des Sparers sind.

Nun kann man jedoch davon ausgehen, dass niemand reich wird, der einfach nur gut verdient. Denn auch für diese Personen gelten beim Sparen die gleichen Spielregeln wie für alle anderen Menschen auch. Nämlich die, dass ein erspartes Vermögen immer erst dann entsteht, wenn man weniger ausgibt als man einnimmt. Sparen bedeutet also immer Verzicht im Augenblick, in der Gegenwart, um für die Zukunft vorzusorgen, sich dann etwas zu gönnen oder es im Alter besser zu haben. Dabei ist die Erfahrung des bewussten Verzichts für den einen schmerzhafter als für den anderen, immer in Abhängigkeit von der Persönlichkeitsstruktur des Sparers sowie den Motiven, die den Sparer zum Verzichten anregen. Sparen ist demzufolge immer eine sehr individuelle Angelegenheit, sowohl wenn es um die Gründe und Motive geht als auch, wenn es darum geht, konkrete Sparvorhaben in die Tat umzusetzen. So ist das Sparen für den einen Menschen etwas, dass Entbehrungen, also Verzicht im negativen Sinne sowie Einschränkungen bedeutet und für den anderen Menschen, etwas, dass ihm Freude bereitet. Einer möchte für seine Zukunft eine gewisse Vorsorge treffen und sich

nicht auf andere verlassen, der andere möchte sich einen Lebenstraum erfüllen. Und wieder andere sparen, weil sie mit ihren Einnahmen nicht über die Runden kommen.

Wissenschaftliche Studien belegen tatsächlich, dass Menschen, die sparen eher an die Zukunft glauben, dass sie optimistischer und lebensbejahender sind. „Wer spart, verschafft sich selbst ein Gefühl, das uns eigentlich so wichtig ist: das Gefühl der Sicherheit.“[17]

Grundsätzlich kann man feststellen, dass sich das Sparen ganz allgemein in zwei Kategorien des Sparens einteilen lässt. In das freiwillige Sparen und in das Zwangssparen. Zum freiwilligen Sparen zählen im Grunde alle Dinge, die man zum Zwecke des Sparens unternimmt, ganz gleich, ob man dabei ein spezielles Ziel vor Augen hat oder eben nicht, während das Zwangssparen auf öffentlich-rechtlichen oder hoheitlichen Interessen beruht. „Die bekannteste Form des Zwangssparens ist die Erhebung von Steuern durch den Staat, denn die Steuerpflichtigen können den Steueranteil an ihrem Einkommen nicht konsumieren.“[18]

Im weitesten Sinne ist auch die Tilgung eines privaten Kredites eine Form des Zwangssparens, denn jenes Geld, welches zur Tilgung der Raten genutzt wird, steht einem nicht zum freien Konsum zur Verfügung, auch wenn man dabei, durch das Finanzieren eines Eigenheims beispielsweise, durchaus Vermögensaufbau betreibt. Bevor das Eigenheim jedoch zum eigenen Vermögen wird, ist der Hauserbauer mit seiner Bank Verbindlichkeiten eingegangen, die ihn über meist lange Zeiträume in vertragliche Abhängigkeiten bringen.

---

17 Zitat nach: Die Welt: Warum Sparen die Menschheit voranbringt, 30.10.2013
18 Zitat nach https://de.wikipedia.org/wiki/Sparen#Allgemeines

Bereits im frühen 17. Jahrhundert gab es seitens eines Kameralisten die Idee des Zwangssparens. So schlug Georg Obrecht in seinem Buch *Fünf unterschiedliche Secreta* im Jahr 1617 vor, dass Väter zur Geburt ihres Kindes einen Betrag bei einer sogenannten Kindersparkasse einzahlen, der mit 6 % Zinsen ausbezahlt wurde, sobald der Sohn 24 oder die Tochter 18 Jahre alt wurden. Die Idee bestand vor allem darin, für den Start des eigenen Kindes ins Erwachsenenalter vorzusorgen. Ähnlich einer Mitgift, die eine Frau in Form von Gegenständen oder Hausrat mit in die Ehe brachte, um für den gemeinsamen Haushalt Vorsorge zu treffen. Eine Mitgift war zur damaligen Zeit eben auch eine Form des Sparens, welches die Familie für die Tochter vollzog. Damals waren Töchter meist von der Erbfolge ausgeschlossen, sodass die Mitgift auch als eine Art vorgezogenes Erbe anzusehen ist.

Das klassische Vorsorgesparen dagegen ist eine Sparform, die vor Notsituationen (wie Krankheit, Arbeitslosigkeit, Rentenalter, Pflegebedürftigkeit, etc.) schützen soll und aus unterschiedlichen Anteilen besteht. Zum einen sind die meisten Erwachsenen, zumindest jene Erwerbstätigen mit gesetzlicher Versicherungspflicht, dazu gezwungen, einen prozentualen Anteil ihres Erwerbseinkommens für Sozialversicherungen abzugeben. Insofern handelt es sich auch dabei um eine Art Zwangssparen, wie es bereits weiter oben angesprochen wurde. Auf Grund dessen, dass man sich, bedingt durch gesellschaftliche Wandlungsprozesse, auf eine finanzielle Sicherheit im Alter oder im Krankheits- bzw. Pflegefall nicht mehr hundertprozentig verlassen kann, wird uns zum anderen seitens der Politik immer wieder dazu geraten, auch selbst eine Altersvorsorge zu betreiben, um im Rentenalter keine Einbußen seines Lebensstandards hinnehmen zu müssen.

Das mögliche, bisweilen düster erscheinende Szenario, dass die gesetzlichen Rentenkassen die Rentenansprüche all derer, die in die gesetzliche Rentenkasse eingezahlt haben, vielleicht nicht hinreichend decken können, hängt unter anderem damit zusammen, dass die Lebenserwartung der Deutschen schneller steigt als das Renteneintrittsalter.[19] „Das Renteneintrittsalter hält in Deutschland nicht mit der Entwicklung der Lebenserwartung Schritt. So erhielten Männer im Jahr 1970 mit durchschnittlich 65,2 Jahren eine Altersrente und konnten erwarten, noch fast zwölf weitere Jahre zu leben. Heute gehen sie rund ein Jahr früher in den Ruhestand, während die fernere Lebenserwartung im Alter von 65 Jahren um beinahe sechs Jahre gestiegen ist.“[20] Das Prinzip der gesetzlichen Rentenversicherung beruht auf dem Prinzip einer Umlagefinanzierung. Dies bedeutet im Grunde nichts anderes, als dass die erwerbstätige Bevölkerung mit ihren Rentenversicherungsbeiträgen die Renten der alt gewordenen Generation finanziert und selbst einen eigenen Anspruch erwirkt, im eigenen Ruhestand durch die Beiträge der erwerbstätigen Personen versorgt zu werden. Da die gesetzliche Versicherung kaum Rücklagen bildet und das vorhandene Geld nicht Gewinn erzielend einsetzt (oder einsetzen kann) ist es notwendig, dass die Einnahmen ungefähr genauso hoch sind wie die Ausgaben durch Rentenzahlungen. In den vergangenen Jahren kam es jedoch, auf Grund der demographischen Schere, zu einer Schieflage hinsichtlich der Rentenbeiträge und der Rentenzahlungen. Laut dem Demographie-Portal kamen noch im Jahr 1962 „auf einen

---

19 Vgl. https://www.demografieportal.de/SharedDocs/Informieren/DE/ZahlenFakten/Beitragszahler_Altersrentner.html

20 Zitat nach https://www.demografie-portal.de/SharedDocs/Informieren/DE/ZahlenFakten/Renteneintrittsalter_Lebenserwartung.html

Altersrentner sechs aktiv versicherte Erwerbspersonen."[21] Im Laufe der Zeit änderte sich dieses Verhältnis in ungünstiger Weise. Bei gleichzeitigem Anstieg der Lebenserwartung ist das Verhältnis zwischen Altersrentner und Beitragszahler gesunken. Das bedeutet, dass bereits in den 70/80er Jahren nur noch vier Beitragszahler einen Altersrentner tragen mussten. Mittlerweile stehen einem Altersrentner heute nur noch ungefähr zwei Personen gegenüber, die mit ihren Beiträgen dessen Rente sichern. „Bemerkenswert an dieser Entwicklung ist, dass die Zahl der Beitragszahler im Trend kontinuierlich zugenommen hat und es 2015 mit 37 Millionen aktiv Versicherten so viele Beitragszahler gab wie nie zuvor. Gleichzeitig ist die Zahl der Rentenempfänger aber noch stärker gewachsen und betrug 2015 rund 18 Millionen Altersrentner."[22] Der Renteneintritt der Babyboomer-Jahrgänge steht uns bei allen wenig optimistischen Tendenzen sogar noch bevor. Im gleichen Zeitraum, in dem die geburtenstarken Jahrgänge das Renteneintrittsalter erreichen, sinkt aber auch die Größe der Erwerbsbevölkerung. Schon allein dies ist ein starkes Motiv dafür, in irgendeiner Form private Vorsorge für die hoffentlich lange Zeit nach der Erwerbstätigkeit zu betreiben.

Die private Vorsorge für das bevorstehende Rentenalter wäre im Gegensatz zur gesetzlichen Rentenversicherung eine freiwillige, zweckbestimmte Sparform. Aber auch diese Form bedeutet einen gegenwärtigen Verzicht auf Konsum, verbunden mit dem

21 Zitat nach https://www.demografie-portal.de/SharedDocs/Informieren/DE/ZahlenFakten/Beitragszahler_Altersrentner.html

22 Zitat nach https://www.demografie-portal.de/SharedDocs/Informieren/DE/ZahlenFakten/Beitragszahler_Altersrentner.html

Versprechen des Konsums in der Zukunft. Durch das Sparen wird der Konsum sozusagen ins Rentenalter verschoben, um sicherzustellen, dass man auch im hohen Alter noch am Leben der Gesellschaft teilhat. Um den Erwerbstätigen zu einem freiwilligen, zweckgebundenen Sparen zu bewegen, werden seitens des Staates Anreize geschaffen wie Rürup- oder Riesterrenten sowie das Angebot vermögenswirksamer Leistungen, um nur einige Formen zu erwähnen. Das macht der Staat nicht vordergründig aus Nächstenliebe oder ausschließlich altruistischen Gründen, sondern vor allem um seine eigenen Haushalte zu entlasten. Außerdem sichert eine halbwegs zufriedene Bevölkerung die Existenz des eigenen demokratischen Landes. Das Sparen im Sinne einer privaten Vorsorge lässt sich vor allem als „Absicherung gegen Unsicherheiten, das Halten eines einmal erreichten Konsumniveaus sowie die Flexibilität des intertemporalen Konsums (also die Liquidität) einordnen.“[23]

Nachdem ich nun ausführlich die unterschiedlichen Formen des Sparens beschrieben habe, widme ich mich im folgenden Kapitel den möglichen Gründen, die zum Sparen motivieren, denn sie sind es schließlich, die dich dazu bewegen, deine Ausgabensituation so zu gestalten, dass du etwas zum Sparen übrig hast.

23 Zitat nach https://de.wikipedia.org/wiki/Sparen#Allgemeines

Motive für das Sparen

Um sich der Darstellung der unterschiedlichen Motive für das Sparen von Geld zu widmen, erscheint es mir zunächst von großer Bedeutung, dir die individuellen Voraussetzungen der Menschen näher zu bringen, die ihr Vorhaben, Geld zu sparen oder sich ein Vermögen aufzubauen, in die Tat umsetzen wollen, denn gerade aus den Dingen, die der Mensch, bedingt durch seine Lebensumstände wie zum Beispiel Bildungsgrad, Gesellschaftsschicht, Arbeitssituation und Sozialisationserfahrungen bzw. dem System aus dem er stammt und in dem er sich bewegt, mit bringt und die durchaus sehr verschieden sein können, resultieren letztlich auch die unterschiedlichen Gründe, die den Menschen dazu bewegen, etwas von seinen Einnahmen nicht für den unmittelbaren Konsum zu nutzen, sondern anzusparen. Neben all den aus den gesellschaftlichen Wandlungsprozessen resultierenden Notwendigkeiten wie dem demographischen Wandel oder bestehenden und zunehmenden Unsicherheiten bezüglich staatlicher Sicherungssysteme und globaler Entwicklungen, die sich auch auf individuelle Lebensprozesse auswirken, gibt es sehr subjektive Bedarfslagen und Ausgangssituationen.

Ausgehend von der eben vorgestellten Situation gibt es Menschen, die auf Grund ihrer beruflichen Stellung, ganz gleich, ob es sich dabei um einen hochbezahlten Managerposten oder eine berufliche Nische handelt, die auf Grund einer speziellen Qualifikation oder einem Expertenwissen, welches für ein gutes bis sehr gutes Einkommen sorgt oder es sich um Menschen handelt, die vielleicht auf Grund einer Erbschaft über ein größeres Vermögen verfügen als andere, sprechen wir an dieser Stelle von einem Personenkreis, der in der Regel über mehr

Einnahmen verfügt, als er an Ausgaben zu bewältigen hat. Diese Umstände helfen demjenigen dabei, den Überschuss an Einnahmen auf die hohe Kante zu legen. Jener Personenkreis ist demnach in der Lage, zu sparen, sein Vermögen gewinnbringend anzulegen oder es unter sein Kopfkissen zu legen, ohne dass es schwerfällt oder Entbehrungen bzw. Verzicht bedeutet. Das Sparen geschieht in diesem Fall nebenbei.

Auf der anderen Seite gibt es Menschen, die ein eher mittleres Einkommen haben und sich ganz alltäglich gewordene Dinge wie ein Eigenheim oder ein größeres Auto anschaffen wollen. Dies sind Menschen, die mit ihren Einnahmen durchaus ihre Ausgaben gut decken können und sich durch die Finanzierung von eigenem Wohnraum beispielsweise ein Sachvermögen aufbauen oder regelmäßig etwas von ihren Einnahmen zurücklegen können. Je nach individuellen Vorlieben und Interessen kann es sich dabei um Urlaubsreisen, Produkte und Dienstleistungen aus dem Beauty- und Wellnessbereich, die Finanzierung spezieller Hobbies und Freizeitaktivitäten, etc., handeln. Um Geld anzusparen, legen sie einen kleinen Teil ihrer Einnahmen zurück, um ein bestimmtes Ziel zu erreichen. Je nach Zielsetzung wird dann entweder kurzfristig oder langfristig gespart.

Schlussendlich finden wir aber auch jenen Personenkreis, der nach Abzug seiner Ausgaben kaum etwas von seinen Einnahmen übrighat. Dazu zählen zum einen Menschen, die auf Grund ihrer Lebensumstände von der Teilhabe an Erwerbsarbeit ausgeschlossen sind oder Menschen, die auf Grund ihrer privaten Situation oder bedingt durch mangelnde berufliche Qualifikation, nicht oder nur teilweise dem Arbeitsmarkt zur Verfügung stehen

bzw. im Niedriglohnsektor tätig sind und entweder ganz oder teilweise vom staatlichen Versorgungssystem abhängig sind. Für diesen Personenkreis ist es sehr schwer, aus eigener Kraft, etwas von ihren Einnahmen anzusparen. Entscheiden sich diese Menschen dennoch dazu, einen Einnahmenüberschuss zu erzielen, bedeutet dies, ihre alltägliche Ausgabenstruktur so zu senken, dass an anderer Stelle etwas übrigbleibt. In aller Regel geht dies mit Verzicht und Entbehrungen bezüglich einer allgemeinen Lebensqualität einher. Sich aus dieser misslichen Lage selbst zu befreien, ist auf Grund von gesetzlichen Regelungen bezüglich des Erhalts staatlicher Sozialleistungen schwierig und für viele Menschen kaum zu bewältigen. Die Existenz ist durch Sozialleistungen wie Hartz IV, Kinderzulagen, Bildungspaketen, Erwerbsunfähigkeitsrenten, Grundsicherungsleistungen oder ähnlichem zwar gesichert, reicht aber nicht für sogenannte Extras oder die Erfüllung zusätzlicher Wünsche, die auch diesem Personenkreis Teilhabe an jener in den Medien gepriesenen Konsumwelt verspricht. Das existenzielle Leben ist gesichert, aber in vielen Aspekten der Teilhabe am gesellschaftlichen Leben ist man dennoch ausgeschlossen. Besonders hart trifft dies oft Kinder aus Familien mit prekärem Einkommen, die bereits früh in ihrem Leben erfahren, was es bedeutet, nicht einbezogen zu sein, nicht teilzuhaben an jenen Dingen, die für die Gesellschaftsform, in der wir heute leben, relevant scheinen. Bei dem Versuch, die prekäre finanzielle Situation mit Hilfe eines Nebenjobs oder Gelegenheitsarbeiten zu verbessern, werden jenen Personen, die nach Verbesserung streben und sich nicht mit einer staatlichen Existenzsicherung zufrieden geben wollen, Sozialleistungen gekürzt, sodass sie trotz aller Bemühungen an ihrer Einnahmensituation wenig bis gar nichts verändern können.

Zuletzt möchte ich noch einen Personenkreis nennen, der auf Grund von einer privaten Verschuldung, ganz gleich, wodurch die Schulden zustande kamen, Sparmaßnahmen einleitet, um eine weitere Neuverschuldung zu vermeiden. Ein mühsamer, dennoch nicht minder lohnenswerter Weg.

So unterschiedlich die hier genannten Personenkreise auch sein mögen, haben sie doch auch zahlreiche Gemeinsamkeiten. So gehören zum Beispiel alle hier aufgezählten Beispiele zu der Gruppe der privaten Haushalte. „Die privaten Haushalte sind die kleinsten wirtschaftlichen Einheiten, die im Gegensatz zu den Unternehmen für die eigene Bedarfsdeckung wirtschaften. Die eigenständige Haushaltsführung stellt sie vor komplexe organisatorische und wirtschaftliche Herausforderungen. Sie verlangt vielfältige Abwägungen, die einerseits frei und selbstbestimmt, andererseits aber auch von sozialen Konventionen und Normen oder durch andere soziale Akteure und Institutionen beeinflusst, beeinträchtigt oder begrenzt getroffen werden.“[24]

Alle vorgestellten Personenkreise haben außerdem gemeinsam, dass bei steigenden Einnahmen/ zunehmendem Vermögen und den angenommenen verbesserten Lebensstandards zumeist auch die eigenen Ansprüche wachsen und man sich ganz plötzlich in der sogenannten hedonistischen Tretmühle wieder findet, die letztlich den Menschen dazu verleitet, nach einem stark positiven oder stark negativem Lebensereignis relativ schnell zu einem relativ stabilen Level von Glück zurückzukehren. Die hedonistische Tretmühle ist innerhalb zahlreicher Wissenschaften wie zum Beispiel der

---

24 Zitat nach http://www.bpb.de/izpb/7577/private-haushalte-quelle-und-ziel-wirtschaftlicher-aktivitaet

Glücksforschung, der positiven Psychologie, aber auch innerhalb der Verhaltensökonomik ein bedeutender Forschungsgegenstand.[25] Von einer Tretmühle spricht man deshalb, weil der Mensch so viel dafür tut, dass sich das Streben nach Glück durch eine Verbesserung der finanziellen Situation endlich einstellt und man schlussendlich doch am selben Platz bleibt, wenn es um das individuelle Glücksempfinden geht. Demnach versucht die Theorie der hedonistischen Tretmühle zu erklären, „warum mehr Wohlstand bzw. mehr Einkommen die Menschen nicht in erwarteter Weise glücklicher macht.“[26] Das subjektive Empfinden von Glück hängt also nicht mit der Summe an zu Verfügung stehendem Geld zusammen, sondern vor allem damit, wie der Einzelne seine Lebensumstände bewertet.

Da es jedoch innerhalb des dir vorliegenden Buches darum geht, Geld zu sparen, möchte ich es an dieser Stelle bei der Beschreibung der unterschiedlichen Personenkreise belassen, denn so unterschiedlich die Lebensumstände und die damit verbundene Leichtigkeit oder auch Schwierigkeit in Bezug auf das Thema Geld sparen auch sein mag, die Motive oder Gründe, die den Menschen zum Sparen anregen, sind eben doch ähnlich.

Grundsätzlich ist davon auszugehen, dass jeder der hier erwähnten privaten Haushalte entsprechend haushalten oder wirtschaften muss, um die eigenen Bedürfnisse zu befriedigen. Die dafür notwendigen und zur Verfügung stehenden finanziellen Ressourcen sind jedoch unterschiedlich. „Dass sie wirtschaften müssen, resultiert aus der Annahme, dass Bedürfnisse grundsätzlich unbegrenzt sind, aber die zur Verfügung stehenden

25 Vgl. https://de.wikipedia.org/wiki/Hedonistische_Tretmühle
26 Zitat nach https://de.wikipedia.org/wiki/Hedonistische_Tretmühle

Mittel knapp, weshalb immer Entscheidungen zu treffen sind, welche Ziele mit welchen Mitteln angestrebt werden.“[27]

Bereits Mitte der 30er Jahre des 20. Jahrhunderts erwähnte John Maynard Keynes in seinem Buch über die *Allgemeine Theorie der Beschäftigung, des Zinses und des Gelds*[28] verschiedene subjektive Gründe für das Sparen, die auch heute nichts an ihrer Bedeutung verloren haben.

Als erstes nannte Maynard Keynes das Motiv der Vorsicht. Im Vergleich mit heutigen Studien und Befragungen zu den Sparmotiven (wie zum Beispiel die des Verbandes der Privaten Bausparkassen) wird noch immer häufig die Sicherheit genannt. Selbst Rücklagen zu bilden für unvorhersehbare Ausgaben wie eine Reparatur, eine neue Waschmaschine, ein defekter Kühlschrank, etc. gibt den meisten Menschen ein Gefühl von Sicherheit. Derzeit geht man von etwa drei Monatsgehältern aus, die man zurücklegen soll, um für Unvorhersehbarkeiten in der Ausgabensituation gewappnet zu sein. Aber auch im Hinblick auf eventuell „schlechte“ Zeiten, Wirtschaftskrisen oder das bevorstehende Rentenalter ist der Gedanke der Sicherheit ein allseits akzeptiertes und praktikables Sparmotiv.

Aber auch das Motiv der Vorsorge, welches bereits Maynard Keynes 1936 beschrieb, ist heute aktueller denn je. Der Grund, durch das Ansparen von Geld eine gewisse Art Vorsorge zu leisten, beruht auf der Annahme, sich durch das Sparen von Geld ein gewisses Polster zu schaffen, um eventuell steigende Preise

---

27 Zitat nach http://www.bpb.de/izpb/7577/private-haushalte-quelle-und-ziel-wirtschaftlicher-aktivitaet

28 Vgl. John Maynard Keynes: Allgemeine Theorie der Beschäftigung, des Zinses und des Geldes, 1936, S.92

oder steigende Ausgaben bewältigen zu können, ohne auf seinen gewohnten Lebensstandard zu verzichten. Vorsorge zu treffen gibt dem Sparwilligen ebenfalls ein Gefühl von Sicherheit, vergleichbar mit dem Eichhörnchen, welches einen Vorrat an Nahrungsmitteln sammelt, um über den harten Winter zu kommen. Aber auch die Menschen legten sich noch vor gar nicht allzu langer Zeit Vorräte an Lebensmitteln an. Sie bauten in ihren Gärten häufig Obst und Gemüse an, kochten dieses für den Winter ein. Auch diese Art der Vorsorge sorgte für ein wohliges Gefühl der Sicherheit. Zu kurz lagen all jene Zeiten zurück, in denen Essen auf dem Tisch für viele Menschen keine Selbstverständlichkeit war. Motive wie Vorsorge und Sicherheit entfalten ihre gefühlte Notwendigkeit auch in Bezug auf die Mechanismen, die den Markt und infolge dessen auch den Geldwert mitunter nachhaltig beeinflussen.

Aber auch gesellschaftliche Entwicklungen, veränderte Lebensumstände, demographische Strukturveränderungen, fehlende Gelder in staatlichen Haushalts- und Rentenkassen, mangelndes Vertrauen in staatliche Sicherungssysteme usw. tragen zu einem zunehmenden Bedarf an privaten Vorsorgeleistungen bei, die letztlich die subjektiven Sicherheitsbedürfnisse der einzelnen Menschen befriedigen sollen.

Ein wichtiger Aspekt, der das Sparen sowohl aus Sicherheitsgründen und Vorsorgemotiven für uns Menschen sinnvoll erscheinen lässt, ist der, dass seitens der Politik immer wieder darauf hingewiesen wird, dass die zukünftige Rente auf Grund des demographischen Wandels und der Digitalisierung von Arbeitsprozessen vermutlich nicht mehr ausreichen wird, um auch im hohen Alter seinen Lebensstandard aufrecht zu erhalten.

Altersarmut ist medial in aller Munde. Das möglicherweise entstehende finanzielle Loch der gesetzlichen Rentenversicherung durch eine Anhebung des Renteneintrittsalters zu stopfen, scheint für manche Berufsgruppen nahezu utopisch. Welcher Dachdecker ist nach 45 oder mehr Dienstjahren physisch und psychisch noch im Stande, seinen Beruf in Vollzeit auszuüben? Vermutlich wenige und für andere Berufsgruppen gilt im Grunde dasselbe. In diesem Sinne stellen private Vorsorgeleistungen zum einen den Lebensstandard im Rentenalter sicher, zum anderen bieten sie den Menschen auch die Möglichkeit, frühzeitiger in Altersrente zu gehen und die damit verbundenen finanziellen Einbußen zu überbrücken.

Ein weiteres Motiv, welches in Maynard Keynes Ausführungen von 1936 beschrieben wurde und nichts an seiner Aktualität verloren hat, ist das Bedürfnis nach finanzieller Unabhängigkeit. Das Vermeiden finanzieller Abhängigkeit, das Angewiesen-Sein auf staatliche Sozialleistungen oder die Gunst von Familienangehörigen empfindet ein Großteil der Menschen als einschränkend und entwürdigend, sodass Menschen auch deshalb Geld sparen, um nicht in unfreiwillige Abhängigkeiten zu geraten.

Ein weiteres Motiv, Geld zu sparen oder mit seinen Einnahmen so effektiv umzugehen, dass etwas von den Einnahmen übrig bleibt, liegt in der Hoffnung begründet, durch reduzierte Ausgaben auf der einen Seite sowie verbesserten Bedingungen bezüglich der eigenen Lebenshaltung auf der anderen Seite, eine Optimierung der individuellen Lebenssituation oder eine Steigerung des subjektiv empfundenen Lebensstandards zu erreichen. Die Rahmenbedingungen, die das eigene Leben für den Menschen lebenswert erscheinen lassen und für die sie ihre Einnahmen

auszugeben gedenken, sind dabei durchaus unterschiedlich, immer aber auch damit verbunden, die eigene Lebenssituation zu optimieren. Für eine Familie in einer Großstadt könnte dies ein Eigenheim am Rande der Stadt sein, im Grünen, um sich eine scheinbare Idylle von der Fülle des Großstadtrummels zu erschaffen, oder ein großes Auto. Für wieder andere Familien ist es wichtig, sich mit Lebensmitteln aus dem Bioladen zu versorgen, weil sie eben Wert auf eine gesunde, ökologische und biologische Ernährung legen, die auf Nachhaltigkeit setzt. Andere Menschen möchten ein tolles Handy, den neuesten TV, Streamingdienste, etc. käuflich erwerben. Da dies nicht für jeden Menschen auf Grund seiner Einnahmensituation möglich ist, muss dieser Personenkreis etwas an seiner Ausgabensituation verändern, um Geld für die Dinge übrig zu haben, die ihnen für ein erfülltes Leben bedeutungsvoll sind. Wiederum legen andere Menschen Wert auf eine gute Bildung ihrer Kinder. Sie möchten sie nicht dem herkömmlichen, deutschen Schulsystem unterwerfen, sondern wählen eine Institution, die ihren eigenen familiären Werten am ehesten entspricht. Was all diese Menschen jedoch gemeinsam haben ist die Tatsache, dass sie ihren Konsum bei Dingen, die ihnen weniger relevant erscheinen, einschränken, um ihre Ausgaben in Form einer anderen Art von Konsum einzusetzen.

Wie an anderer Stelle bereits dargestellt, gibt es Menschen, die über so viel Vermögen oder Einkommen verfügen, dass sie, gemessen an der Formel Sparen=Einnahmen minus Ausgaben, immer etwas übrighaben, ohne dass sie dafür etwas anderes entbehren müssen. Es ist einfach da. Dieser Personenkreis setzt sein Sparguthaben in der Regel so berechnend ein, dass sie schließlich Zinserträge und Wertsteigerungen erwirtschaften und das Vermögen weiterwächst. Ganz ohne Anstrengungen lassen sie es für sich arbeiten.

Schlussendlich dient dies natürlich auch dazu, eventuelle Konsumvorhaben auf später zu verschieben, im Alter abgesichert und für Notfälle gewappnet zu sein oder auch einfach nur, um nach ihrem Tode den eigenen Nachkommen etwas zu hinterlassen.

Es gibt aber auch Gründe bezüglich des eigenen beruflichen Lebens, die zum Sparen animieren können. So sparen manchen Menschen Geld an, um sich einen lang gehegten Traum der Selbstständigkeit zu erfüllen. Dafür benötigen sie eventuell Startkapital, um eine Investition für eine erfolgsversprechende Zukunft zu tätigen. Oder man spart für eine Zusatzausbildung, um einen erfüllenden Job in Festanstellung zu finden. Wieder andere sparen aus Gründen des eigenen Unternehmergeistes Geld an, um durch dieses Kapital, ihr Unternehmen zu vergrößern oder mit Hilfe von neuen Technologien am Markt präsent zu bleiben.

Zu guter Letzt finden wir jene Menschen, denen es darum geht, anderen Menschen zu Lebzeiten ein Vermögen zu präsentieren, sich mit Dingen auszustatten, die andere bewundern und auch jene Personen, die im Sinne einer, medial gepriesenen, „Geiz-ist-geil-Mentalität" stets alles zum günstigsten Preis erwerben möchten. Ob sie am Ende tatsächlich sparen konnten oder einer gezielten Marketingstrategie zum Opfer fielen, sei in diesem Zusammenhang mal dahingestellt.

Immer mal wieder gibt es Banken, Versicherungen, Forschungsinstitute, etc., die mit Hilfe von Befragungen, Studien und Statistiken den Versuch starten, herauszufinden, wofür der deutsche Otto-Normal-Verbraucher seinen Einnahmenüberschuss spart und kommt zu unterschiedlichen Ergebnissen. Das hängt vermutlich auch mit der Art der Befragung bzw. mit der befragten

Zielgruppe zusammen. Nach einem Vergleich verschiedener Ergebnisse stelle ich hier auf Grund der zeitlichen Aktualität eine Befragung vor, die vom Verband der Privaten Bausparkassen durchgeführt wurde.

So hat eben genannter Verband im Juni 2018[29] die Sparmotive der Deutschen untersucht und folgendes Ergebnis ermittelt. 56,5% der Befragten gaben an, dass die Gründe bzw. Motive für das private Sparen in Konsumwünschen oder Anschaffungen zu finden sind, 53% betreiben durch regelmäßiges Sparen eine private Altersvorsorge, insgesamt 36,8% bilden regelmäßige Rücklagen für den Erwerb oder auch die Renovierung von Wohneigentum. Immerhin 25,5% sparen, um eine Kapitalanlage zu erwerben. Dies schafft zum einen Eigentum und sorgt gleichzeitig für eine gute Altersvorsorge. 3,7% der Befragten legen einen sogenannten Notgroschen beiseite und 1,9% der befragten Sparer legen Geld zur Seite, um es in die Bildung der eigenen Kinder zu investieren.

Möglicherweise findest du dich in einigen der hier aufgezählten Motivationen wieder und trotzdem hast du vielleicht noch immer das Problem, nicht genügend zu sparen. Da bist du nicht alleine, es geht sehr vielen Menschen so, dass sie mit ihrem Geld nur sehr ineffektiv wirtschaften und damit keinen Überschuss schaffen. Was es dir also mitunter so schwer macht, sparsamer in deinen Ausgaben zu sein, kannst du im folgenden Kapitel nachlesen.

---

29 Vgl. https://www.asscompact.de/nachrichten/das-sind-die-wichtigsten-sparmotive-der-deutschen

Warum fällt uns das Geld sparen dennoch so schwer?

Nun, in den vorherigen Kapiteln hast du einiges über unsere Konsumgesellschaft, über die Entstehung sowie die Bedeutung des Geldes im Allgemeinen und auch über das Sparen, was es bedeutet und aus welchen Gründen du zum Sparen bewegt werden kannst, erfahren. Diese sind am Ende so unterschiedlich wie das Individuum und seine ganz eigene Lebenswelt. All das konntest du dem Buch bislang entnehmen.

Theoretisch klingt das natürlich alles sehr logisch und einfach. Aber, warum fällt es uns trotzdem immer wieder so schwer, etwas von dem Geld, was wir haben, einfach nicht auszugeben, sondern zu sparen. Woran liegt es, dass wir uns immer wieder vornehmen, mit unserem Geld besser zu wirtschaften, um dann schlussendlich trotzdem wieder daran zu scheitern? Nun, die Gründe dafür sind vielfältig und sollen innerhalb dieses Kapitels dargestellt werden. Ich habe mich innerhalb des Buches vor allem auf jene Aspekte beschränkt, die im kommenden Teil hinsichtlich der Möglichkeiten des Sparens wieder aufgegriffen werden.

Sparen bedeutet ja, sich nicht nur „...die Frage zu beantworten, wo das zurück gelegte Geld am besten aufgehoben ist - sondern herauszufinden, welches Geld man [überhaupt] zur Seite legen kann.“[30]

Wie du bereits lernen konntest, ist es notwendig, deine Ausgaben niedriger zu halten als deine Einnahmen, um überhaupt Geld zum Sparen zur Verfügung zu haben. Und da kommt schon meine allererste Frage an dich. Hast du aktuell eine genaue Vorstellung darüber, wie hoch deine Ausgaben sind? Ich fürchte nein.

30 Zitat nach https://www.sueddeutsche.de/geld/vorsaetze-fuers-neue-jahr-warum-das-sparen-so-schwierig-ist-1.2281904

Möglicherweise geht es dir diesbezüglich wie Millionen anderer Menschen mit gefühlt zu wenig Geld. Du hast schlichtweg keinen Überblick über deine Finanzen oder er ist dir im Laufe der Zeit einfach verloren gegangen. Auch das passiert häufiger, als du dir vorstellen kannst. Das ist kein Grund, den Kopf in den Sand zu stecken. Ganz im Gegenteil. Das Eingeständnis, sich nicht oder zu wenig mit dem eigenen Geld zu beschäftigten, ist der erste Schritt in eine hoffentlich unbeschwertere Zukunft, was deine finanziellen Angelegenheiten anbelangt. Oft fehlt es uns einfach an Selbstkontrolle und verschiedenen Prozessen oder Handlungsmodalitäten. Das bedeutet in der Tat nichts anderes, als das wir es oftmals gar nicht als Ausgabe wahrnehmen, wenn wir mit der Karte bezahlen oder mal eben eine Online-Überweisung tätigen. Das Nutzen der Kreditkarte ist letztlich noch verhängnisvoller. Wir kaufen, konsumieren, nehmen lustig und munter am Leben unserer Konsumgesellschaft teil. Unser Hang zum Verdrängen unschöner Dinge trägt außerdem dazu bei, dass wir vergessen, an morgen zu denken. Unsere Laune ist jedoch spätestens dann im Keller, wenn wir uns die Kreditkartenabrechnung mit ihren unschönen Sollzinsen vor Augen führen. In jedem Fall, ob Kartenzahlung oder Online-Überweisung, ist das Geld in unserem Geldbeutel erst einmal nicht weniger geworden. Hättest du all die Dinge, mal so eben nebenbei mit den Münzen oder Scheinen aus deinem Portemonnaie gezahlt, dann hättest du vermutlich eher überlegt, ob du dies oder das tatsächlich brauchst. Und, du hättest sehr gut erkennen können, dass dein wahrhaftig vorhandenes Geld wirklich weniger geworden ist. Da gerade das bargeldlose Zahlen für Menschen mit mangelnder Selbstkontrolle eine verhängnisvolle Angelegenheit sein kann, wird dies später noch einmal ausführlicher behandelt.

Nun, wenn du zu meinem Ratgeber gefunden hast, dann vielleicht deshalb, weil du an deiner Situation etwas ändern

möchtest. Um die Kontrolle über deine Finanzen zurück zu gewinnen, kannst du mit Hilfe eines Haushaltsbuches deine ganz eigene und höchst individuelle Gewinn- und Verlustrechnung erstellen. Du wirst überrascht sein, welche Ausgaben du tatsächlich hast und das dich selbst Kleckerbeträge wie der morgendliche Coffee-to-go beispielsweise einen ganzen Haufen Geld kosten, mit dem du locker in den Urlaub fahren könntest. Wie du dir anhand eines Haushaltsbuches einen Überblick über deine Finanzen schaffst, erfährst du im praktischen Teil des dir vorliegenden Buches. Du kannst also weiterhin gespannt sein.

Das Sparen an sich fällt uns weiterhin auch deshalb so schwer, weil wir den Verlockungen des allgegenwärtigen Schlaraffenlandes zum Opfer fallen, weil wir es nicht gelernt haben, in enger Beziehung zu uns und unseren Bedürfnissen zu stehen, weil Marketingstrategen und die Werbeindustrie manipulative Methoden entwickelt haben, um uns zu nahezu willenlosen Konsumenten zu erziehen. Das tun sie nicht etwa, weil sie dir, wie versprochen, etwas Gutes tun wollen. Nein, sie tun das, weil sie dein Geld wollen. Du hast richtig gelesen. Sie wollen dein Geld und dafür würden sie so gut wie alles tun. Es werden Milliarden an Geldern dafür ausgegeben, um unsere Sinne zu vernebeln, um uns mit ansprechenden Filmchen und Werbeartikeln zum Kaufen anzuregen. Das glückselige Leben im Werbefilm klingt verheißungsvoll und vielversprechend. In der Realität sorgt es vor allem für eines: Deine Ausgabensituation steigt, möglicherweise so stark, dass deine Einnahmen kaum ausreichen, um sich all die kleinen Alltagsfluchten und Goodies leisten zu können. Wir werden durch Werbung manipuliert. Dass zu wissen und sich immer mal wieder vor Augen zu halten, kann dich zukünftig davon abhalten, Dinge zu kaufen, die du weder möchtest, noch brauchst. Der Glaube, dass Unternehmen ihre Produkte

vermarkten und dabei deine Bedürfnisse statt die des eigenen Unternehmens im Blick haben, wäre schlichtweg naiv.

Leider haben wir es, insbesondere durch eine ständige Einflussnahme von außen, geradezu verlernt, zu wissen, welche Bedürfnisse uns wichtig sind und lassen uns bezüglich des Konsums häufig leiten von der Werbeindustrie, die sich genau das zu Nutze macht. Auch das Vergleichen mit anderen trägt viel zu oft dazu bei, dass wir Dinge kaufen, die unserem eigentlichen Sein gar nicht entsprechen. Da es gerade Bedürfnisse und der soziale Vergleich sind, die uns daran hindern, so zu leben, wie wir es möchten, habe ich beiden Aspekten innerhalb des Buches ein jeweils eigenes Kapitel gewidmet.

In einem engen Zusammenhang mit den Aspekten, die dich vom Sparen abhalten, stehen auch die sogenannten emotionalen Käufe, die du vor allem deshalb tätigst, weil du nicht ausreichend in Beziehung zu dir selbst und deinen wahren Bedürfnissen stehst oder es verlernt hast, verschiedene subjektiv empfundene Mängel oder Krisensituationen bzw. Problemlagen anderweitig zu kompensieren. Emotionale Käufe oder auch sogenannte Frustkäufe suggerieren dir kurzeitige Befriedigung deiner momentanen Befindlichkeit und bedeuten in der Regel finanzielle Verluste auf der einen Seite und keine Auseinandersetzung mit der wirklichen Not, die du empfindest auf der anderen Seite. Geld auszugeben oder etwas zu kaufen, verspricht dem Konsumenten in bestimmten Lebenslagen eben oft auch Trost, Abwechslung, Geborgenheit, Hoffnung und Anerkennung.

Ein weiterer Punkt, der dich unter Umständen davon abhält, Geld zu sparen bzw. angespartes oder von den Einnahmen übrig gebliebenes Geld gewinnerzielend anzulegen, liegt in der sogenannten Verlustaversion begründet.

Die Verlustaversion als ein Teil der Prospect Theory von Kahnemann und Tversky aus dem Jahr 1979[31] weist darauf hin, dass sich Menschen in Entscheidungsmomenten höchst irrational verhalten, sobald Unsicherheiten eine Rolle spielen. Sowohl in der Psychologie als auch in der Ökonomie ist die Tendenz erkennbar, dass der Mensch Verluste oftmals höher gewichtet als Gewinne. So kommt es, dass Menschen, ihr angespartes Geld eher in vermeintlich sichere Geldanlagen wie das altbekannte Sparbuch, die Festgeldanlage oder das Tagesgeldkonto investieren, obwohl bekannt ist, dass steigende Inflationsraten bei einer miserablen Verzinsung bei den eben aufgezählten Anlageformen den Wert des Geldes mindern anstatt vermehren. Die Verlustaversion des Menschen sorgt jedoch dafür, dass die Mehrheit der Menschen vor langfristigen und profitableren Investitionen zurückschreckt. Trotz vermeintlich leeren Rentenkassen, dem demographischen Wandel, steigenden Inflationsraten u.v.m., neigt der deutsche Sparer noch immer dazu, auf Altbewährtes zu setzen als auf jene Dinge, die hohe Rendite versprechen.

Nicht zu Letzt sind es oft Gewohnheiten, die uns dazu verleiten, nicht zu sparen. Jemand, der täglich ein Vollbad nimmt, tut sich sehr schwer damit, plötzlich zu duschen, auch wenn er damit bares Geld spart. Jemand, der täglich mit dem Auto zur Arbeit fährt, kann sich kaum vorstellen, diese Wege zukünftig zu Fuß zu gehen. Jemand, der monatlich hohe Gebühren fürs Fitnessstudio ausgibt, wird sich schwer dazu motivieren können, kostenlos joggen zu gehen. Die Welt der Gewohnheiten ist groß, aber vielleicht kannst du selbst einmal darüber nachdenken, welchen deiner Trampelpfade es sich gegebenenfalls zu überdenken lohnt.

---

31 Vgl. https://de.wikipedia.org/wiki/Verlustaversion

Die Theorie des sozialen Vergleichs

Und dann gibt es etwas, was man vielleicht nicht vordergründig als Motiv der Sparsamkeit benennen kann, mir aber dennoch von großer Relevanz erscheint, wenn es darum geht, dass sich eine Tendenz zum Sparen einstellen soll. Nämlich der soziale Vergleich. Er kann gleichzeitig als Motivation, aber auch als Hindernis des Sparens wirken, sodass ich der Theorie des sozialen Vergleichs ein eigenes Kapitel widme.

„Zu viele Leute geben Geld aus, das sie nicht verdient haben, um Dinge zu kaufen, die sie nicht wollen, um Leute zu beeindrucken, die sie nicht mögen." (Will Rogers, US-amerikanischer Humorist, 1879 – 1935)

„Der Verbrauch des einen wird zum Bedürfnis des anderen"[32], formuliert es einst John Kenneth Galbraiht. Diese Aussage aus dem Jahr 1959 hat bis heute nichts an seiner Bedeutung verloren.

Zum einen verleitet natürlich der Wunsch, die gleichen Dinge zu besitzen wie die Vergleichsperson, dazu, so viel Geld zu sparen, um sich dies auch leisten zu können. Zum anderen erkennt man durch das Wissen um die Theorie des sozialen Vergleichs, deren Grundlage sich moderne Marketingexperten und Werbekampagnen zunutze zu machen, um das Kaufverhalten der Menschen aktiv zu beeinflussen, dass man sich und seine Kaufentscheidung vor diesem Hintergrund hinterfragen und sich auch bewusst anders entscheiden kann. Weiterhin kann der soziale Vergleich aber auch dazu führen, dass man Dinge kauft, die man nicht kaufen würde, wenn man sich nicht vergleichen würde bzw.

32 Zitat nach: Kenneth Galbraiht, John: Gesellschaft im Überfluß, München/ Zürich, 1959, S. 1970

die Erkenntnis aus dem Vergleich nicht als Mangel bewerten würde. Das heißt, all jenes Geld, welches du ausgibst, um so zu sein, wie es dein Nachbar ist, könntest du sparen, wenn du dich eben nicht vergleichen, sondern so annehmen würdest, wie du bist. Als eigenständiger Mensch mit eigenen individuellen Besonderheiten und Bedürfnissen.

Bezüglich des Geldsparens heißt der soziale Vergleich in der Tat nichts anderes, als das der Mensch zum zielgerichteten Sparen verführt wird, wenn er sich mit seinem unmittelbaren Umfeld, bestehend aus Nachbarn, Arbeitskollegen, Freunden und/oder Familienangehörigen vergleicht. „Ein Milliardär, der als Einziger unter lauter 30-Meter-Yacht-Besitzern nur ein 20-Meter-Schiff hat, kann sich dabei so ärmlich fühlen wie der Golf-Fahrer, bei dessen Nachbar plötzlich der Mercedes vor dem Haus steht. Fragt sich also: Wann ist man reich?“[33] Innerhalb des dir vorliegenden Buches soll es jedoch nicht darum gehen, wann man als reich gilt und wie man reich wird, sondern wie man Geld spart. Das eine mag das andere nicht ausschließen, an dieser Stelle möchte ich dennoch nicht weiter darauf eingehen, sondern es bei dem eben dargestellten Beispiel belassen, das letztlich dazu dient, auf die Theorie des sozialen Vergleiches hinzuweisen, die für unser subjektives Empfinden verantwortlich ist und in Bezug auf das Thema Sparen ein Motivator oder ein Hemmnis sein kann, mit seinen Ausgaben so gut zu haushalten, dass nach Abzug der Fixkosten noch genügend Einnahmen übrig bleiben, um innerhalb des sozialen Vergleichs mithalten zu können.

---

33 Zitat nach https://www.uni-ulm.de/~rdengel/Texte/DIE%20ZEIT%20-%20Wie%20man%20in%20Deutschland%20reich%20wird.htm

Insgesamt betrachtet hängt der soziale Vergleich natürlich immer auch damit zusammen, was man gesellschaftlich gesehen als lohnenswerte Besitztümer erachtet. Ein Mensch, der in Deutschland zu Hause ist wird diese Frage vermutlich anders beantworten als jemand, der in einem Entwicklungsland lebt und froh darüber ist, wenn er es unter den Lebensbedingungen, unter denen er lebt, schafft, seine Familie zu ernähren. Waren in den Anfängen des 20. Jahrhunderts die Menschen froh darüber, wenn sie ein Badezimmer mit fließendem Wasser besaßen, weil es eben das war, was das soziale Umfeld besaß oder erstrebenswert hielt, so sind Dinge wie Waschmaschine, Kühlschrank, Handy, TV und Auto zu ganz selbstverständlichen Konsumgütern der westlich geprägten Welt geworden. Gegenwärtig sind die Menschen eher unzufrieden darüber, wenn Menschen mit ähnlichen Einkommen und vergleichbarer Lebenssituation in einem größeren Haus leben, ein schnelleres Auto fahren, einen besseren Fernseher haben usw. Diese Tendenz lässt letztlich annehmen, dass unsere innere Lebenszufriedenheit nicht alleine von uns selbst abhängt, sondern erst aus dem Vergleich mit anderen Menschen resultiert.

Demnach beruht die Theorie des sozialen Vergleichs im Grunde auf der Annahme, dass das soziale Umfeld, in dem wir uns bewegen, unser Selbstkonzept und die damit in Zusammenhang stehenden Gefühle prägt und auch beeinflusst. Die Eigenschaften bzw. Merkmale, die andere Personen unseres sozialen Umfeldes aufzeigen, setzen wir immer wieder, bewusst oder unbewusst, in Beziehung zu den Dingen, von denen wir glauben, dass sie uns ausmachen. „Das Komplexe am zwischenmenschlichen Geschehen beruht darauf, dass wir uns einerseits zu unseren Gruppen hingezogen fühlen, weil diese Gruppen uns unsere sozialen Identitäten geben und weil wir uns in diesen Gruppen austauschen

und vergleichen, lernen und uns bestätigt fühlen. Andererseits lösen aber diese Vergleiche innerhalb unserer Gruppe starke Emotionen aus, die manchmal angenehm und manchmal unangenehm sind, denn gerade die Vergleiche innerhalb unserer Bezugsgruppe zeigen uns, wie wir sind.“[34] In Bezug auf das Thema Geld kann also von einer interpersonellen Vergleichssituation ausgegangen werden, d.h. der soziale Vergleich findet zwischen Personen statt, die eine ähnliche soziale Identität besitzen oder zu einer ähnlichen sozialen Kategorie gehören. In diesem Sinne kann man davon ausgehen, dass sich wohlhabende Personen kaum mit Menschen vergleichen, die am Existenzminimum leben, weil sie kaum soziale Berührungspunkte besitzen. Zwischen Menschen unterschiedlicher gesellschaftlicher Schichten bestehen demnach kaum soziale Reibungspunkte. Welche Gefühle bzw. Emotionen durch einen Vergleich ausgelöst werden, ist letztlich immer auch abhängig von der Persönlichkeitsstruktur des Menschen, der sich vergleicht, die Wahrnehmung und vor allem die Bewertung des Vergleichskriteriums und die Beziehung, die der Vergleichende mit der Vergleichsperson führt. Verfügt die sich vergleichende Person über ein gesundes Selbstbewusstsein, ein ausgeprägtes Selbstwertgefühl und orientiert sich wenig bis gar nicht an äußeren Gegebenheiten, dann löst der soziale Vergleich kaum negative Emotionen aus. Ist die sich vergleichende Person jedoch weniger selbstbewusst und außerdem stark an äußeren Einflussfaktoren orientiert, dann kann der Vergleich unter Umständen dazu führen, dass bei der sich vergleichenden Person, insbesondere dann, wenn ihr das Vergleichskriterium bedeutungsvoll erscheint, negative

---

34 Zitat nach: Ingwersen-Matthiesen, Tina: Emotionale Reaktionen auf den sozialen Vergleich im Kontext von Persönlichkeits- und Selbstbewertungsfaktoren, Hamburg 2008, S.1

Emotionen zum Vorschein kommen. Ein sozialer Vergleich ist demnach als ein Prozess zu verstehen, der dazu beiträgt, dass soziale Informationen über eine andere Person in Beziehung zu sich selbst gesetzt werden. So ist der Vergleich stets von Motiven wie Selbsteinschätzung, Selbstoptimierung und Selbstaufwertung geleitet. Vergleicht sich eine wohlhabende Familie mit der benachbarten, ebenfalls wohlhabenden Familie, die sich vor kurzem einen neuen Mercedes gekauft hat, dann wird sie eventuell Neid und Missgunst verspüren. Vielleicht wird sie aber auch von dem Wunsch geleitet, ein ebenso teures und leistungsstarkes Auto zu besitzen. Sie nehmen sich vor, darauf zu sparen oder ihr angespartes Vermögen für den Kauf eines solchen Autos zu verwenden, um sich im Vergleich mit den Nachbarn gleichwertig oder besser zu fühlen. Eine Familie mit geringem Einkommen dagegen wird sich in den meisten Fällen nicht mit einer der beiden eben genannten Familien vergleichen, sondern vielleicht froh darüber sein, sich überhaupt ein Auto leisten zu können, sei es noch so klein oder alt. Das subjektive Empfinden von Lebensqualität hängt eben oft davon ab, was die Gesellschaftsschicht, in der wir leben oder das Lebensumfeld, in dem wir uns bewegen, als lebenswert betrachtet. Ein weiteres, mir sehr wichtig erscheinendes Kriterium diesbezüglich ist außerdem der Tatsache geschuldet, wie abhängig unser eigener Selbstwert bezogen auf Einflussfaktoren ist, die nicht aus unserem Inneren stammen, sondern von außen auf uns einwirken. Wie oft denkst du, dass verschiedene Konsuminteressen wie ein Auto, Pauschalreisen, Wohneigentum, das neuste Handy, die tollen Schuhe der angesagtesten Marken, die Privatschule für die Kinder, etc. dein Leben erst lebenswert machen? Sind es tatsächlich deine eigenen inneren Bedürfnisse, deine individuellen Wünsche und Vorstellungen von deinem sinnerfüllten Leben oder sind es nicht

vielleicht auch Dinge, die andere Menschen deiner Vergleichsgruppe haben und dir den Anschein eines glücklichen Lebensinhaltes vermitteln? Lebst du über deine Verhältnisse, wenn du dir all jene Dinge leistest, die dein soziales Umfeld konsumiert oder verzichtest du sogar auf verschiedene Sachen, die dir eventuell wichtig sind, um deinem Umfeld nach außen den Anschein zu vermitteln, dass du mithalten kannst, dass du ein Teil von ihnen bist und nicht vielleicht weniger wertvoll erscheinst, weil du eventuell ganz eigene Sehnsüchte hast, die du auf Grund des sozialen Vergleichs nicht ernst nimmst.

Dieser kurze und prägnante Ausflug in die Theorie des sozialen Vergleichs soll dir zeigen, dass das Thema Sparen bzw. die Motive des Sparens eben auch dadurch entstehen, dass man Konsumwünsche entwickelt, die vielleicht wenig mit einem selbst zu tun haben und vor allem dadurch geprägt sind, was das soziale Umfeld für erstrebenswert hält. Brauche ich das neue Auto jetzt wirklich? Muss ich wirklich zweimal im Jahr ans andere Ende der Welt reisen? Was haben die Konsumwünsche deiner Nachbarschaft mit dir zu tun? Braucht dein Kind tatsächlich all die Markenartikel, welche die Nachbarskinder zur Schau stellen oder möchtest du deinem Kind nicht vielleicht andere Werte vermitteln? Mit dem Wissen um die Aspekte des sozialen Vergleichs solltest du diese neu erworbene Erkenntnis dafür nutzen, mal ganz tief in dein Inneres hinein zu hören, deine individuellen Wünsche und Vorstellungen, deine Bedürfnisse und Sehnsüchte zu erkennen. Dann kannst du dir noch einmal die Frage stellen, ob es sich lohnt, jeden Monat für eben diese Konsumwünsche zu sparen und gewisse Entbehrungen in Kauf zu nehmen oder ob du deine Einnahmen nicht viel lieber für Dinge verwendest, die dir und deinem eigenen Sein mehr entsprechen.

Dies schließt ein eventuelles Sparvorhaben nicht aus, aber es hilft dir dabei, dem Thema deine eigene Bedeutung beizumessen und ganz eigene, individuelle Gründe für das Sparen zu entwickeln.

Teil 2 – praktische Hinweise zum Thema Geld sparen

Wie lässt sich nun konkret Geld ansparen?

Nach dem nun eher theoretischen Diskurs zum Thema Konsumgesellschaft, Geld und Sparen im Allgemeinen, möchte ich dir im folgenden Kapitel unterschiedliche Möglichkeiten aufzeigen, mit denen du ganz praktisch Geld sparen kannst.

Bereits in den vorherigen Abschnitten habe ich erwähnt, dass es im Grunde nur eine Formel gibt, um wirklich Geld zu sparen:

Sparen = Einnahmen minus Ausgaben!

Dies bedeutet letztlich, dass du nur dann Geld ansparen kannst, wenn du mehr Einnahmen erzielst, als du Ausgaben hast. Wenn du dann genug Geld gespart hast, kann es, gut investiert, auch mehr werden, aber erst einmal gilt es, deine Ausgabensituation so zu gestalten, dass deine Einnahmen einen Überschuss erwirtschaften. Natürlich kannst du auch deine Einnahmensituation verändern, um einen Überschuss zu produzieren, aber nicht jeder kann oder mag den Arbeitgeber wechseln oder traut sich zu, eine Gehaltserhöhung einzufordern. Aus diesem Grund beziehen sich die hier vorgestellten Handlungsstrategien hauptsächlich darauf, die Stellschrauben in Bezug auf die eigene Ausgabenlage neu zu justieren.

Nun geht es beim Thema Sparen also zum einen um eine ganz persönliche Entscheidung für dein Leben, zum anderen aber um Möglichkeiten, Ressourcen so effektiv und effizient zu nutzen, dass sie sowohl deinen Geldbeutel entlasten als auch den

Prinzipien eines nachhaltigeren Konsums entsprechen, um die Grundlage unserer Existenz zu schonen.

Geld sparen bedeutet natürlich auch, sich mit der Frage zu beschäftigen, welche Dinge man wirklich benötigt und welche man ausschließlich deshalb erwirbt, weil man andere Defizite auszugleichen versucht. So geht Sparen natürlich auch dann, wenn du dir die Hinterlist verschiedener Marketingstrategien bewusst machst, die eben nicht vordergründig die Optimierung deines Lebens bezwecken, sondern Gewinne erzielen bzw. steigern wollen. Schlussendlich geht es im Rahmen des vorliegenden Kapitels auch darum, kostengünstigere Alternativen zu erschließen. Eine kostengünstige Alternative bedeutet aber nicht zwangsläufig, dass das billigere Produkt langfristig die bessere Investition ist.

Augen auf bei der Berufswahl – Lebe deinen Traum

Als ersten wichtigen Hinweis zum Thema Geld sparen möchte ich mich dem Thema der für dich richtigen Berufswahl widmen und zunächst mit ein paar Fragen beginnen, über die du einmal nachdenken solltest. Sei dabei wirklich ehrlich mit dir selbst.

Wie viel Zeit verbringst du täglich in deinem Beruf? Richtig, in der Regel verbringst du auf deiner Arbeit mehr Zeit als zu Hause, mit deiner Familie, deinen Freunden, deinen Hobbies.

- Machst du wirklich das, was dir Spaß macht?
- Machst du wirklich das, was du so richtig gut kannst?
- Brennst du für das, was du tust?
- Stehst du morgens auf und sagst dir „Schön, dass ich mich heute wieder mit den Dingen beschäftige, die ich liebe.“?
- Erhältst du den Lohn, den du aus deiner Sicht verdienst oder ist dein Gehalt eher eine Art Schmerzensgeld?
- Erhältst du die Wertschätzung, die du aus deiner Sicht verdienst?
- Träumst du schon immer davon, etwas anderes zu tun?
- Bietet dir deine Arbeit die notwendige Sicherheit?
- Kannst du dir vorstellen, deinen Job bis zu deinem Rentenalter durchzuführen?
- Gehst du mit Freude auf die Arbeit? Erfüllt dich deine Arbeit?

- Bist du glücklich?
- Hast du Talente? Visionen für deine Zukunft?
- Freust du dich auf den Eintritt ins Rentenalter?
- Ist der Job, den du gerade ausübst, der Richtige für dich?
- Warum hast du dich für ihn entschieden? Weil du liebst, was du tust? Weil du dich mit den Unternehmenszielen identifizierst? Weil die Rahmenbedingungen stimmen?

Ganz egal, wie du dir diese sehr persönlichen Fragen beantworten konntest, eines machen sie deutlich. Zum einen stellst du deinem Arbeitgeber nicht nur deine Arbeitskraft, dein Wissen und deine Fähigkeiten zur Verfügung, um dafür mit einem Gehalt entlohnt zu werden, sondern vor allem auch deine Lebenszeit und deine Lebensqualität, die massiv eingeschränkt ist, wenn du etwas machst, was dir nicht entspricht. Zum anderen benötigst du in anderen Lebensbereichen einen Ausgleich zugunsten der Befriedigung deiner Bedürfnisse, wenn du einer beruflichen Tätigkeit nachgehst, die dir nicht entspricht.

So weit hergeholt dir das im Augenblick auch scheinen mag. Sobald man sich mit etwas beschäftigt, was man nicht mit Freude tut und für das man nicht brennt, sucht man sich Dinge, die dieses Ungleichgewicht kompensieren. Leider geschieht dies meist in Form von Konsum, nicht zuletzt in Frustkäufen oder kostenintensiven Freizeitaktivitäten, aber auch im Gebrauch legaler oder illegaler Substanzen. Letztlich im Konsum jeglicher Art und dieser kostet, wie du weißt, immer dein Geld.

Ich bin mir relativ sicher, dass mir eine Vielzahl von Menschen auf die Frage, warum sie genau den Job, den sie gerade ausüben,

antworten würden, dass die Rahmenbedingungen gerade zu ihrem Leben passen und die wären vermutlich folgende: ein geregeltes Einkommen, geregelte Urlaubstage, Absicherung im Krankheitsfalle, vielleicht keine Schichtarbeit, sondern Kernarbeitszeiten, etc. Wenn ich sie dann fragen würde, ob sie glücklich sind mit dem, was sie tun, würden vermutlich wiederum viele Personen antworten: Nein, aber es ist okay, weil ich das Geld brauche.

Und nun frage ich dich? Wofür benötigen diese Menschen das Geld? Klar, um zum einen ihre existenziellen Bedürfnisse zu befriedigen, aber zum anderen um etwas zu befriedigen, was sie auf ihrer Arbeitsstätte nicht erhalten. Nämlich eine gewisse subjektiv empfundene Lebenserfülltheit, Entfaltung, etwas, was ihnen Persönlichkeit und Lebensqualität verleiht. Im Umkehrschluss könnte dies schließlich bedeuten, dass du all dies nicht bräuchtest, wenn du für deine Arbeit brennen würdest. Du würdest schließlich durch die intrinsische Motivation und deine innere Einstellung zu deiner Arbeit dort Erfüllung, Lebensqualität, Entfaltung deiner Persönlichkeit erfahren und musst sie nicht im Konsumieren von Gütern, Dienstleistungen und Freizeitaktivitäten suchen.

Auf Grund dieser Gedanken, rate ich dir dringend: „Wähle einen Beruf, den du liebst und du brauchst keinen Tag in deinem Leben mehr arbeiten.“[35] Lasse dir diesen Satz von Konfuzius auf der Zunge zergehen und spüre intensiv nach, was er dir wirklich sagen möchte. Jeder interpretiert diese Aussage für sich selbst. Für mich persönlich hat er jedoch eine grundlegende Botschaft. Egal, was du beruflich tust, für welche Ausbildung du dich mit

35 Zitat nach: www.konfuzius-weisheiten.de

welcher Intention auch immer entscheiden wirst, suche dir etwas, für das du wirklich brennst, etwas, das du mit deiner ganzen Leidenschaft machen möchtest, auch wenn sich das natürlich im Laufe deines Lebens noch einmal ändern kann. Es gibt wahrscheinlich sehr wenige Menschen, die in 45 Berufsjahren den immer gleichen Traum träumen. Viele Menschen gelangen erst über persönliche und berufliche Erfahrungen zu ihrer inneren Vision und nur manche von uns haben den Mut, sich dieser Vision auch wirklich zu stellen. Vielleicht, weil sie insgeheim spüren, dass sie ausbrennen, wenn sie weiter so machen wie bisher, vielleicht weil sie merken, dass ein gutes Einkommen allein nicht reicht, um ein glückliches Leben zu führen und vielleicht auch, weil sie für sich selbst erkennen, dass das eigene Leben eben doch mehr sein kann und darf, als den Großteil seiner Lebenszeit mit etwas zu verbringen, was einem gar nicht gefällt.

Ausgehend von den eben dargestellten Aspekten unser Berufsleben betreffend, hat dieses alte Sprichwort von Konfuzius nichts an seiner Aktualität verloren und ist aus meiner Perspektive heraus ein wichtiger Meilenstein in der Lösung unseres Dilemmas in Bezug auf die Befriedigung unserer individuellen Bedürfnisse.

Hast du nämlich einen Beruf erlernt, für den du brennst und Leidenschaft empfindest, den du mit all deinem Sein ausübst, dann wirst du jeden Tag wieder dankbar dafür sein, dass du so eine schöne und erfüllende Tätigkeit ausüben darfst. Dir wäre nicht mehr wichtig, wie viel Geld du damit verdienst, denn du wärst schlichtweg glücklich über deine Lebenssituation. Möglicherweise verdienst du sogar sehr gutes Geld damit, weil du mit dem, was du mit Liebe tust, so richtig erfolgreich bist. Nun werden die Kritiker meiner Gedanken sagen, dass ja nicht jeder studieren kann und es auch

Menschen geben muss, die Arbeiten ausführen, die eben nicht jeder machen möchte wie Bäcker, Fleischer, andere Handwerke, Erzieher, Arzthelfer, Reinigungskräfte. Aber genau darin liegt ja meine Aussage begründet. Warum wählen denn so viele Menschen ein Studium? Weil sie in der Regel glauben, dass sie nach dem Ende ihrer Ausbildung eine Arbeit finden, die ihnen Sicherheit bietet. Sicherheit bedeutet in diesem Sinne ein möglichst hohes Einkommen, welches nach Abzug der alltäglichen Ausgaben immer noch genügend Spielraum bietet, um sich nach Herzenslust der Welt des Konsumierens hinzugeben. Dabei gibt es immer auch Menschen, die dafür brennen werden, oben genannte Berufe auszuüben, die mit Leidenschaft Brote backen und damit sehr erfolgreich sind, weil nämlich der, der über den Beruf des Bäckers die Nase rümpft, auch gerne frische Brötchen mag, gerne in ein sauberes Büro geht oder vor allem gerne seine Kinder gut betreut weiß, während er selbst möglicherweise einer Tätigkeit nachgeht, für die er vielleicht nicht brennt. Vielleicht hat er ein so hohes Einkommen, dass er sich sämtlichen Konsum leisten kann, den er möchte, aber vielleicht bräuchte er diese Art der Bedürfnisbefriedigung ja gar nicht, wenn er den Beruf gewählt hätte, den er liebt.

Was haben all die vermögenden Unternehmer dieser Welt gemeinsam? Warum sind Menschen wie Jeff Bezos, Steven Spielberg, Jogi Löw, Steve Jobs, Markus Braun usw. so erfolgreich? Weil sie an sich selbst glauben, eine Vision haben und sie mit Freude verfolgen. Ich bin mir ziemlich sicher, dass keiner von den eben genannten und heute sehr vermögenden Menschen mit der Arbeit begonnen hat, weil sie damit Geld anhäufen wollten, sondern weil sie eine Vision hatten, weil sie ihre Welt ein Stückchen besser machen wollten, weil sie einen Traum hatten und an dessen

Umsetzung arbeiten. Sie alle hätten aufhören können, als sie bereits Erfolg hatten und sehr viel mehr Geld erarbeitet haben, als sie ausgeben können. Bei manchen reichen mehrere Leben nicht aus, um all das Geld auszugeben, welches sie durch ihre Arbeit erwirtschaften. Aber sie tun es nicht, sie arbeiten weiter, weil sie das lieben, was sie tun. Trotz aller Hürden, Misserfolge und Krisen, denen sie auf ihrem Weg begegneten, leben sie für das, was sie tun. Sie verfolgen ihren Weg mit Leidenschaft. Sie brennen für das, was sie tun.

Auch du kannst dich für ein solches Leben entscheiden. Auch du kannst ein Leben in Fülle führen, denn du kannst dich jeden Tag wieder dazu entscheiden, etwas zu tun, was du mit Liebe, Spaß und Freude tust. Wenn du allerdings jeden Tag etwas machst, wozu du dich selbst zwingen musst oder täglich etwas machst, was gegen deine innere Überzeugung ist, wenn du jeden Tag Tätigkeiten nachgehst, die deine eigenen Bedürfnisse verleugnen, dann wirst du darauf reagieren. Entweder du wirst krank oder du suchst dir einen Ausgleich, der leider viel zu häufig mit Konsum und Geld ausgeben in Verbindung steht.

Frage dich also, was dich davon abhält, dir einen Beruf zu suchen, den du mit Liebe ausübst. Vermutlich wirst du darauf antworten, dass du deinen Beruf nicht wechseln kannst, weil du eben auf das Geld angewiesen bist, dass du gerade verdienst. Nun, da magst du auf den ersten Blick vielleicht recht haben. Du hast dich eingerichtet in deinem Leben und irgendwie ist es eben auch okay so, wie es ist. Der Mensch ist bequem. Aber dann frage ich dich, ob das Einkommen, wirklich im Verhältnis zu deinem Zugewinn an Lebensqualität steht und ob es nicht möglich ist, das Einkommen durch das Sparen von sogenannten emotionalen Käufen auszugleichen. Wie oft konsumiert man Güter oder

Dienstleistungen, um sich zu belohnen, zu trösten oder um etwaige Bedürfnisse zu befriedigen, die man gar nicht hätte, wenn man sich den Hauptteil seines Tages mit Dingen beschäftigen würde, die man liebt.

Vielleicht brauchst du das Mehr an Geld nämlich gar nicht, wenn du ein sinnerfülltes, von Freude geprägtes Leben führst.

Zahle stets in bar statt mit Karte

Während man früher noch Ware gegen Ware, also Obst gegen Gemüse oder Brot gegen Eier und Vieh gegen viel Gemüse tauschte, nahm der Mensch später Münzen und Scheine in die Hand. Schon immer hatte er das sehr deutliche und greifbare Gefühl, einen handfesten Wert gegen einen anderen handfesten Wert einzutauschen, ganz gleich, ob es sich dabei um einen Gegenstand, eine Dienstleistung oder eine Information handelte. Seitdem jedoch das Geldgeschäft digitalisiert wurde und es zunehmend Karten und Kreditkarten in den Alltagsgebrauch der Menschen geschafft haben, wir mittels Onlinebanking jederzeit bezahlen können, hat sich dieses Gefühl in ein sehr theoretisches Konstrukt verschoben. Natürlich kannst du auch auf deinem Kontoauszug sehen, dass sich die Summe verändert, wenn du etwas bezahlst, aber es geschieht eben nicht unmittelbar. Kleinigkeiten, die du über den Tag verteilt konsumierst, fallen erst einmal nicht ins Gewicht, obwohl sie über das Jahr verteilt, eine ganze Stange Geld bedeuten. So schlägt möglicherweise der Coffee-to-go morgens auf dem Weg zur Arbeit mit etwa 3 Euro zu Buche, das Sandwich in der Kantine mit 2,50 Euro, die Flasche Wasser an der Tankstelle mit sagenhaften 2,50 Euro, eine Zeitung beim Lebensmitteleinkauf für 4,50 Euro usw. Um sich nicht mit solchen Kleckerbeträgen finanziell zu belasten bzw. eher ein Gefühl dazu bekommen, ob man es sich tatsächlich leisten kann oder will, wäre es ratsam, mit Bargeld zu bezahlen, denn all die Dinge, die man mal eben so nebenbei kauft, sind zusammen gerechnet meist sehr viel Geld. Geld, welches du vielleicht lieber für etwas anderes ausgeben oder sogar sparen möchtest. Vielleicht könntest du, nachdem du durch die Führung eines Haushaltsbuches herausgefunden hast, wie viel Geld du

wöchentlich zur Verfügung hast, diesen Betrag in bar in deinen Geldbeutel legen und einmal den Versuch starten, mit diesem Budget über die Woche zu kommen. Du wirst in jedem Fall sehen, wie viel eher du darüber nachdenkst, Kleinigkeiten zu kaufen, wenn du unmittelbar siehst, wie das Geld in deinem Geldbeutel sukzessive weniger wird. Das Bezahlen mit der Karte ist an mancher Stelle einfach zu verführerisch.

Wenn du mal einen Augenblick in deinen Geldbeutel schaust, dann siehst du vielleicht ein paar Scheine und Münzen und auf meine Frage, wie viel Geld du darin hast, wirst du vermutlich nur diese zusammenzählen, dabei gibt es möglicherweise noch EC-Karten, Kreditkarten, Gutscheine usw. Alle Dinge zusammen sind das Geld in deinem Portemonnaie, denn sie alle spiegeln einen Wert wieder, den du gegen etwas anderes eintauschen kannst. Und trotzdem vergessen wir diesen, weil wir Karten und Gutscheine jeweils anders bewerten und behandeln[36]. Genau das ist das Verhängnisvolle an unseren modernen Bezahlvorgängen.

---

36 Vgl. Hammond, Claudia: Erst denken, dann zahlen. Die Psychologie des Geldes und wie wir sie nutzen können, Klett-Cotta 2017, S. 73

Senke deine Verbrauchskosten/Lebenshaltungskosten!

Wenn du Geld sparen möchtest, also deine monatlichen Ausgaben so minimieren möchtest, dass du am Ende des Monats von deinen Einnahmen etwas übrighast, dann kannst du dies mit ganz einfachen Mitteln tun und damit wirklich jede Menge Geld sparen. Auch wenn die Reduzierung im Hinblick auf die tägliche Nutzung der Ressourcen wie zum Beispiel Strom, Wasser, Benzin, Lebensmittel und Kosmetikartikeln zunächst gering erscheint, schaffen sie dir doch eine Einsparung von mitunter mehreren Hundert Euro im Jahr, je nachdem, wie intensiv du bereit bist, auf eine optimierte Verwendung der dir notwendigen Ressourcen zu achten. Ganz nebenbei trägst du damit zu einem nachhaltigen Bewusstsein für deine Umwelt und die lebenswerte Zukunft unseres Planeten bei.

Wasserspartipps

Schenken wir verschiedenen Statistiken zum Wasserbrauch Glauben, dann verbraucht jeder einzelne Mensch der zivilisierten Gesellschaft in Westeuropa zwischen 120 und 190 Liter Wasser, wohlgemerkt Trinkwasser, welches in anderen Ländern dieser Erde Mangelware ist. Menschen, die in heißen Sommermonaten noch zusätzlich große Gärten mit Trinkwasser versorgen oder ihren innig geliebten Swimmingpool füllen, sind innerhalb der Statistiken nicht berücksichtigt. Ihr Verbrauch liegt jenseits der Vorstellungen, was man allgemein als normal betrachtet. Hier in diesem Buch gehe ich also von den 120 bis 190 Litern Wasser aus, die pro Kopf an einem einzigen Tag deutschen Wasserhähnen, WC-Spülungen usw. entnommen werden.

Der Wasserverbrauch ist in einem wasserreichen Land, wie es Deutschland ist, nicht ganz so problematisch. Viel wichtiger ist es hierzulande darauf zu achten, dass Wasser nicht unnötig erwärmt wird, denn gerade durch den dazu erforderlichen Energieverbrauch, werden zum einen ihre Einnahmen belastet und zum anderen unsere Umwelt. Auf das Sparen von Energie komme ich jedoch im nächsten Kapitel zurück. Hier geht es jetzt vor allem um Tipps, wie du im Alltag Wasser sparen kannst:

- Nutze die Spartaste deiner WC-Spülung!
- Nutze einen Zahnputzbecher!
- Duschen statt Baden
- Reduziere das Duschen auf 2 bis 3 Mal die Woche. Damit sparst du Wasser, Duschbad/Seife, Energie und du schonst

deine Haut, die auf diesem Weg weniger oft mit Schadstoffen in Berührung kommt.

- Verwende sparsame Duschköpfe, Strahlregler oder wassersparende Mischdüsen!
- Verzichte auf einen laufenden Wasserhahn beim Zähneputzen oder deiner morgendlichen Rasur!
- Benutze effiziente Geräte in der Küche!
- Spülmaschine statt Abwaschen per Hand
- Wasche Obst und Gemüse in einer Schüssel statt unter fließendem Wasser und nutze das übrige Wasser beispielsweise zum Blumengießen!
- Achte auf effizientes Waschen mit der Waschmaschine! Halbvolle Ladungen belasten deinen Geldbeutel und die Umwelt. Zu häufiges Waschen schadet außerdem deiner Kleidung.
- Prüfe die Dichtungen der Armaturen!
- Greife auf herkömmliche und vielleicht etwas altmodisch anmutende Reinigungsmethoden zurück! Nimm ganz klassisch Eimer und Putztuch! Selbst Putzlappen kannst du selbst aus Stoffen herstellen, die du normalerweise entsorgen würdest wie alte Handtücher, Bettlagen, Gardinen, etc. Regentonnen für den Garten.

Energiespartipps

Ein Leben ohne Strom? Das kann sich wohl keiner von uns wirklich vorstellen und doch gibt es eine Vielzahl an Ideen, den Konsum von Strom deutlich zu reduzieren. Dies leistet nicht nur einen großen Beitrag zum Umweltschutz und dem Klimawandel, sondern spart auch jede Menge Geld für jeden Einzelnen. Sämtliche, für uns ganz selbstverständliche Alltagsaktivitäten benötigen Energie und kosten dich dein Geld. Dazu zählen vor allem Heizen, Kühlen, Kochen, Waschen, Nutzung moderner Medien und natürlich das Licht.

- Überdenke deine Geräte! Ist eine Neuanschaffung energieeffizienter Geräte eine Möglichkeit für dich? Klar, es macht nicht wirklich Sinn, ein Gerät, welches vielleicht zwei Jahre auf dem Buckel hat, gegen ein neues einzutauschen, nur weil es weniger Energie verbraucht. Denkst du jedoch darüber nach, ein Gerät, welches seit Jahren seinen Dienst getan hat, gegen ein neues einzutauschen, dann macht es durchaus, auch finanziell betrachtet, Sinn, über eines nachzudenken, welches über eine hohe Energieeffizienz verfügt. Achte außerdem auf die Energieeffizienzklassen bei der Anschaffung eines Elektrogeräts.
- Weniger Geräte verbrauchen weniger Strom.
- Verwende LED-Leuchten!
- Schalte deine Geräte aus und nicht auf Stand-By! Dazu ziehst du entweder den Stecker oder nutzt eine Steckdosenleiste mit Netzschalter.
- Effizientes Heizen spart bares Geld.

- Stoßlüften statt angekippte Fenster.
- Vermeide Hoch- und Runterdrehen des Heizreglers.
- Bei Wohneigentum ist eine gute Dämmung von großem Vorteil für deinen Geldbeutel. Außerdem gibt es zahlreiche Förderprogramme, die es dir einfacher machen, in die Dämmung deines Wohnraums zu investieren.
- Trockne deine Wäsche auf der Leine statt im Trockner!
- Nutze Ökostrom!
- Koche mit Deckel, damit sparst du gut die Hälfte der Energiekosten!
- Erwärme das Nudelwasser im Wasserkocher statt im Topf! Das gilt natürlich auch für Kartoffeln oder Reis.
- Schalte beim Duschen das Wasser aus, wenn du es nicht brauchst! So kannst du sowohl Energie als auch Wasser einsparen. Dusche ab und zu kalt, so hilfst du zum einen deinem Immunsystem und benötigst keine Energie für das Erwärmen des Wassers.
- Schalte das Licht aus, wenn du nicht im Zimmer bist!
- Nutze sparsame Geräte ohne Akku! Telefone, Rasierer, elektrische Zahnbürsten, etc. benötigen weit weniger Energie als akkubetriebene Geräte.
- Entlüfte die Heizkörper deiner Heizung bevor die Heizperiode beginnt und du sparst jede Menge Energie!

- Geräte wie Wasserkocher, Eierkocher oder Kaffeemaschine verbrauchen bis zu 40 % weniger Strom als eine elektrische Herdplatte.
- Entferne das Ladekabel deines Handys von der Steckdose!

Heizkostenspartipps

Auch wenn die Sommer gerade wärmer und so wie in den vergangenen Jahren immer länger werden, haben wir es doch im Winter gerne kuschelig und warm. Dennoch sind es gerade die Heizkosten, die den Großteil unserer Energiekosten verursachen und über die wir uns immer dann ärgern, wenn ausgerechnet im Sommer die gefürchtete Nebenkostenabrechnung ins Haus flattert. Jedes Jahr nehmen wir uns wieder vor, im kommenden Winter sparsamer zu sein. Sobald es jedoch kalt geworden ist, haben wir zum einen die Nebenkostenabrechnungsschmerzen überwunden und zum anderen unser Vorhaben vergessen. Niemand friert schließlich gern.

- Trotzdem gibt es jede Menge Tipps, wie du zum Beispiel deine Heizkosten ohne großen Aufwand minimieren kannst:
- Reguliere deine Raumtemperatur, denn schon ein Grad weniger spart beachtlich viel Geld und ob der Raum nun 22 oder 23 Grad Zimmertemperatur hat, bemerkst du sicher kaum.
- Stoßlüften, statt angekippte Fenster. Vor dem Lüften solltest du jedoch die Heizung herunter stellen.
- Geschlossene Zimmertüren halten die Wärme im Raum und erwärmen nicht zusätzlich Flur oder Treppenhaus.
- Entlüfte und reinige regelmäßig deine Heizung!
- Dichte Türen und Fenster ab; auch Vorhänge, Gardinen oder Jalousien helfen dir dabei, die Wärme im Raum zu lassen und nicht nach außen abzugeben.

- Heizkörper dagegen solltest du nicht durch Möbel oder Gardinen verdecken, dies hindert die Wärme daran, sich im Raum zu verteilen.
- Heiztemperatur nachts senken.

Bist du ein Besitzer von Wohneigentum, dann solltest du auf eine gute Dämmung Wert legen. Ebenso zahlen sich moderne Fenster und eine energieeffiziente Heizungsanlage langfristig aus. Möglicherweise sind die Anschaffungskosten erst einmal hoch, aber der eingesparte Betrag innerhalb der Heizperiode wird dir, in die Zukunft gerichtet, bares Geld sparen und außerdem für eine optimierte Ökobilanz sorgen.

Spritspartipps

Wasser und Strom verbraucht wohl jeder von uns. Neben den eben erwähnten Möglichkeiten, beide Ressourcen schonend einzusetzen, gibt es auch im Hinblick auf das Nutzen eines Autos verschiedene Möglichkeiten, so effizient zu fahren, dass es sich lohnend auf den eigenen Geldbeutel, aber auch auf die Umwelt auswirkt. Ein unbedachter Fahrstil dagegen kann unter Umständen eine Zunahme des Kraftstoffverbrauches von bis zu 30% bewirken, von den Mengen an CO2, die dabei ausgestoßen werden, ganz zu schweigen. Laut VCD[37] sind es vor allem folgende Dinge, die einen sparsamen Kraftstoffverbrauch bewirken:

- Achte auf möglichst wenig Ballast im Auto, denn jedes Kilogramm mehr an Gewicht lässt den Verbrauch des Autos steigen. Gerade in der Urlaubszeit sieht man jede Menge Autos mit Dachgepäckträgern oder Fahrrädern auf dem Auto auf deutschen Autobahnen, vermutlich auch mit der Absicht, sich den Fahrradverleih am Urlaubsort zu sparen. Ob man damit tatsächlich Geld spart, ist zweifelhaft, denn in aller Regel verbraucht das Auto, beladen mit Dachgepäckträgern oder Fahrrädern pro 100 km Fahrt ca. vier Liter mehr als ohne diese Last.
- Nutze Reifen mit geringem Rollwiderstand, sogenannten Leichtlaufreifen!
- Fahre immer mit dem ausgewiesenen Reifendruck, eher sogar ein bisschen mehr! Zwar kann es vorkommen, dass dadurch der Komfort beim Fahren ein wenig nachlässt, doch macht

37 Vgl. www.vcd.org

sich der geringere Kraftstoffverbrauch, das reduzierte Ausscheiden von Schadstoffen, die größere Bremssicherheit sowie ein geringerer Reifenverschleiß schließlich bezahlt.

- Vermeide Kurzstrecken! Dies schont zum einen deinen Geldbeutel, weil das Auto insbesondere beim Starten den meisten Sprit verbraucht und zum anderen verursachen gerade kurze Strecken einen hohen Verschleiß deines Autos. Mal abgesehen davon halten dich kurze Strecken zu Fuß körperlich fit, du brauchst dich über eine mühselige Parkplatzsuche nicht zu ärgern und leistest einen zentralen Beitrag zum Thema Umweltschutz.
- Fahre niedertourig bzw. im unteren Drehzahlbereich! Damit kannst du den Kraftstoffverbrauch deines Autos um bis zu 30% senken.
- Schnelles Schalten dient ebenfalls dazu, den Verbrauch deutlich zu senken.
- Fahre stets vorausschauend! Das ist natürlich ein Tipp, der vor allem deiner Sicherheit dient. Als Autofahrer solltest du stets vorausschauend fahren, aber auch unter dem Aspekt, möglichst wenig Sprit zu verbrauchen, ist vorausschauendes Fahren eine gute Wahl. Vorausschauendes Fahren bedeutet diesbezüglich ein relativ gleichbleibendes, regelmäßiges Bewegen mit konstanter Geschwindigkeit, welches starkes Bremsen und anschließendes Beschleunigen vermeidet.
- Achte bei Überlandfahrten auf deine Geschwindigkeit! Auch hier zahlt sich eine geringe Drehzahl wohlwollend auf deinen

Geldbeutel aus. Auf Landstraßen bist du bei 80 km/h und auf Autobahnen bei 120 km/h gut beraten.

- Erkenne Stromfresser und schalte sie aus! Dazu zählen zum Beispiel die Klimaanlage, die Heckscheibenheizung, der Scheibenwischer, das Radio, die Sitzheizung, die Standheizung, die Belüftung, etc.[38]. Aber auch offene Seitenfenster oder Schiebedächer sorgen für einen erhöhten Kraftstoffverbrauch.[39]
- Motor aus! An bestimmten Stellen, an den du bereits im Vorfeld erkennen kannst, dass du etwas länger als 10 Sekunden stehen wirst, lohnt es sich auf jeden Fall, den Motor abzustellen. Das ist zum Beispiel an Bahnübergängen, Baustellenampeln usw. der Fall.
- Achte auf eine regelmäßige Wartung deines Autos!
- Lohnenswert kann auch ein Sprit-Spar-Training sein, welches zum Beispiel durch den ADAC angeboten wird.[40]

38 Vgl. https://www.adac.de/verkehr/tanken-kraftstoff-antrieb/tipps-zum-tanken/sprit-sparen-tipps/
39 Vgl. https://www.adac.de/verkehr/tanken-kraftstoff-antrieb/tipps-zum-tanken/sprit-sparen-tipps/
40 Vgl. https://www.adac.de/verkehr/tanken-kraftstoff-antrieb/tipps-zum-tanken/sprit-sparen-tipps/

Sparsamer Umgang mit Lebensmitteln

Ein wichtiger Baustein beim Sparen von Geld ist ein achtsamer Umgang mit Lebensmitteln. Damit meine ich nicht das Einkaufen von Lebensmitteln in bekannten Discountern oder dem Hinterherjagen von Rabatten und Sonderangeboten. Es soll ja Menschen geben, die für ein paar Prozente Nachlass viele Kilometer fahren, um nicht zu viel Geld für Nahrungsmittel auszugeben, ganz gleich, ob man dafür Benzin verbraucht, das Auto verschleißt oder seine Lebenszeit investiert. Das soll in keinster Weise bewertend klingen, denn natürlich bin ich mir darüber bewusst, dass es Menschen gibt, für die sich das direkte Vergleichen von Preisen und das Durchsehen von Werbeprospekten nach Angeboten auf Grund ihrer prekären finanziellen Situation lohnt, genauso wie es Menschen gibt, die im Überfluss leben und achtlos Dinge wegwerfen, die für andere Menschen sehr wertvoll und lebensnotwendig sind. Um beide Personenkreise soll es jedoch hier nicht gehen, sondern darum, wie man durch achtsames Einkaufen und einen achtsamen Umgang mit den dir zur Verfügung stehenden Ressourcen Geld gespart, denn laut dem österreichischem Bundesministerium für Land- und Forstwirtschaft, Umwelt- und Wasserwirtschaft landen pro Jahr ca. 160.000 Tonnen Lebensmittel, die man noch verwenden könnte, im Müll. Das sind ungefähr 300 Euro pro Haushalt, die achtlos weggeworfen werden.[41]

Auf Grund dieser enormen Größe weggeworfener Lebensmittel geht es mir innerhalb des vorliegenden Ratgebers hauptsächlich um Ratschläge oder Methoden, mit denen du tatsächlich Lebensmittel sparst. In Folge dessen schließlich bares Geld. Wie oft passiert es, dass wir Nahrungsmittel achtlos wegschmeißen,

41 Vgl. https://www.bluehendesoesterreich.at

weil sie das Mindesthaltbarkeitsdatum überschritten haben oder die vergessene Gurke eben einfach nicht mehr knackig genug ist? Sehr häufig, oder? Nein! Aber bei jedem von uns Konsumenten der Wohlstandsgesellschaft kommt dies gelegentlich vor. Bei dem einen mehr, bei dem anderen weniger.

An dieser Stelle des Buches möchte ich dir vor allem praktische Tipps geben, wie du es in Zukunft vermeidest, große Mengen an Lebensmitteln achtlos zu entsorgen.

Möglichkeiten, weniger Lebensmittel zu verschwenden, sind Folgende:

- Mache eine Art Inventur deiner Vorräte und beziehe sie in die Planung deiner Lebensmittelkäufe mit ein!
- Gehe nicht hungrig einkaufen! Das verleitet zum Kauf von übergroßen Packungen, die man am Ende nicht verbraucht und zu einer Menge an Produkten, die du nicht benötigst. Das verursacht zum einen Müll und zum anderen kostet es dich Geld, das du für andere Dinge ausgeben oder sparen könntest.
- Kaufe Sonderangebote nur dann ein, wenn du sie wirklich brauchst! Meist lockt es dich auf Grund des vermeintlich günstigen Preises an, am Ende vergammelt es oft im Kühlschrank.
- Kaufe Produkte, deren Mindesthaltbarkeitsdatum demnächst abläuft! Das spart dir meist ein paar Euro. Außerdem trägst du damit dazu bei, dass es nicht vorschnell weggeworfen wird.

- Greif beim Einkauf zu Produkten, die laut gängigen Kriterien und Richtlinien von der Norm abweichen. Meist sind sie ein bisschen günstiger, sehen originell aus und schmecken nicht anders als jene Produkte, die optisch den Vermarktungsansprüchen des Einzelhandels entsprechen. Im herkömmlichen Supermarkt wirst du da wahrscheinlich nicht fündig, aber auf dem Wochenmarkt oder beim Gemüsehändler um die Ecke.

- Kaufe nur das ein, was du wirklich verbrauchst. Die Lagerung in der Kühltruhe beispielsweise kostet zusätzlich Strom und macht dein Schnäppchen nachträglich teuer.

- Iss deinen Kühlschrank leer, bevor du wieder einkaufen gehst! Du wirst erstaunt darüber sein, was man aus den ganzen Resten Zauberhaftes kochen kann.

- Achte auf eine optimierte Lagerung von Obst und Gemüse! Dies erspart dir unnötiges Verderben!

- Achte auf ein effektives Einräumen der Lebensmittel im Kühlschrank!

- Verwende die Reste deines Essens weiter, indem du sie einfrierst, für das nächste Mittagessen mit ins Büro nimmst oder etwas anderes Kreatives daraus machst! Deiner Kreativität sind keine Grenzen gesetzt.

- Achte auf die Haltbarkeit! Nahrungsmittel, deren vermeintliche, anhand des Mindesthaltbarkeitsdatums festgelegte, Lebensdauer entsprechend kurz ist, sind oft günstiger zu erwerben als andere, obwohl sie meist noch lange nach Ablauf der Haltbarkeit verzehrbar sind.

Sparen durch nachhaltigen Konsum

In den vorherigen Abschnitten des 5. Kapitels konntest du bereits jede Menge nützlicher Tipps zum Senken der Lebenshaltungskosten erfahren. Im Hinblick jedoch darauf, dass im Zuge des in aller Munde stehenden Klimawandels und den Anforderungen, die vor allem bezüglich eines verantwortungsvolleren Umgangs mit Ressourcen jeglicher Art an jeden Einzelnen von uns gestellt werden und nicht alleine Entscheidungsträger aus Politik und Wirtschaft in der Pflicht sind, zu handeln, möchte ich dem Thema des nachhaltigen Konsums einen besonderen Platz in diesem Buch widmen. Wohlwissend, dass ich mich möglicherweise das ein oder andere Mal wiederhole. Trotzdem finde ich gerade den Aspekt der Nachhaltigkeit im Zusammenhang mit dem Thema Geld sparen von großer Bedeutung.

Nun, am sichersten lassen sich sowohl Umwelt als auch der eigene Geldbeutel dadurch schonen, dass man nicht unnötig kauft. Da die Welt, in der wir leben, jedoch nicht auf die Weise funktioniert, wie wir sie kennen, wenn wir auf jeglichen Konsum verzichten, sollte jeder Einzelne sich zumindest damit auseinandersetzen, wie wir so konsumieren können, dass sich der Schaden für unsere Umwelt in Grenzen hält. Ganz nebenbei kann dies ebenso wohltuend für deinen Geldbeutel sein. Ob ein Leben jenseits der Konsumgesellschaft noch heute funktionieren könnte, mag ich an dieser Stelle nicht beantworten, auch nicht die Frage danach, ob es unserer Seele, unserer Gesellschaft und der Zukunft unseres Planeten gut tun würde, denn sämtliche Bereiche unserer Existenz sind sowohl auf der Makro- als auch auf der Mikroebene derartig miteinander verwoben und verstrickt, dass zumindest im Augenblick kaum etwas anderes vorstellbar ist. Perspektivisch gehe

ich jedoch in optimistischer Weise davon aus, dass zukünftige Generationen einen Weg finden.

Im Augenblick und im Hinblick auf die Thematik des Geldsparens, ist die Situation jedoch so wie sie gerade ist. Wollen wir am Leben der Konsumgesellschaft teilhaben, dann ist es für den einen oder anderen von uns notwendig, zu sparen bzw. seine Einnahmen- und Ausgabensituation so ausgewogen zu gestalten, dass etwas von dem zur Verfügung stehenden Geld übrigbleibt, ganz gleich, was du damit letztlich vorhast.

Mit welchen Methoden kannst du also gezielt Geld sparen und die Umwelt bzw. deren begrenzte Ressourcen verantwortungsvoll entlasten:

- Reduziere deinen Fleischkonsum und wenn du dich dafür entscheidest, Fleisch zu verzehren, dann achte zumindest darauf, woher du dein Fleisch beziehst. Damit sparst du Geld, achtest auf eine bessere Ökobilanz und tust deiner Gesundheit ganz obendrein einen großen Gefallen. Denkt man an eine Packung Salami aus dem herkömmlichen Discounter, dann mag man sich kaum vorstellen können, wie die Herstellung der eben genannten Wurst für einen Preis von 1,19 Euro überhaupt möglich ist, wenn man Prozesse wie Tierhaltung, Verarbeitung, Verpackung und Transportkosten einbezieht. Auch der Händler am Ende des Weges möchte noch etwas vom Kuchen des Geldverdienens abbekommen.

- Trinke Leitungswasser oder hole dir dein Trinkwasser aus einer nahegelegenen Quelle. In Deutschland gibt es unzählige Wasserquellen, die mit einer hohen Qualität überzeugen und an denen du bedenkenlos dein Wasser beziehen kannst. Auf

folgenden Internetseiten kannst du unter Eingabe der Postleitzahl herausfinden, ob eine gute Wasserquelle in deiner Umgebung zu entdecken ist. Auf freeyourfamily.net erhältst du ebenfalls wichtige Tipps zum Finden einer Quelle sowie zur Überprüfung der jeweiligen Wasserqualität. Ist dir das alles zu mühsam, weil es zwar dein Geld, nicht aber deine Zeit spart, dann kannst du guten Gewissens auf das Leitungswasser zurückgreifen, denn es wird in Deutschland auf höchstem Niveau kontrolliert. Mit dem Trinken von Leitungswasser hast du außerdem weniger Stress durch das Schleppen von Wasserkisten und bei der Rückgabe der Flaschen.

- Nutze stets Mehrwegflaschen, am besten Glasflaschen, um ganz nebenbei für weniger Mikroplastik in deinem Körper zu sorgen.

- Versuche, so oft es geht, ökologisch unterwegs zu sein. Sämtliche Fahrzeuge, die mit Verbrennungsmotoren funktionieren, aber auch Kreuzfahrtschiffe, Containerschiffe und Flugzeuge erzeugen eine miserable Klimabilanz. Nein, du kannst nicht verhindern, dass Kreuzfahrtschiffe fahren und möglicherweise denkst du, dass das Flugzeug auch ohne dich fliegt und es deshalb keinen Grund gibt, auf einen Inlandsflug beispielsweise zu verzichten, aber dein Leben, deine Einstellung und dein persönlicher Umgang trägt dazu bei, dass die Welt im Augenblick so ist, wie sie eben ist. Die Nachfrage bestimmt das Angebot und so lange es Menschen gibt, die Kleidungsstücke, Technik usw. aus Asien erwerben, wird es Containerschiffe geben, die uns die Luft zum Atmen verschmutzen, um eine Jeans nach Deutschland zu verfrachten, die vielleicht nur noch die Hälfte kostet. Der Preis, den du dafür sparst, kommt

vielleicht kurzfristig deinem Geldbeutel zugute, der Preis jedoch, den du langfristig für einen derartig verantwortungslosen Umgang mit der Umwelt zahlst, indem du deinen Beitrag dazu leistet, unserer Welt die Lebensgrundlage zu zerstören, ist immens und im Augenblick nicht abschätzbar. Was aber kannst du tun, um deinen eigenen Beitrag zu leisten, deine Ökobilanz zu verbessern und ganz nebenbei ein paar Euro zu sparen? Du könntest so oft es geht, zu Fuß, mit dem Fahrrad, dem Bus oder der Bahn unterwegs sein. In Großstädten gibt es mittlerweile das vielversprechende Modell des Carsharings, eine gute Methode, ein Auto dann benutzen zu können, wenn man es tatsächlich braucht. Das Einsparpotenzial für deine persönliche finanzielle Situation kann dabei enorm sein. Du sparst nicht nur Sprit, sondern auch Steuern, Versicherungssummen, Parkplatzgebühren u.ä.

- Do it your self: Dinge selbst zu machen, verspricht nicht nur Spaß, sondern bietet dir jede Menge Möglichkeiten, dich auszuprobieren. Die Natur mit all ihrer Beschaffenheit gibt dir sehr viel Spielraum, sie umfassend zu nutzen. Dazu benötigst du nicht zwingend einen eigenen Garten, denn Wald und Wiesen geben einiges her, aus dem du schöpfen kannst, ohne etwas dafür bezahlen zu müssen. Aus verschiedenen Pflanzen kannst du selbst Tee herstellen (Brennnessel, Pfefferminze, Zitronenmelisse, Spitzwegerich, Lindenblüten usw.), deine Kräuter- und Gewürzmischungen zusammenstellen, Marmelade, Gelee und Sirup einkochen (Heidelbeeren, Holunderblüten, Holunderbeeren, Hagebutten, etc.), aus Efeu oder Kastanien beispielsweise lassen sich Waschmittel selbst herstellen, mit denen du zum einen deinen Geldbeutel, zum anderen die

Umwelt entlastest. Aber auch das Nähen von Kleidungsstücken, Einkaufsbeuteln, Putzlappen aus alten Stoffresten usw. hilft dir dabei, jede Menge Geld zu sparen.

- Repariere kaputte Dinge. Deine Lieblingsschuhe sind kaputt? Dann gehe zum Schuster, der eventuell eine neue Besohlung deiner Schuhe möglich macht. Der Reißverschluss deiner Winterjacke ist defekt? Ein Schneider kann sie sicher wieder reparieren. Klar, auch das kostet Geld, aber oft weniger als der Kauf einer neuen Jacke. Außerdem sparst du Müll und deine Ökobilanz wird ein klein wenig besser. Reparieren statt neu kaufen ist immer eine überlegenswerte Alternative, wenn es darum geht, Geld zu sparen. Wahrscheinlich gibt es verschiedene Dinge, bei denen eine Reparatur nicht im Verhältnis zu einer Neuanschaffung steht, aber eine Vielzahl von Dingen, ist relativ leicht zu reparieren. In Großstädten gibt es mittlerweile zahlreiche etablierte Reparicrcafes oder Nachbarschaftshilfen, die gegen ein geringes Entgelt oder im Tausch gegen eine andere Leistung ihre Hilfe anbieten.

- Secondhand – kaufe, leihe, tausche. In den vergangenen Jahren ist zu beobachten, dass man wieder verstärkt auf Secondhand umsteigt und auf Flohmärkten sowie virtuellen Gebrauchtmarktplattformen[42] Waren kauft und verkauft. Selbst Social Media Netzwerke[43] bieten eine Vielzahl an Gruppen, in denen bestimmte Produkte gebraucht und zum kleinen Preis angeboten werden. Dies macht zum einen natürlich jede Menge Spaß, den ein oder anderen Euro spart

42 Ebay, Kleinanzeigen, Mamikreisel usw.
43 Siehe Fac book

man auch und mit etwas Glück lernt man auch noch nette Menschen kennen.

- Nutze die Bibliothek statt den Buchladen!
- Kaufe einzelne Lieder statt eine komplette CD!
- Nutze Leihexemplare als Schulbücher deiner Kinder!
- So gut wie täglich nutzen wir alle die unterschiedlichsten Einwegprodukte, die immer wieder aufs Neue Verbrauchskosten verursachen, weil sie in der Regel immer wieder nachgekauft werden müssen. Dazu zählen vor allem Produkte wie Küchenrollen, Taschentücher, Servietten, Wattepads, Rasierer, Ohrstäbchen, Tampons, Alu-und Frischhaltefolie, Toilettenpapier, Brotbeutel, Feuchttücher, Windeln usw. Viele der Dinge kannst du durchaus durch wiederverwendbare Artikel ersetzen und damit deinen Geldbeutel als auch die Umwelt entlasten. Eine Packung Stoffwindeln ist im ersten Schritt natürlich erstmal eine große Ausgabe im Vergleich zu einer Packung herkömmlicher Windeln. Die Langlebigkeit zeichnet sich jedoch langfristig auch in den Kosten aus.[44]

44 Vgl. http://www.zerowastelifestyle.de/wie-gehts/zu-teuer/

Spare durch das Kaufen qualitativ hochwertiger und langlebiger Produkte

Gehst du auch davon aus, dass du Geld sparst, wenn du deine Waren im Discounter oder anderen Einkaufszentren erwirbst, die dir einen möglichst günstigen Preis versprechen? Dann lässt du dir in vielen Fällen einen Bären aufbinden. Natürlich nicht in allen. So gibt es sicher zahlreiche Gründe, die dafürsprechen, günstige Produkte zu kaufen und bei denen es wenig sinnvoll ist, den höheren Preis zu bezahlen. Bei Bedarf für die Schule beispielsweise kann man jede Menge Geld sparen, wenn man namhafte Markenhersteller meidet und das ist nur ein Beispiel von vielen. Denn ein höherer Preis ist nicht zwangsläufig eine Garantie für gute Qualität. Selbst bei Markenprodukten kann es vorkommen, dass die Qualität schlussendlich bescheiden ist und der höhere Preis, der mit vermeintlich höherer Qualität gerechtfertigt wird, nur dazu dient, die Gewinnspanne des Unternehmens zu maximieren, aber es gibt mittlerweile einige Unternehmen, die bei der Herstellung ihrer Produkte großen Wert auf Nachhaltigkeit legen und an Gemeinwohlökonomie interessiert sind bzw. die Ausbeutung und Zerstörung unserer Umwelt minimieren wollen[45].

Aus meiner Sicht gibt es aber durchaus Produkte, bei denen du langfristig betrachtet, mehr davon hast, wenn du in einen Hersteller investiert, der zum einen langlebige Materialien verwendet, die aus vorwiegend natürlichen Rohstoffen sind, und der zum anderen durch eine mitunter kostenintensivere Produktion für eine bessere Haltbarkeit sorgt. Das Unternehmen setzt nicht auf Quantität, sondern auf Qualität und die hat oftmals

45 Vgl. http://www.zerowastelifestyle.de/wie-gehts/zu-teuer/

ihren Preis. So sind zum Beispiel Schuhe eine Investition, bei der sich ein höherer Preis oft bezahlt macht, aber auch beim Kauf von Möbeln, Matratzen, Outdoorkleidung usw. wirkt sich die Langlebigkeit eines qualitativ hochwertigen Produktes oft auf den Geldbeutel aus. Du kannst es über sehr viele Jahre nutzen und benötigst eben nicht in jedem Jahr eine neue Regenjacke oder ein neues Paar Winterschuhe. Ein herkömmliches Stück Seife in Bioqualität kostet um die drei Euro, ein Duschbad ca. 2,50 Euro. Das Duschbad ist in der Regel in einer Plastikflasche verpackt und verbraucht sich bei täglichem Gebrauch sehr schnell. Eine Seife dagegen hält sehr viel länger.

Verzichte auf emotionale Käufe/Frustkäufe!

Bereits weiter oben bin ich darauf eingegangen, dass Kaufen und Konsumieren nicht immer nur etwas damit zu tun haben, sich ein Bedürfnis oder einen Wunsch zu erfüllen, sondern oftmals dazu dient, einen subjektiv empfundenen Mangel zu beheben. Das kann Frust im Job sein, Ärger mit der Familie, das Gefühl, von etwas zu wenig zu haben, wie beispielsweise Anerkennung, Wertschätzung, Respekt oder Liebe und dann neigt so mancher von uns dazu, sich mit dem Kaufen von schönen Dingen ein paar Streicheleinheiten für die geschundene Seele zu gönnen. Leider ist diese Art von emotionalem Kaufen ein sehr kurzfristiges Vergnügen und sorgt nicht selten dafür, dass man sich langfristig darüber ärgert. Solltest du jemand sein, der dazu neigt, bestimmten Mangelgefühlen mit Konsumverhalten zu begegnen, dann lass dir gesagt sein, dass dies keine gute Idee ist. Vielleicht kannst du eine andere Methode für dich entdecken, die dir auch langfristig dabei helfen kann, bestimmte Lebenssituationen zu bewältigen. Das könnten Entspannungstätigkeiten wie Yoga, Meditation, lange Spaziergänge usw. sein.

Werde kein Opfer der Werbeindustrie und Marketingabteilung

Die Überschrift des Kapitels ist letztlich selbstredend und bedarf fast keiner weiteren Ausführung. Wie oft geht es uns so, dass wir mit einem bestimmten Kaufziel einen Supermarkt betreten und mit Dingen wieder hinausgehen, an die wir nicht einmal gedacht haben. Wir kaufen sie schlussendlich nur, weil wir verlockt und verführt wurden und der Aussage vertrauten, dass das, was wir letztlich im Warenkorb haben, gut für uns ist.

Neben all den guten Dingen, die wir mit dem Erwerb des Produktes erfahren, sparen wir noch dazu richtig Geld, denn: Heute ist es im Sonderangebot. Ein bestimmter Rabatt ist nur heute möglich, alles muss raus. Merkst du was? Genau, du würdest das Produkt vermutlich nicht kaufen, wenn du nicht ausdrücklich darauf aufmerksam gemacht worden wärest und vermutlich würdest du es auch nicht vermissen, wenn du es nicht gekauft hättest. Aber, du gibst dein Geld aus für etwas, dass du weder brauchst noch möchtest. Auch an dieser Stelle kann ich dir nur den eindringlichen Tipp geben, dich bei jeder Kaufentscheidung zu fragen, ob es sich dabei um etwas handelt, wonach dein Herz blutet oder etwas, dass du wirklich brauchst oder ob du einfach dem Trugschluss zum Opfer fällst, dass dir Menschen, die dafür bezahlt werden, etwas suggerieren, dass im Grunde gar nicht zu dir gehört, von dem du aber glaubst, dass du es brauchst, weil es sonst nicht mehr zu haben ist oder weil andere, nämlich die, die es verkaufen wollen, glauben, dass du das brauchst. Werbung ist nichts anderes als Manipulation!

Minimalistische Lebensweise

Vielleicht hast auch du schon einmal von den positiven Aspekten einer minimalistischen Lebensweise gehört. Nicht nur in Bezug auf dein Portemonnaie oder den Stand auf deinem Konto, sondern auch von der wohltuenden Wirkung auf dein komplettes Leben. Eine minimalistische Lebensweise bedeutet, sich von unnötigem Ballast zu trennen, auszusortieren, sich im wahrsten Sinne des Wortes Platz zu schaffen. Dabei kann es sich um materielle Dinge handeln, um vermeintliche Verpflichtungen oder auch um Dinge, die deine Zeit fressen, ohne dass du eine Gegenleistung dafür erhältst. Sobald man aber anfängt, sich von Dingen zu lösen, die man nicht braucht und die du nicht vermisst, geschieht etwas in dir, von dem du bislang nicht wusstest, dass es das gibt. Etwas in dir setzt sich in Bewegung und du wirst eine angenehme Form von Leichtigkeit erleben, die dir Raum und Muße geben wird, dich mit Dingen zu beschäftigen, die wirklich wichtig sind. Im Sinne des Buches sind es zwar keine zwischenmenschlichen Konflikte, sondern finanzielle Engpässe oder Nöte, aber die positive Wirkung, die sich durch mehr Minimalismus in deinem Leben verbreitet, ist ähnlich.

Wie schaffst du es, durch eine minimalistische Lebensweise, Geld zu sparen?

Menschen die minimalistisch leben, konsumieren generell sehr wenig.

Menschen, die minimalistisch leben, verzichten auf vielerlei technisches Gerät und sparen damit Zeit, Nerven und vor allem Folgekosten wie Strom, Reparaturen, Versicherungen usw.

Menschen die minimalistisch leben, kaufen und verkaufen Secondhand oder verschenken Dinge, die sie nicht mehr benötigen.

Menschen die minimalistisch leben, versuchen mit dem auszukommen, was sie haben, weil es ihre Lebenseinstellung ist. In der Regel machen sie keine Schulden.

Zusammengefasst kann man folgende Feststellung treffen: „Minimalismus ist ein Lebensstil, bei dem du dich von überflüssigen Dingen trennst, um freier zu sein und um dich auf die wirklich wichtigen Dinge in deinem Leben konzentrieren zu können. Der Minimalismus Lifestyle ist als Alternative zur konsumorientierten Überflussgesellschaft entstanden und zeigt, dass man nicht wahllos Dinge kaufen und konsumieren sollte, ohne genau darüber nachzudenken, ob man diese Dinge wirklich benötigt. Minimalismus heißt, sein Leben aufzuräumen und Struktur zu schaffen. Struktur bedeutet Übersicht, Klarheit und Fokus auf wichtige Dinge. Minimalismus ist kurz gesagt die Antwort auf die Frage, welche Dinge in deinem Leben wirklich einen Mehrwert haben.“[46]

46 Zitat nach https://www.careelite.de/minimalismus-lebensstil/definition

Anbieterwechsel

Ganz gleich, ob es sich um deinen Telefonanbieter, den Stromanbieter, den Versicherer oder Streamingdienste handelt. Es lohnt sich immer, Vertragsmodalitäten miteinander zu vergleichen oder seiner persönlichen Lebenssituation bzw. seinem Bedarf anzupassen. Unter Umständen gelingt es dir durchaus, den einen oder anderen Euro damit einzusparen. Mittlerweile gibt es im Internet unzählige Portale, die sich damit beschäftigen, das für dich günstigste Produkt heraus zu finden.

Das Führen eines Haushaltbuches

Erinnerst du dich auch noch daran, dass deine Eltern oder Großeltern jeden Cent, damals vielleicht noch Pfennig, den sie ausgegeben haben, notierten? Ich ja und ganz ehrlich, ab und an muss ich noch immer darüber schmunzeln, weil ich diese Art der Buchhaltung als sehr zeitaufwendig und irgendwie skurril empfand. Jeder Kassenbon, jede Rechnung, jede noch so klitzekleine Ausgabe wurde sorgfältig notiert. Liest man jedoch heute über Möglichkeiten, seine Einnahmen- und Ausgabesituation zu überprüfen, um eventuell zu einer erstaunlichen Erkenntnis zu gelangen, dann wird auch das Führen eines Haushaltsbuches als eine Variante unter vielen erwähnt, um sich selbst zu überprüfen.

Nachdem ich mich selbst ja eine lange Zeit dagegen gewehrt habe und mein innerer Widerstand gegen diese mich aus meiner Kindheit prägende Methode doch größer war als erwartet, nahm ich tatsächlich Zettel und Stift und schrieb sehr detailliert auf, was ich so an monatlichen Ausgaben hatte und ja, zugegebenermaßen war ich darüber sehr verblüfft. Meine monatlichen Ausgaben überstiegen bei weitem meine monatlichen Einnahmen und zwar ohne, dass ich zusätzliche Aktivitäten wie Kinobesuche oder Eintrittsgelder ins Schwimmbad mit eingerechnet hatte. Allerdings zahle ich diverse monatliche Vereinskosten meiner Kinder, die den Verein bereits seit Jahren verlassen haben, Zeitschriftenabos usw., die ich weder las, noch sonst etwas damit veranstaltete. Leider. Aber, ich habe Feuer gefangen und von da an über einen gewissen Zeitraum alles aufgeschrieben, was ich so an Ausgaben hatte. Zum einen entstand dadurch ein wirklich sehr realistisches Bild, wie verschwenderisch ich an manchen Stellen mit dem mir zur

Verfügung stehenden Geld umgehe und zum anderen entwickelte sich so eine Art Sportsgeist in mir. Ich wollte es schaffen, von meinen Ausgaben etwas übrig zu haben. Denn im Gegensatz zu meinen Eltern und Großeltern, die ja sehr erfolgreiche Verfechter ihres, mir einst spießig erschienenen, Haushaltsbuches waren und durchaus über ein ansehnliches Sparguthaben verfügten, war mein Dispotkredit bis zum Anschlag ausgeschöpft und an manchen Monaten schaffte ich es gerade so auf eine halbrote Null, sobald mein Gehalt auf meinem Konto eingegangen war. So konnte und sollte es nicht weiter gehen. Ein kaputter Kühlschrank wäre mein persönlicher Supergau gewesen.

Wenn es dir also ähnlich geht, wie mir damals, dann kann das Führen eines Haushaltsbuches eine gute und heilsame Methode sein, um anhand deiner Ausgabenbilanz eigene Konsumgewohnheiten zu erkennen. Manchmal ist das erstmal bitter und ein herber Schlag in deine Magengegend, aber sobald du diese Schockstarre überwunden hast, kannst du ruhigen Gewissens damit beginnen, deine finanzielle Situation zu verbessern. Du erkennst durch das Führen eines Haushaltsbuches, wofür du im Einzelnen dein Geld ausgibst, ungeschönt und schwarz auf weiß. Klar, das kann dir im Grunde auch dein Kontoauszug bieten, aber vor dem kann man ja auch die Augen verschließen. Noch heute habe ich stapelweise Kontoauszüge von damals im meiner Schublade stecken, ohne auch nur einen einzigen Blick darauf geworfen zu haben. Nach dem Motto, was ich nicht sehe, ist nicht. Leider ein oft verhängnisvoller Trugschluss.

Das Haushaltsbuch dagegen, welches du aktiv nutzt und mit dem du selbst Buch über deine Ausgaben führst, hilft dir dabei, deine monatlichen Ausgaben zu kontrollieren. Sobald du merkst, dass

du dein Limit überschritten hast, kannst du gegensteuern. Du lernst, zu überlegen, was und ob du etwas tatsächlich benötigst. So geht aktives Sparen in deinem Alltag und mit etwas Glück hast du sogar Spaß daran.

Wenn ich jemandem die Frage danach stelle, was er monatlich für Ausgaben hat, dann wird mir immer ziemlich schnell eine Summe X genannt. In den meisten Fällen besteht sie aus Miete/ Kreditrate, allgemeinen Wohnnebenkosten, Autoversicherung, Kinderbetreuungskosten und Spritkosten. Nichts weiter. Vergessen werden Lebensmittel, weitere Versicherungen, Streamingdienste, Rundfunkgebühren, Telefonrechnungen, Genussmittel, Müllgebühren, etc. Das alles lässt sich durch das Notieren seiner Ausgaben über einen gewissen Zeitraum mit einfachen Mitteln feststellen. Ja, du wirst überrascht sein, wie viel da noch zusätzlich oben draufkommt. Wenn du dann noch Kosten für Klassenfahrten, Urlaubsreisen, Weihnachts- und Geburtstagsgeschenke oben drauf rechnest und auf die einzelnen Monate umlegst, wirst du dich vermutlich erst mal setzen und tief durchatmen müssen.

Möglicherweise hast du bereits eine kleine Ahnung davon, was du in einem Monat alles so ausgibst, aber du weißt es nicht genau. Nicht, wenn du bisher nie genau aufgeschrieben hast, was du wirklich ausgibst. Willst du aber etwas an deiner Ausgabensituation verändern, dann können die knallharten Fakten dabei helfen. Eine Vorstellung oder etwaige Ahnung darüber zu haben, reicht leider oft nicht aus.

Durch eine ehrliche und kritische Reflektion deines persönlichen Umgangs mit Geld kann sich deine Einstellung zum Geld sowie deine gesamte finanzielle Situation sehr zum Positiven verändern. Meine erste Veränderung war Folgende, auch wenn sie erstmal

sehr simpel erscheint. Ich habe für den Hausmüll immer die Quartalsaufkleber gekauft, weil sie günstiger waren, als wenn ich 14tägig eine Müllmarke gekauft hätte und weil ich zu faul war, um mir ständig neue Müllmarken zu holen. Erschwerend kam hinzu, dass ich so gut wie nie drei einzelne Euro in meinem Portemonnaie hatte und man dort eine einzelne Müllmarke im Wert von drei Euro nicht mit der Karte bezahlen konnte. Natürlich ist mir bewusst, dass ich auch zehn Müllmarken hätte kaufen können, aber das erschien mir zu teuer. Gleichzeitig war mir bewusst, dass ich alle 14 Tage meine Mülltonne an die Straße stelle, obwohl sie gar nicht voll war. Durch einen optimierten Prozess bezüglich des Mülles, gelang es mir schließlich, die Mülltonne nur noch einmal monatlich abholen zu lassen und seitdem spare ich bares Geld. Im Folgenden habe ich Abonnements gekündigt, die ich nicht nutze und die stillen Vereinsmitgliedschaften meiner Kinder beendet. Schon allein dadurch hatte ich um die 170 Euro gespart.

Ein zentraler Moment bei dem Führen eines Haushaltsbuches ist es, seine Gewohnheiten zu erkennen, denn im Grunde kann man vor allem daran etwas ändern. Du wirst nicht deine Miete minimieren können oder die Kreditrate deines Hauses, aber du kannst die Telefongebühren senken, Lebensmittelkosten sparen und ähnlich dem Erkennen der Zeitfresser beim einem optimierten Zeitmanagement, kleine Geldfresser entlarven, die dich monatlich sehr viel Geld kosten können und sei es nur das täglich belegte Brötchen beim Bäcker, das Kaufen von einer Flasche Wasser an der Tankstelle, etc.

Für den Anfang rate ich dir, deine Ausgaben so detailreich wie möglich aufzuschreiben und nicht nur die Summe deiner

Ausgaben. Ich gehe zum Beispiel immer in einen bestimmten Supermarkt, in dem ich neben den Lebensmitteln auch Waschmittel, Briefmarken und Müllmarken kaufen kann. Alles an einem Ort. So habe ich zwar kein Geld, aber jede Menge Zeit, vor allem aber Nerven, gespart. Dort gebe ich der Regel 120 Euro/Woche aus. Das aufzuschreiben alleine reicht jedoch nicht, denn du nimmst dir am Ende viel Zeit für das Notieren deiner Ausgaben, die Aussagekraft ist jedoch minimal. Aus diesem Grunde rate ich dir dringend, wirklich aufzuschreiben, wofür du dein Geld ausgibst: 100 Euro Lebensmittel, 10 Euro Hygienebedarf, 5 Euro Katzenstreu, 5 Euro Porto, etc. Nur so gelingt es dir, wirklich herauszufinden, an welchen Stellen du eventuell deine Ausgaben minimieren kannst. Ratsam ist es demnach, deine Ausgaben zu kategorisieren, um dir einen wirklichen effektiven Mehrwert zu schaffen, denn nur dadurch wird es dir schließlich gelingen, aus deinen persönlichen Ausgaben etwas Informatives über dein Konsumverhalten und deine Gewohnheiten herauszulesen. Erst durch diese Methode wirst du dich selbst hinterfragen und eigenes Verhalten reflektieren können. Das Bilden von Kategorien hilft dir außerdem, die aktuelle Ausgabensituation mit der des Vormonates zu vergleichen und zeigt dir auf, wo langfristige Einsparpotenziale liegen. Ich persönlich bin kein Freund davon, nach Schnäppchen und Sonderangeboten Ausschau zu halten, aber wenn zum Beispiel Lebensmittel im Angebot sind, die nicht verderblich sind und die ich sowieso jede Woche kaufe, dann nehme ich auch mal 10 Packungen Nudeln oder Kaffee mit, wenn es nur die Hälfte kostet.

Du kannst dein Haushaltsbuch ganz klassisch in einem Schreibheft notieren oder eben auch in Form einer Exceltabelle. Dort notierst du alle monatlichen Fixkosten, die regelmäßig sind und sich nicht

verändern sowie deine unregelmäßigen Ausgaben, sortiert nach verschiedenen Kategorien. Auf der Seite findest du jede Menge Ideen, wie die unterschiedlichen Kategorien aussehen könnten. Mittlerweile gibt es auch verschiedene Apps, sodass du via Smartphone deine Einnahmen- und Ausgabensituation überprüfen kannst. Bei den meisten Apps erhältst du außerdem eine monatliche Ausgabenstatistik, die dir sehr hilfreich sein kann. Für welche Methode, du dich schließlich entscheidest, hängt natürlich immer auch von deinen persönlichen Befindlichkeiten und Vorlieben ab. Probiere dich da ruhig ein bisschen aus, um dich für das geeignete Medium zu entscheiden. Da gibt es kein richtig oder falsch.

Hast du dir einen Überblick verschafft, dann erkennst du vielleicht auch, wie viel deines Gelds du für welche Kategorie ausgeben kannst und möchtest. Im folgenden Schritt könntest du dir also vornehmen, in dem dir selbst gesteckten Rahmen zu bleiben und schon hast du eine erste Hürde bezüglich deines Sparvorhabens überwunden. Hast du erst einmal ein detailliertes Bild über deine Einnahmen und Ausgaben, dann kannst du, abhängig von dem, was du zur freien Verfügung hast, entscheiden, ob du einen fixen Betrag davon monatlich ansparen kannst.

Überprüfe deine Versicherungen

Hast du einen Überblick über alle deine Versicherungen? Im Laufe deines Lebens hast du vermutlich jede Menge Versicherungen abgeschlossen, du hast sie abgeheftet und vergessen. Vielleicht hast du aber auch eine sehr gute und genaue Übersicht und Interesse daran, deinen Versicherungsschutz zu optimieren, dass du genau so versichert bist, wie es für deine individuelle Lebens- und Familiensituation notwendig und passend ist. Mit genügend Informationen darüber gelingt es dir unter Umständen sogar, jede Menge Geld zu sparen.

Bei zahlreichen Versicherungen hast du als Arbeitnehmer in der Regel keine Wahl, ob du dich versichern lässt oder nicht. Ganz automatisch werden von deinem monatlichen Lohn Krankenversicherungs-, Rentenversicherungs-, Arbeitslosenversicherungs und Pflegeversicherungsbeiträge abgezogen, auf die du so gut wie keinen Einfluss hast. In der Regel werden sie prozentual abgezogen. Der einzige Beitrag, über den du mitbestimmen darfst, ist der Krankenversicherungsschutz. Du hast zwar die Pflicht, entweder in eine gesetzliche oder in eine private Krankenversicherung einzuzahlen, darfst dir den Anbieter aber selbst aussuchen. Der Markt ist groß und für manchen Laien unübersichtlich. Dennoch kann sich ein Wechsel von einer Krankenkasse zur anderen lohnen, wenn man seine Ausgabensituation schmälern möchte. An dieser Stelle sei dir jedoch geraten, dich mit dem Leistungsspektrum der einzelnen Krankenkassen vertraut zu machen. Nicht jede Kasse zum Beispiel steht alternativen Heilmethoden wie Osteopathie, Akupunktur, Heilpraktiker oder Homöopathen offen gegenüber.

Einige Kassen erlauben ihren Mitgliedern nur die Behandlung im nächst gelegenen Krankenhaus, andere dagegen legen Wert darauf, die bestmögliche Behandlung zu gewähren, auch wenn diese möglicherweise in einer anderen Stadt ist. Bevor du also einen Krankenkassenwechsel in Erwägung ziehst, solltest du dir zum einen darüber im Klaren sein, welche Leistungen dir wichtig sind und dich im Anschluss daran darüber informieren, welche Kasse dir deine Wunschleistungen bieten kann. Erst, wenn du das für dich ausreichend geklärt hast, macht es aus meiner Sicht Sinn, die zu zahlenden Beiträge miteinander ins Verhältnis zu setzen. Für die Mitglieder der privaten Krankenversicherung gilt im Grunde dasselbe.

Auch die Beiträge zur gesetzlichen Rentenversicherung sind, wie bereits oben erwähnt, in Deutschland für jeden Angestellten eine verpflichtende Abgabe und nach wie vor der wichtigste Baustein für die Altersvorsorge. In einer Art Umlagefinanzierung werden damit die späteren Rentenzahlungen gesichert. Bist du selbstständig tätig, dann kannst du darüber nachdenken, ob es sich für dich lohnt, freiwillig in die gesetzliche Rentenversicherung einzuzahlen. Oftmals macht es jedoch Sinn, die Höhe des Beitrags anderweitig anzulegen, da die gesetzliche Rentenversicherung aus deinem Geld nicht mehr macht. Mit der zu dir passenden Anlageform ist es durchaus möglich, dein Geld so anzulegen, dass du dir ein angemessenes finanzielles Polster für deinen Renteneintritt schaffen kannst.

Es gibt aber auch unter den Selbstständigen einige Berufe, die ebenfalls in der gesetzlichen Rentenversicherung pflichtversichert sind.

Neben den eben genannten Versicherungen, die laut dem Gesetzgeber in Deutschland verpflichtend sind, ist die Kfz-Haftpflichtversicherung zu nennen, die ebenfalls nicht auf einer freiwilligen Basis beruht. So muss jedes Fahrzeug eine Haftpflichtversicherung vorweisen können. Ob man sein Fahrzeug zusätzlich mit einer Voll- oder einer Teilkaskoversicherung schützt, hängt im Grunde von den individuellen Voraussetzungen ab und bleibt schlussendlich von deinen eigenen Bedürfnissen abhängig. Auch bei Entscheidungen für eine Autoversicherung hast du am Ende die Qual der Wahl und solltest dir bereits im Vorfeld darüber Gedanken machen, welchen Schutz du benötigst. Dies macht dir zum einen die Auswahl etwas leichter, zum anderen kannst du auch dabei jede Menge Geld sparen, die deine Einnahmen- und Ausgabensituation am Ende etwas ausgewogener macht. Du kannst zum Beispiel die Kilometerzahl wählen, die du mit deinem Fahrzeug im Jahr zurücklegst, du kannst wählen, wer schließlich das Auto benutzen darf u.v.m. Jede Festlegung trägt letztlich dazu bei, wie hoch der Versicherungsbeitrag für dein Fahrzeug ist.

Neben der sogenannten Pflichtversicherung gibt es zahlreiche Anlässe und Notwendigkeiten, sich mit einer Versicherung gegen etwaige Schäden zu versichern. Wer am Ende welche Versicherung benötigt, hängt stark von den jeweiligen Lebensumständen und dem persönlichen Sicherheitsbedürfnis des Individuums ab. Selbstständige benötigen neben einer privaten Haftpflichtversicherung eventuell noch eine zusätzliche Berufshaftpflichtversicherung, da vor allem Vermögensschäden zum Beispiel auf Grund einer eventuellen Fehlberatung entstehen können. Berufe, für die eine solche Versicherung notwendig sein

kann, sind zum Beispiel Rechtsanwälte, Rechtsbeistände, Architekten, Ingenieure, Übersetzer oder auch Ärzte[47]. Bist du Besitzer von Wohneigentum, dann hast du andere Bedarfe als eine Person, die in einer Mietwohnung lebt. Für den Mieter ist meist eine private Haftpflichtversicherung, ggf. eine Hausratversicherung ausreichend. Ein Eigentümer sollte sich dagegen außerdem um den Abschluss einer guten Gebäudeversicherung kümmern.

Laut einem Artikel von Spiegel Online sind vor allem jene Dinge durch eine Police abzusichern, die bei einem Risiko einen finanziellen Totalschaden bewirken können. Dies geschieht manchmal schneller als man denkt, zum Beispiel, wenn die Waschmaschine oder der Geschirrspüler das gesamte Haus unter Wasser setzt. Da die Schadenshöhe in einem solchen Unglücksfall theoretisch unbegrenzt ist, erscheint eine Versicherung hier sehr sinnvoll.[48] Schäden, die in ihrem Umfang absehbar und begrenzt sind, muss man nicht zwingend versichern. Ist man beispielsweise in der Lage, die nötige Summe zur Schadensregulierung selbst aufzubringen, dann ist es durchaus vorstellbar, sich die Versicherungsprämie zu sparen.[49]

Um im Rahmen seiner Versicherungen oft bares Geld zu sparen, solltest du überprüfen, in welchen Zeiträumen du die Beiträge dazu zahlst. Monatlich? Vierteljährlich, halbjährlich oder jährlich? Die kostengünstigste Variante ist immer der jährliche Bezahlmodus, die kostenintensivste die monatliche Zahlweise. Solltest du also den Betrag für deine Autoversicherung

---

47 Vgl. https://de.wikipedia.org/wiki/Berufshaftpflichtversicherung
48 Vgl. https://www.spiegel.de/wirtschaft/service/versicherung-check-fuer-haftpflicht-hausrat-berufsunfaehigkeit-a-960380.html
49 Vgl. https://www.spiegel.de/wirtschaft/service/versicherung-check-fuer-haftpflicht-hausrat-berufsunfaehigkeit-a-960380.html

beispielsweise parat haben, dann lohnt es sich finanziell durchaus, den Beitrag mit einem Mal zu zahlen. Manche Menschen haben jedoch das Bedürfnis, ihre Ausgaben so zu verteilen, dass sie jeden Monat einen Überblick über ihre finanzielle Situation haben und sich unter anderem auch deshalb für die monatlichen Abbuchungen entscheiden. Die Möglichkeiten sind vielfältig und immer im Hinblick auf deine individuelle Lebenssituation zu betrachten.

Ganz generell lässt sich im Hinblick auf Versicherungen sehr viel Geld sparen, wenn man verschiedene Anbieter vergleicht und dann eben wechselt. Oft bietet auch der eigene Versicherer Rabatte an, wenn er merkt, dass du die Versicherung wechseln möchtest. Ein Versicherungswechsel bedeutet natürlich erstmal ein wenig Initiative und Arbeit deinerseits, lohnt sich jedoch finanziell in vielen Fällen und du wirst mit einem satten Plus auf dem Konto belohnt. Portale wie check24 können dir dabei behilflich sein, günstigere Versicherungen zu finden, aber auch unabhängige Versicherungsmakler stehen dir gern mit Rat und Tat zur Seite.

Steuern sparen, aber wie?

Ärgerst du dich auch jeden Monat immer wieder aufs Neue, dass du von deinem hart erarbeiteten Lohn jede Menge Steuern zahlen musst? Spätestens in dem Moment, wenn du am Ende des Jahres deine elektronische Lohnsteuerkarte zugeschickt bekommst, wirst du heftig schlucken müssen. Je nach Jahresgehalt können da ein paar Tausend Euro an Lohnsteuern vermerkt sein, die du von deinem Gehalt an das jeweilige Finanzamt gezahlt hast. Gehörst du auch zu den Menschen, die aus vielerlei möglichen Gründen keine Lohnsteuererklärung machen und damit jede Menge Geld verschenken?

Dann lass dir eines gesagt sein. Nimm dir die Zeit und wenn nötig, professionelle Unterstützung, die dir dabei hilft, eventuell zu viel gezahlte Steuern von der Steuer abzusetzen, deine Steuerfreibeträge voll auszuschöpfen und am Ende etwas wieder zu bekommen, von dem du entweder deinen nächsten Urlaub finanzierst oder es so anlegst, dass es sich mit etwas Glück auch tatsächlich vermehrt. Steuerberater, Lohnsteuerhilfevereine, das sogenannte ELSTER-Verfahren, aber auch verschiedene Programme[50], die du dir im Internet für kleines Geld herunterladen kannst, helfen dir dabei, Ausgaben, die du während des vergangenen Jahres getätigt hast, von den Steuern abzusetzen. Möchtest du lieber einen Lohnsteuerhilfeverein beauftragen, um dir diese lästig erscheinende Tätigkeit der Steuererklärung abzunehmen, dann geht das in der Regel über einen Eintritt in den Verein. Der Mitgliedsbeitrag richtet sich in dem Fall nach deinem Jahreseinkommen. Du kannst aber auch z.B. die Kosten für die

50 Zum Beispiel WISO, smartsteuer oder steuerkompakt.de

Software oder die Rechnung des Steuerberaters in der Steuererklärung für dich geltend machen.

Ist dein Arbeitsweg weiter weg, als dass du zu Fuß gehen könntest, dann lohnt sich zum Beispiel die Pendlerpauschale, aber auch Arbeitszimmer, Telefonkosten, Kinderbetreuung, Arztkosten, Umzugskosten, Betriebskosten wie Schornsteinfeger, Haushaltshilfe, Gebäudereinigung, Gärtner, zahlreiche Versicherungen, Bewerbungskosten, Weiterbildungen, Arbeitsmaterialien, Dienstreisen, Kontoführungsgebühren usw. lassen sich problemlos in der Lohnsteuererklärung absetzen. Schon bald wirst du sehen, dass einiges an Möglichkeiten dabei zum Vorschein kommt, mit dem du so vermutlich nicht gerechnet hättest. Vielleicht erscheint es dir anfangs sehr mühsam, dich mit solch lästigem Papierkram zu beschäftigen, aber in der Regel lohnt sich der Aufwand und du wirst mit einem ordentlichen Betrag an Erstattung belohnt. Das einzige, worauf du zunächst achten musst, ist, dass du deine Ausgaben ordnungsgemäß dokumentieren kannst. Das heißt, es ist ratsam, alle Belege und Rechnungen sehr gut aufzuheben, damit du sie im Falle von Rückfragen deines zuständigen Finanzamtes vorlegen kannst. Mittlerweile gibt es zwar auch die Möglichkeit, eine beleglose Steuererklärung abzugeben, indem du dich auf gewisse Pauschalen beschränkst. Gehen deine Ausgaben jedoch darüber hinaus, dann wird zumeist ein Nachweis angefordert.

Vorsicht, Schuldenfalle!

Kennst du sie auch, diese Momente, in denen dein Konto leer ist und der Fernseher kaputt? Oder die Waschmaschine gibt kurz vor dem nächsten Urlaub ihren Geist auf? Von der dringenden Reparatur an deinem Auto ganz zu schweigen. Deine Arbeitskollegin hat schon wieder das neueste Smartphone und du nimmst die abgetragenen Telefone deiner Kinder? Und dann stehst du da plötzlich im Shoppingwonderland und wirst im wahrsten Sinne des Wortes verführt. Überall große Plakate mit noch größeren Rabattaktionen. Und all das nur für dich. So zumindest scheint es.

Da locken satte Rabatte, Kauf zwei und du erhältst 3,0% Zahlungsmodalitäten und ganz plötzlich sind all deine Sorgen vergeben und vergessen. Neue Waschmaschine – kein Problem. Mit 15 Euro im Monat kannst du sie abzahlen und weil das so günstig ist, muss es auch nicht die Waschmaschine im Angebot sein, sondern gut und gerne das doppelt so teure Gerät nebendran.

So verlockend solche Angebote auch sein mögen und so sehr sie dir auch, gerade in verzweifelten Momenten, entgegenkommen, solltest du dennoch wachsam sein. Zu schnell gerät man in einen Strudel aus Verbindlichkeiten. Ganz abgesehen davon sind die 0% Finanzierungen nur dann bei 0%, wenn du in der vereinbarten Zeit deine Schulden tilgen kannst. Ansonsten kommt es auch zu Sollzinsen und Gebühren. Aus diesem Grunde rate ich von solchen Versprechungen und Ratenzahlungen ab, es sei denn, es lässt sich nicht vermeiden. Wenn du dagegen weißt, dass dein Fernseher bereits 10 Jahre alt ist und du ihn gerne gegen ein neueres Gerät eintauschen würdest, dann macht es eher Sinn, jeden Monat etwas zurück zu legen, um ihn dir kaufen zu können, als Schulden zu machen. Denn auch wenn sie noch so

klein zu sein scheinen, kosten sie doch immer etwas extra. Auch die Bank möchte schließlich Geld an dir verdienen.

Macht Geld wirklich glücklich? – ein Schlusswort

Nun, es ist an der Zeit, das Buch zu beenden und noch einmal resümierend zusammen zu fassen, was es mit dem Geldsparen am Ende wirklich auf sich hat. Anfangs hast du das Buch vielleicht zur Hand genommen, weil du von einem besseren Leben träumst oder weil du denkst, dass dein Leben ein wenig sorgenfreier wäre, wenn du doch nur genügend Geld hättest und du konntest lesen, wie wir den Mechanismen unserer Konsumgesellschaft mit all ihren Täuschungen und Manipulationen zum Opfer fallen, wie wir mithalten wollen, wie wir ein Teil davon werden wollen und auch, welche Strategien und Lösungsmöglichkeiten du ergreifen kannst, wenn du mehr Geld zur Verfügung haben willst. Sicher, Geld hat auf uns alle eine gewisse, beruhigende Wirkung, die uns ein wenig Sicherheit verleiht. Es ist unumstritten, dass wir alle ein mehr oder minder großes Interesse daran haben, unsere Existenz und die unserer Familie so zu sichern, dass wir gut über die Runden kommen und ja, die meisten Menschen scheinen es als wohltuend oder weniger besorgniserregend zu empfinden, wenn sie abgesichert sind und eine gewisse Art von Vorsorge treffen können. Ob dies am Ende tatsächlich mit einer bestimmten Summe X eintritt oder eher dem Gefühl entspringt, ein wenig Kontrolle über die eigene Zukunft zu haben, bleibt offen und beantwortet jeder Mensch für sich selbst. Auch die Frage danach, ob es einem damit gut geht, auf alles zu verzichten, um in einer unsicheren und nicht vorhersehbaren Zukunft ein halbwegs gutes Leben zu führen oder ob es für einen selbst in Ordnung ist, sein Geld in der Gegenwart auszugeben, um nach Herzenslust lebendig zu sein, weil man ja gar nicht weiß, ob es eine Zukunft für einen selbst gibt.

Eine Gruppe Wissenschaftler der Harvard University setzte sich jahrelang ein Forschungsziel. Herauszufinden, was Menschen wirklich glücklich macht. Geld ist es nicht[51]. Überraschendweise macht auch Armut nicht unglücklich. Denken wir noch einmal an die Theorie des sozialen Vergleichs zurück, in der es darum geht, wie und warum der Mensch sich vergleicht und welche Handlungen in Bezug auf das Geldsparen daraus resultieren können, dann ist davon auszugehen, dass Geld nur dann glücklich macht, wenn man ein wenig mehr hat als der Nachbar oder jedwede andere Person, mit der es sich lohnt, sich zu vergleichen.

Andere wissenschaftliche Studien kommen zu dem Ergebnis, dass die Zufriedenheit des Menschen durchaus steigt, wenn der Wohlstand steigt und wiederum andere gehen davon aus, dass Geld zwar nicht glücklicher macht, aber eben auch weniger traurig.[52]

Der Psychologe Andrew T. Jebb von der Purdue University[53] verfolgte das wissenschaftliche Interesse, herauszufinden, wie hoch das Jahreseinkommen des Menschen sein muss, um zufrieden und glücklich damit zu sein. Er fand heraus, dass es um die 65.000 Euro Jahresgehalt sind, die für ein gutes Gefühl sorgen. Auch der Wirtschaftsnobelpreisträger Daniel Kahnemann kam in einer groß angelegten Studie für die Universität Princeton zu einem ähnlichen Ergebnis. Wer mehr verdient, der ist bis zu einem bestimmten Punkt, meist auch wirklich glücklicher, aber jeder Euro, der darüber hinausgeht, sorgt nicht für ein Ansteigen der Lebensqualität. Alles, was unter der magischen Grenze von 65.000 Euro liegt, ist mit existenziellen Sorgen bzw. einem

---

51 Vgl. https://arbeits-abc.de/macht-geld-wirklich-gluecklich/#a2
52 Vgl. https://www.welt.de/kmpkt/article173559241/Glueck-So-viel-Geld-brauchst-du-um-maximal-gluecklich-zu-sein.html
53 Vgl. https://www.welt.de/kmpkt/article173559241/Glueck-So-viel-Geld-brauchst-du-um-maximal-gluecklich-zu-sein.html

etwaigen Mangelbewusstsein verbunden, alles, was drüber liegt, senkt oft die Lebensqualität der Menschen. Das hängt weniger mit der wahrhaftigen Summe an Geld zusammen, sondern vielmehr mit dem, was der Mensch dafür einsetzt, um ein so hohes Gehalt zu erwirtschaften. Die Kosten, die derjenige einbringt, um ein so hohes Gehalt zu erhalten, sind nämlich oft, gemessen an der Lebensqualität, ungeheuer hoch: Lebenszeit, Arbeitszeit, Stress, Verantwortung.

Dass, was den Menschen wirklich glücklich macht, sind qualitativ gute soziale Beziehungen. Denn all das kurzfristige Glücksempfinden, welches man durch Geld oder Konsum empfindet, stimuliert zwar das neuronale Belohnungssystem und wirkt auf den Menschen wie eine berauschende Droge, aber genau das ist eben auch der Nachteil. Der Rausch, das Glücksgefühl lässt nach einiger Zeit wieder nach und es bleibt oft nichts als das leere Gefühl danach und der dringende Wunsch, es noch einmal zu erleben.

Wahrhaftige soziale Beziehungen aber kann man sich nicht kaufen und so bleibt zu hoffen, dass sich die Menschheit wieder stärker anderen Aspekten des Lebens widmet, nämlich Herzenswärme, Güte, Dankbarkeit und Menschlichkeit. Kein Konsumgut dieser Welt wird dir nämlich Liebe, Geborgenheit, Wertschätzung und Halt bieten.

Am Ende können wir uns auf einen Satz besinnen, den mir ein wahrer Freund beim Abendessen mitteilte: Reich ist man genau dann, wenn es reicht. Und das sagt nichts darüber aus, wie groß das materielle Vermögen tatsächlich sein sollte. Abschließend erhältst du von uns als kleines Dankeschön einen Haushaltsplan, der dir dabei helfen soll, deine monatlichen Einnahmen und Kosten im Überblick zu behalten. Besuche dazu bitte einfach die

Seite https://www.geld-sparen-leicht-gemacht.net und folge den Anweisungen.

Literaturverzeichnis

Maynard Keynes; John: Allgemeine Theorie der Beschäftigung, des Zinses und des Geldes, 1936

Kenneth Galbraiht, John: Gesellschaft im Überfluß, München/ Zürich, 1959

Ernst Klett Schulbuchverlag Leipzig GmbH, Leipzig 2005

König, Wolfgang: Kleine Geschichte der Konsumgesellschaft, Konsum als Lebensform der Moderne, Stuttgart 2008

Ingwersen-Matthiesen, Tina: Emotionale Reaktionen auf den sozialen Vergleich im Kontext von Persönlichkeits- und Selbstbewertungsfaktoren, Hamburg 2008

Die Welt: Warum Sparen die Menschheit voranbringt, 30.10.2013

Hammond, Claudia: Erst denken, dann zahlen. Die Psychologie des Geldes und wie wir sie nutzen können, Klett-Cotta 2017

Hammond, Claudia: Erst denken, dann zahlen. Die Psychologie des Geldes und wie wir sie nutzen können, Klett-Cotta 2017

Weblinks

http://www.bpb.de/izpb/7577/private-haushalte-quelle-und-ziel-wirtschaftlicher-aktivitaet

http://www.bpb.de/izpb/7579/von-der-selbstversorgung-zum-konsum-entwicklung-und-situation-privater-haushalte

http://www.bpb.de/izpb/7593/gutes-leben-oder-maximaler-nutzen-oekonomische-entscheidungen-im-haushalt?p=all

http://www.zerowastelifestyle.de/wie-gehts/zu-teuer/

https://arbeits-abc.de/macht-geld-gluecklich

https://de.wikipedia.org/wiki/Berufshaftpflichtversicherung

https://de.wikipedia.org/wiki/Hedonistische_Tretmühle

https://de.wikipedia.org/wiki/Sparen#Allgemeines

https://karrierebibel.de/beduerfnispyramide-maslow/

https://www.adac.de/verkehr/tanken-kraftstoff-antrieb/tipps-zum-tanken/sprit-sparen-tipps/

https://www.asscompact.de/nachrichten/das-sind-die-wichtigsten-sparmotive-der-deutschen

https://www.bpb.de/izpb/7593/gutes-leben-oder-maximaler-nutzen-oekonomische-entscheidung

https://www.careelite.de/minimalismus-lebensstil/#definition

https://www.demografie-portal.

https://www.geldfrau.de/geldmanagement/haushaltsbuch-fuehren-5-fehler/

https://www.konfuzius-weisheiten.de

https://www.spiegel.de/wirtschaft/service/versicherung-check-fuer-haftpflicht-hausrat-berufsunfaehigkeit-a-960380.html

https://www.uni-ulm.de/~rdengel/Texte/DIE%20ZEIT%20-%20Wie%20man%20in%20Deutschland%20reich%20wird.htm

https://www.welt.de/kmpkt/article173559241/Glueck-So-viel-Geld-brauchst-du-um-maximal-gluecklich-zu-sein.htmlwirklich-gluecklich/#a2

https://www.zeit.de/zeit-wissen/2012/03/Werbung-Manipulation-Kaufrausch

www.vcd.org

Empfehlungen

Du interessierst dich zusätzlich noch für das Thema Burnout, da du dich aufgrund deiner beruflichen Situation überfordert, überlastet und ausgebrannt fühlst? Dann könnte der folgende Ratgeber dir helfen:

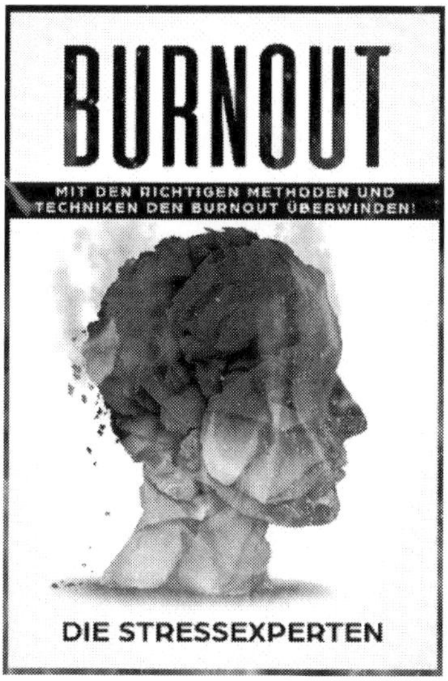

https://www.amazon.de/dp/B07QZZ59SK

Den Ratgeber findest du auf Amazon unter dem Link, direkt unter dem Buchcover oder durch Eingabe des Buchtitels: „Burnout“ im Amazon Suchfeld.

Haftungsausschluss

Der Inhalt dieses books wurde mit großer Sorgfalt geprüft und erstellt. Für die Vollständigkeit, Richtigkeit und Aktualität der Inhalte kann jedoch keine Garantie oder Gewähr übernommen werden. Der Inhalt dieses books repräsentiert die persönliche Erfahrung und Meinung des Autors und dient nur dem Unterhaltungszweck. Es wird keine juristische Verantwortung oder Haftung für Schäden übernommen, die durch kontraproduktive Ausübung oder durch Fehler des Lesers entstehen. Es kann auch keine Garantie für Erfolg übernommen werden. Der Autor übernimmt daher keine Verantwortung für das Nicht-Erreichen der im Buch beschriebenen Ziele. Dieses E-Book enthält Links zu anderen Webseiten. Auf den Inhalt dieser Webseiten haben wir keinen Einfluss. Deshalb kann auf diesen Inhalt auch kein Gewähr übernommen werden. Für die Inhalte der verlinkten Seiten ist daher der jeweilige Anbieter oder Betreiber der Seite verantwortlich. Rechtswidrige Inhalte konnten zum Zeitpunkt der Verlinkung nicht festgestellt werden.

Impressum

Dennis Walter
Malterstraße 19
56070 Koblenz
dw312@web.de
1. Auflage 2019

Printed in Great Britain
by Amazon

37379841R00076

Printed in Great Britain
by Amazon

37447391R00102